学前教育家文库

钟昭华文集

王志明
张　俊　汇编

江蘇鳳凰教育出版社
Phoenix Education Publishing, Ltd

1932年−1937年，任南京市鼓楼幼稚园主任时

1979年6月1日，钟老师与李美筠老师在南京市鼓楼幼儿园欢度“六一”儿童节

20世纪60年代初，在南京玄武湖公园，南师幼教系领导与教职工合影。中排左3为钟昭华教授

1987年12月，钟昭华教授受邀赴香港讲学，与赵寄石、郭兆仪教授等合影

1987年12月，在香港讲学期间，与赵寄石教授合影

1987年12月，钟昭华教授与赵寄石教授在香港参观幼儿园

总　序

我国学前教育理论与实践的研究，始于20世纪初期的南京高等师范学校（南京师范大学的前身）。从南京高等师范学校到南京师范大学，在将近一百年的时间中，经过几代学前教育学人绵延不断的探索、传承、弘扬和发展，成就与积累了极为丰硕的学术成果，形成了我国学前教育学术宝库中一份十分珍贵的财富。为了使后继者得以在前人已有成就的基础上继续前进，为学前教育学术发展搭建一个历史平台，南京师范大学学前教育专业与江苏教育出版社决定联手出版《学前教育家文库》。

早在20世纪20年代，时任南京高等师范学校教务主任的陶行知先生创建了教育科，并任首届主任，就在这里开始了近代中国学前教育的奠基工作。陈鹤琴先生在这里开始了儿童心理、家庭教育、幼稚教育的研究与教学工作，创办了我国第一个幼教实验中心——南京鼓楼幼稚园；陶行知和陈鹤琴的学生张宗麟先生首先自愿成为陈鹤琴研究幼教的合作伙伴，在鼓楼幼稚园进行了课程、设备、故事、读法等项研究，后又成为陶行知在南京郊区开辟农村幼教基地的得力助手，陈鹤琴也曾被晓庄乡村试验学校聘为幼稚师范院院长。他们的论著如：《儿童心理之研究》《家庭教育》《幼稚教育概论》《幼稚园的演变史》《幼稚教育论文集》（一、二两册）等书，在幼教界影响深远。他们是中国化、大众化、科学化幼教道路的开拓者和领路人。他们作为先行者的实践业绩和理论建树其影响一直延伸至今。

新中国建立后，经1952年院系调整，由南京大学、金陵大学、上海震旦大学、广东岭南大学等相关系科组合在南京师范大学建立了当时全国惟一的幼儿教育系，陈鹤琴先生被国务院任命为南京师范学院的首任院长。陈鹤琴在幼教系亲自教授儿童心理学、教育史等课程，还设置了儿童教育研究室和儿童教玩具研究室及玩具工厂，开创了教学、研究、生产三结合的体制，并建立了南师附属幼儿园——附属幼儿师范学校——幼儿教育系的三级完整的幼教体系。在陈鹤琴先生的带领下，南师幼教系的老师们还分别深入各种类型幼儿园进行各科教学、玩教具、游戏、设备、营养、混龄教育等项研究，与幼儿园建立了鱼水关系。陈鹤琴所倡导的热爱儿童、热爱幼教的奉献精神，中西融通、不断探索的创新精神，理论和实际紧密结合的务实精神，深深地影响着一代又一代的南师学前教育学人，这种奉献、创新、务实的精神已蔚然成风，逐步形成为南京师范大学幼教人的传统风格。

改革开放后，南京师大学前教育专业进入了历史性突破的新时期。20世纪70年代末，为促进全国幼教事业的复兴，南京师大学前教育专业肩负起筹备全国幼教研究会的重任，在南京召开了成立大会和第一届学术年会；80年代初，南京师范大学学前教育专业首批执行教育部和联合国儿童基金会幼教师资培养的合作项目；80年代末，承办了我国第一次幼教国际会议；90年代初，被国务院学位委员会批准设立了我国首个幼儿教育学科博士点；20世纪初，被教育部确定为首个国家级学前教育重点学科。南京师大学前教育专业已成为当代我国学前教育领域中的先导和中坚。

近三十年来，南京师大学前教育专业以不断拓展理论视野和深入幼教实践来提高队伍素质，以完善课程建设为根本方针。在教学方面:努力加强学前教育学、儿童心理学、儿童教育哲学等基础理论课,逐步增设了学前教育史、学前教育研究方法、学前课程论、儿童游戏论等科目,将幼儿园各科教学法改造成学科教育学。20 世纪 80 年代中期承担了多项全国高校“七五”规划教材编写项目,由人民教育出版社出版了《学前教育学》及《学前教育学参考资料》,《中国学前教育史》及《中国学前教育史资料选》《学前儿童发展与教育科学研究方法》《学前儿童语言教育》《学前儿童音乐教育》《学前儿童美术教育》《幼儿科学教育》《学前儿童数学教育》《儿童营养学》等教材,填补了高师学前教育专业课教材的空白。在硕士和博士学位点的建设方面,设有学前教育基本理论、学前教育课程论、学前审美教育、学前科学教育、学前语言教育、学前道德启蒙、幼儿社会性发展、学前健康教育等专业方向。在科学研究方面:20 世纪 80 年代初,率先进行幼儿园综合教育的研究,由此拉开全国幼儿园课程改革的序幕;承担了全国教育科学“七五”规划重点项目“农村幼儿教育研究”,“八五”规划重点项目“学前儿童艺术综合教育”、“幼儿道德启蒙教育”,“九五”规划重点项目“我国幼儿园课程体系的研究”、“学前儿童审美教育”、“幼儿园师幼互动的研究”等。此外,本专业教师还在健康、语言、社会、科学、数学、音乐、美术、游戏等教育研究领域自主开展研究。所有研究不但为本学科的发展奠定了坚实的基础,也在全国产生了较好的影响。出版了《农村学前一年综合教育课程设计》《学前儿童艺术综合教育》《幼儿道德启蒙的理论与实践》《师幼互动行为研究》《幼儿审美教育学》《儿童教育新论》《儿童精神哲学》《幼儿园课程指导丛书》《幼儿园课程实施指导丛书》《幼儿园课程研究论文集萃》《托儿综合教育课程》等书。近年来,还重视与国内外同行的合作研究,多次举办国际、国内学术研讨会,在刊物上开展学术思想争鸣。总之,南京师范大学学前教育学人的研究覆盖了学前儿童的生理和心理、正常儿童与特殊儿童、托儿所与幼儿园、教学与游戏、分科教学与综合教学、城市与农村、正规与非正规保教形式,涉及到幼儿教育系统工程的方方面面。她们的研究成果不仅有利于自身教育质量的提高、师资队伍的专业成长,也促进了全国幼教界教育改革的步伐,为建设有中国特色的幼教事业作出了重要贡献。

这次出版的《学前教育家文库》共 12 卷,包括:陶行知、陈鹤琴、钟昭华、方观容、黄人颂、赵寄石、汪爱丽、卢乐珍、屠美如、王志明、张慧和唐淑 12 位教授、专家的个人专卷,用以彰显他们的开拓创新和求真务实精神,供人们分享他们的丰硕成果,以期薪火传承,发扬光大!在这里我深深祝愿本文库的出版将促进我国学前教育学术更加繁荣、事业更加兴旺!

鲁　洁

2005 年 10 月初撰

2014 年 7 月修订

序：怀念良师益友钟昭华老师

赵寄石

从1952年11月到1989年7月将近40年里，钟老师和我朝夕相处，十分亲近。

我初到南京师大（当时为南京师院）时，钟老师是幼教系的一位年长的副教授，而我刚从美国留学四年归来，对新中国的一切都还非常陌生。钟老师体谅我当时的处境，经常到我寝室来找我谈心，帮助我了解新中国的幼教事业，适应师范院校的教育、教学工作。随着岁月的流逝，我们的年龄差距似乎在逐渐缩短，共同经历逐渐增多，我们之间产生了一种具有独特内涵的宝贵友情。

"文革"期间，我们分在同一个学习组，互相帮助，互相勉励。进入80年代，钟老师已届80高龄，她为改革开放政策带来的大好形势而欢欣鼓舞。作为中国幼教界的老前辈，钟老师接待了墨西哥等国家的幼教代表团，用英语介绍我国幼教发展的新形势。作为创建陈鹤琴教育思想的参与者，她和日本研究陈鹤琴教育思想的同行们进行了多次深入的交流和研讨。教育系成立学前教育研究室，钟老师担任室主任，我协助她工作，她欣喜地、满怀信心地瞻望我国幼儿教育事业的前景。在研究室的发展规则中，她突出了这样几点：探索幼教历史发展规律，成立中外幼教史专题研究组；探索幼儿园教育、教学规律，深入第一线为广大幼儿和教师服务；探索高师学前教育专业教育规律，努力开展科学研究，使教学和科研密切结合，相互促进。研究室所把握的方向，为南京师大学前教育专业在新时期的快速发展奠定了基础。

钟老师工作认真负责，勤奋刻苦，治学严谨，为南京师大学前教育专业的学科建设作出了特有的贡献。50 年代，幼教系的主科“学前教育学”课时很多，由四位副教授分别担任四个不同班级的教学。当时可参阅的资料甚少，教研组便根据苏联专家的讲学提纲讨论这门课的教学大纲、细纲和讲稿，老师们还互相听课，共同研究，不断地加以完善。钟老师是任课教师中年事最高的，她凭借几十年积累的丰富实践经验，积极投入教材建设。经过几年的教学和研究，在教研组全体成员的共同努力下，于 50 年代末印出了第一本具有一定中国特色的“学前教育学”教材。

钟老师还单独承担“幼儿园组织与领导”一科的教学，并主持“幼儿园视导”的教育实习。她带领学生深入幼教第一线，调查研究，总结经验，对该学科的教学体系进行了理论探讨，编写出了我国第一本这方面的讲义和有关的参考资料选辑，为“幼儿园行政管理”这一学科建设奠定了基础。

80 年代中期，香港耀中教育机构的校监为了研究中国幼儿教育的历史，为了了解陈鹤琴的教育思想，慕名来拜访钟昭华老师，并邀请她到香港讲学。钟老师为此作了认真的准备，她的讲演简明扼要地阐述了陈鹤琴的教育思想。这是第一次在香港介绍陈鹤琴教育思想，受到了听众的高度赞赏。这次香港之行成了 1991 年开始的南京师大与香港耀中教育机构合作研究的前奏。

钟昭华老师是我国当代幼教界的老前辈，她忠诚教育事业，为我国现代幼儿教育的建设和发展献出了毕生精力！她热爱自己的事业，关怀一代又一代年轻幼教工作者的成长。她的精神激励着我们为迎接我国幼教事业更加美好的未来而努力奋斗！

目录

总序 / 1

序：怀念良师益友钟昭华老师（赵寄石） / 1

【办园理论与实践】

1. 怎样办幼稚园 / 3
2. 幼稚园的设备（一） / 51
3. 幼稚园的设备（二） / 55
4. 关于托儿所的一点意见 / 57

【课程、教材、教法】

1. 《一年中幼稚园教学单元》选编 / 63
2. 幼稚园三月份课程纲要 / 94
3. 儿童故事 / 104
4. 幼稚园的编织教具 / 197
5. 陈氏儿童识字牌 / 199
6. 小网圈——从六岁到八十岁都喜欢的 / 202
7. 儿歌（十则） / 205
8. 傀儡戏——活教具第二种 / 207
9. 儿童游戏 / 211
10. 介绍一种游戏 / 232
11. 幼稚班试教经过 / 233
12. 怎样做一个幼稚园的活教师 / 241
13. 怎样教导幼稚生 / 247

【外国现代幼儿教育介绍】

1. 文纳卡特制 Winnetka(上) / 255
2. 文纳特卡制 Winnetkn(下) / 262
3. 游旧金山 / 274
4. 一个美国托儿学校 / 278
5. 一个美国小学的设施 / 281
6. Merrill-Palmer 学校 / 284
7. 学龄前的学校(苏联) / 291

【陈鹤琴教育思想研究】

1. 陈鹤琴与南京鼓楼幼稚园 / 299
2. 陈鹤琴教育思想与江西实验幼师——中国学前教育史研究之二 / 309
3. 陈鹤琴先生对我国幼儿教育的贡献 / 319
4. 我国幼儿园中心制课程的创建 / 323
5. 回忆陈鹤琴 / 327
6. 中国的福禄培尔 / 331
7. 陈鹤琴的幼儿教育思想在南京鼓楼幼稚园实施的回顾 / 334

我们心中的钟老师(王志明)/ 345
后记 / 358

办园理论与实践

怎样办幼稚园①

序

“幼稚园要怎样办?”这个问题,是每个幼稚园教师都要提出来的,也是每个幼稚教师所必须解答的。

抗战以来,这个问题更觉得重要了。千千万万的儿童,受了战争的影响,流落到后方难童教养院、儿童保育院、托儿所这些地方。在那里,小的儿童,编入幼稚班或幼稚园受教了。最近五年来,从江西省立实验幼稚师范提倡幼稚教育,各县开始设立幼稚园起,解答“幼稚园要怎样办的”这个问题,就觉得格外迫切了。

但是幼稚园究竟要怎样办?谁应当解答呢?我想有实际教学经验的人是最相宜的。本书的编者钟昭华女士,是一个富有经验的幼稚园教师。从前她在南京办理鼓楼幼稚园多年,抗战期中她在江西主持幼师幼稚园。对于幼教,很有研究,对于教学,很有经验。这本小册子,是从她的经验中写出来的。对于做幼稚园教师的,必定有很多的帮助。

陈鹤琴

民国三六年于上海幼专

卷头语

六年前,我到江西来,教育厅就叫我写一本《怎样办幼稚园》。我

① 钟昭华编著,上海华华书店,1938年6月。

因为幼师初办,忙于课务,对于写作,一点没有功夫。最近幼师两班同学毕业了。毕业的同学,都来问我讨教材,都来问我幼稚园要怎样办?我就下了一个决心,来写这本小册子。

这本小册子,里面所讲到的是很简单。怎样建筑园舍,怎样购置设备,怎样编订课程,幼稚生怎样教学,幼稚园怎样管理,怎样联络家庭……这几个问题,都是幼稚园教师所需要知道的。我希望从事幼稚园教育的同志,多多赐以指正。更希望做幼稚教师的,予以参考,加以批评。

末了,我还得特别声明的,这本小册子,若没有陈鹤琴老师的指导和鼓励,绝不能完成的,特地在此致谢!

昭华

民国三五年教师节

怎样办幼稚园

幼稚园的历史很短,从福禄培尔创办幼稚园到今天,不过百余年耳。但幼稚园的福音却已传遍世界各国了。在中国,幼稚园的历史,也有几十年了。

究竟怎样来办一个幼稚园呢?这不是件很容易很简单的事。要办一个幼稚园,必须注意到许多问题:如园舍的建筑;设备的购置;课程的编制;日程表;健康活动;一年中的教学单元;怎样教学;怎样管理;怎样联络家庭;等等。现在我把它逐项来说明一下。

一、园舍的建筑

建筑园舍,须注意下列几件事。

(一)选择园址

选择园址的标准有两个:

1. 环境优良

2. 儿童来园便利

(二)建筑园舍

一个幼稚园的园舍，应当怎样建筑呢？这要看幼稚园的性质了。在都市里建筑的园舍，当然可以完备些。但是乡村的幼稚园，就不得不从简了。其中的原因，那是显而易见的。乡村的经济，远不及都市，不仅如此，中国有无数的乡村，所以要个个乡村的幼稚园，办的像城市化一样的完备，那在事实上是不可能的。

这样说来，城市的幼稚园，似乎可以建筑得讲究些，完备些。乡村的幼稚园可以建筑得简单些。

园舍的式样，以口字形为最好。建筑的材料，要看建筑费的多少。建筑费多，可以用砖瓦；建筑费少，可以用竹子和稻草。建筑时应注意下列事项：

1. 方向　向南或向东南的房子，为最适宜。冬天暖和，夏天凉爽。

2. 门窗　向东向南要多开窗子，门要向外开，以便进出，窗子要较大较低，使儿童在室内可以望得到外边，窗子上面，要有气窗，以通空气。

3. 光线　采多面光，因儿童在室内活动，并不限定在一面的方向工作。

4. 房间　向南开大房间作为游戏室。在游戏室里，可以游戏，可以唱歌，可以做普通的工作。向东开图书阅览室，幼稚园里的静的工作，不能与动的工作合在一起。一间幽静的图书室，少数的儿童可以在里面看看画报、讲讲故事、唱唱歌谣。向西开一间办公室，教师可以在里面预备功课，可以休息。向北开一间工作室，儿童可以在里面做木工，做漆工，做泥工，画图画。另外开一间房间作为整洁室，以便盥洗。一间材料室，什么用具材料，都可在一定的地方安置。一间教员室，教师可以住宿在里面。一间衣帽室，儿童的衣帽可以放在一定的地方。

5. 户外环境　幼稚园的教学，不是单靠室内的。户外的活动比室内还要来得重要。空气，日光，空间，是儿童生长最需要的东西。除了起风下雨之外，儿童的活动，都应当在户外举行的。所以除了房屋之外，还要有一块较大的园地。户外的环境，至少须有：

(1) 园艺场　供儿童种花种菜，习作园艺之用。

(2) 游戏场　要有秋千、滑梯、跷跷板、平台、摇马、沙坑等各种游戏器具,供儿童在户外自由游戏。

(3) 动物园　要养些常见的家畜、飞禽,如狗、兔、猫、鸽、鸟、鸡、鸭等,养成儿童饲养动物及爱护生物的习惯。

还有园舍的阳台,是一个很好的儿童活动的场所,太阳晒得着,空气来得新鲜,儿童在这里做起工作来,兴致格外来得浓厚。所以阳台的建筑,也相当的重要。

下面是两种幼稚园的平面图。甲图比较完备些,乙图较为简单些。

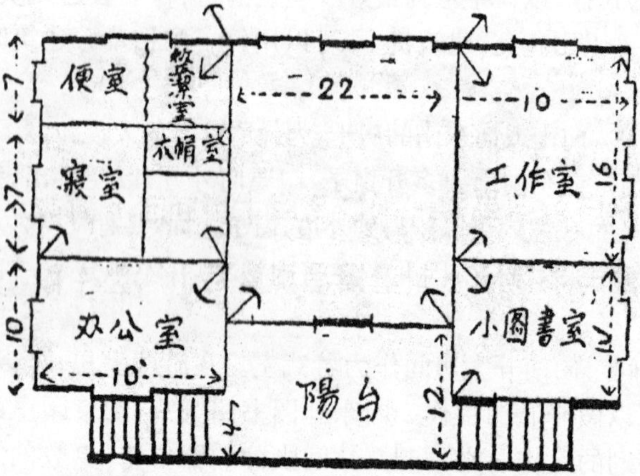

甲

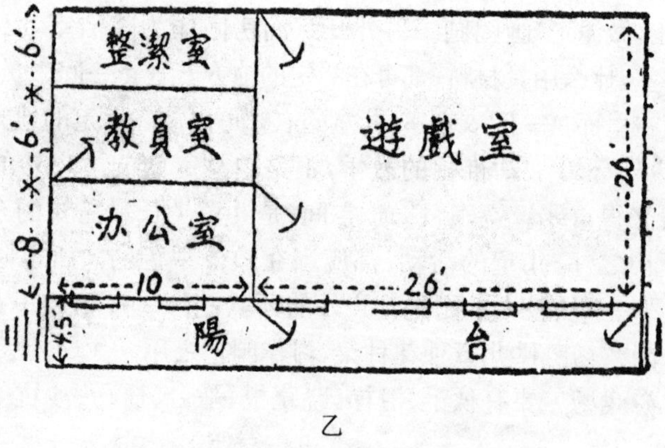

乙

二、设备的购置

园舍是儿童活动的场所，设备就是儿童活动的工具了。有了工具，活动才得尽量的进展。我们要培养儿童学习的兴趣，要增进儿童丰富的知识，要启发儿童创造的能力，要养成儿童良好的习惯，要使儿童身心各方面都得到健全的发展，应当有丰富的设备。究竟什么设备才合乎标准呢？

（一）要经济耐久。

（二）要引起儿童的兴趣。

（三）要合乎儿童的心理和能力。

（四）要适合国情的。

（五）要合于实用的。

（六）要培养儿童创造能力的。

（七）要合于卫生的。

（八）要利用国货。

（九）要适合于多数儿童的。

（十）要有艺术意味的。

下面的设备，是可以完备的。若一时不能置备完全，可以逐渐添置的。

1. 普通用具

党国旗，旗杆，园牌，园印，办公桌椅，钟，铃，叫笛，参考书架，教师用床架，书橱，材料橱，油印机，装订机，小桌子（图附后），小椅子（图附后），小黑板，小书架，小书柜，工具橱，寒暑表，办公用具。

2. 整洁用具

小面盆，面盆架，镜子，扫帚，簸箕，抹布，喷壶，拖把，字纸篓，肥皂，肥皂缸，毛巾，水桶。

3. 饮食用具

茶壶，茶杯，大小盆子，小碗，小匙，筷子，开水壶，水缸，大小锅子，炉子，锅铲锅盖，方盘，开水箱，其他厨房用具。

4. 排泄用具

便桶(搪瓷的最好,如果办不到,用瓷的痰盂或漆过的木桶都可以),便桶椅,草纸,抹布,刷帚。

5. 医药用具

磅秤(办不到改用公斤秤),公尺,皮尺,洗眼杯,盘子,钳子,剪刀,量杯,橡皮膏,棉花,纱布,双氧水,来苏水,阿摩尼亚水,酒精,红色素水,锌氧软膏,硼酸粉,万金油,八卦丹,十滴水,奎宁丸,阿斯匹林,泻盐,痺蔴油,疳积糖,牛痘苗,灰锰氧,凡士林。

6. 工作用具和工作材料

(1) 沙箱　室内沙箱(图附后)、室外沙坑各一,小铲,小耙,小碗,空罐,空瓶,竹筒,竹枝,木片各若干。

(2) 积木　大、中、小三种自制积木,五彩小方木,陈氏儿童积木(图附后),数字积木。

(3) 画图　图画纸,毛边纸,写生架,颜料,调色杯,工作板,铅笔,毛笔,粉笔,蜡笔,圆形木戴,印刷水,印刷盒,墨,砚,胶水,细沙,拼图板。

(4) 纸工　剪刀,裁缝刀,针线,打洞器,订书机,各色蜡光纸,白报纸,土报纸,牛皮纸,糨糊,糨糊刷子,旧杂志,旧画报,旧信封,旧纸盒。

(5) 泥工　黏土,黏土盘,泥土板。

(6) 缝纫　各色软布,各种碎布,旧袜子,剪刀,针线,穿线板,小娃娃,各种动物的印图,布料,棉花。

(7) 木工　工作桌子,工作椅子,小锤,小锯,小刨,老虎钳,尺,小钉,胶水,砂皮纸,木工,木条,木块各若干。

(8) 编织　编织架,编织针,编织纸板,编织粗线,各色布条。

(9) 园艺　小铲,小锄,喷水壶,竹条,修枝剪刀。

7. 游戏用具

滑梯,秋千,跷跷板,摇马(图附后),秋千椅子,荡绳,梯子,手推车,拉车,黄包车,三轮车,脚踏木车,藤圈,套环,绳圈,投球板,投环架,木刀,木枪,木剑,弓箭,独木桥,小棍棒,猴架,水枪,豆袋,绳子,各色布旗，双面绳梯铁环，竹圈（图附后），皮球，游戏平台（图附后）。

8. 表演用具及玩具

小屏风，幕布，假面具，表演用化装衣服，小床，小摇椅，小圆桌，小圆凳，傀儡偶人，傀儡戏架，布做的小宝宝及各种小动物，玩具用的家具。

9. 音乐用具

琴，小鼓，小锣，铙钹，磬，大小木鱼，马铃，铜铃，节拍板，响板，笛，箫，口琴。

10. 常识教育用具

采集箱，采集剪刀，瓶子，展翅板，捕虫网，菜筐，竹篮，养鱼缸，兔笼，鸡塒，猫、狗、鸟、兔、鸡各一，鸟笼，秤，斗，尺，中国伟人相片，世界伟人相片，各国儿童图片，卫生挂图，风俗挂画，动植物挂画，动植物标本，动物模型，画板，杂志，儿童用图书，教师用图书。

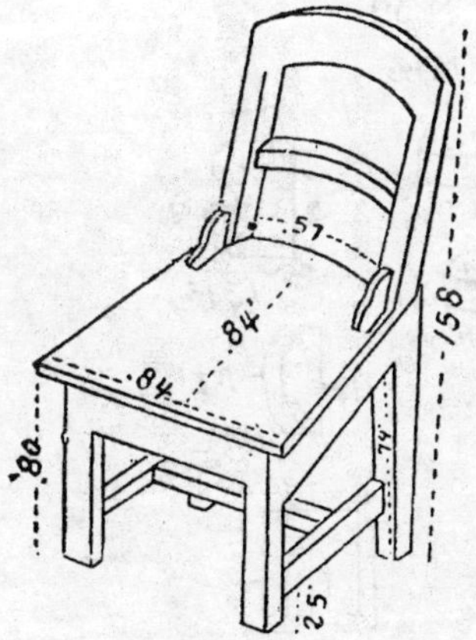

图1 小椅子

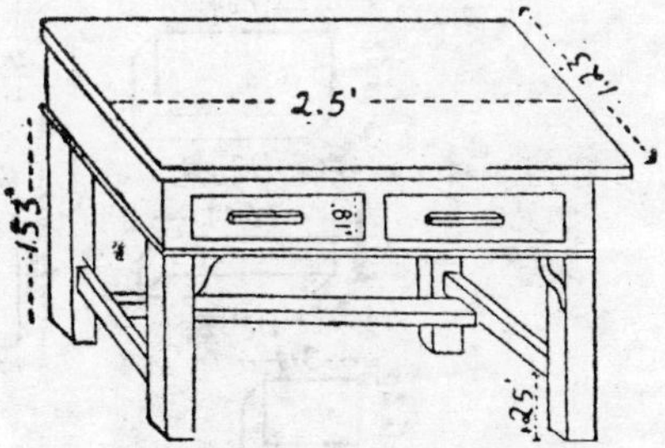

图2 小桌子

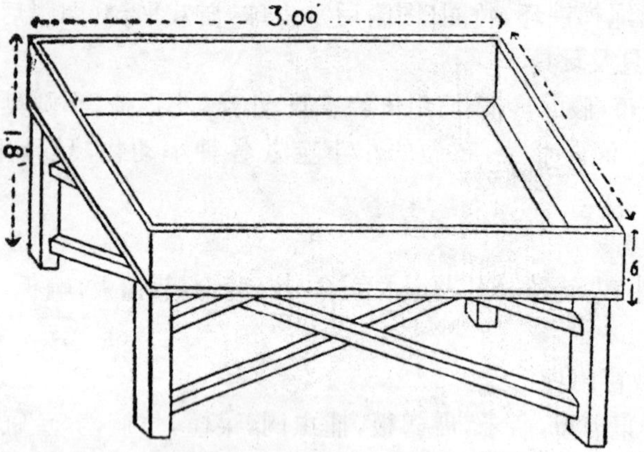

图3　沙箱

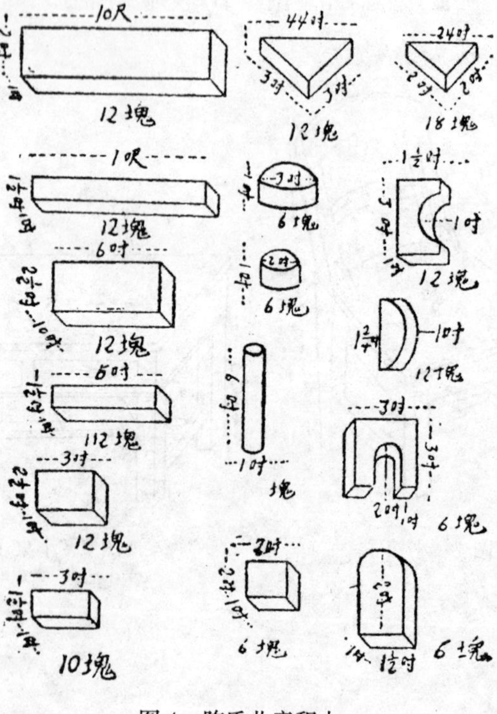

图4　陈氏儿童积木

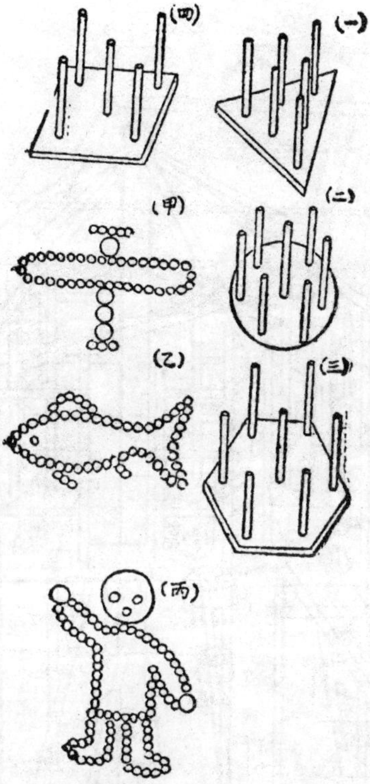

图 5　竹圈

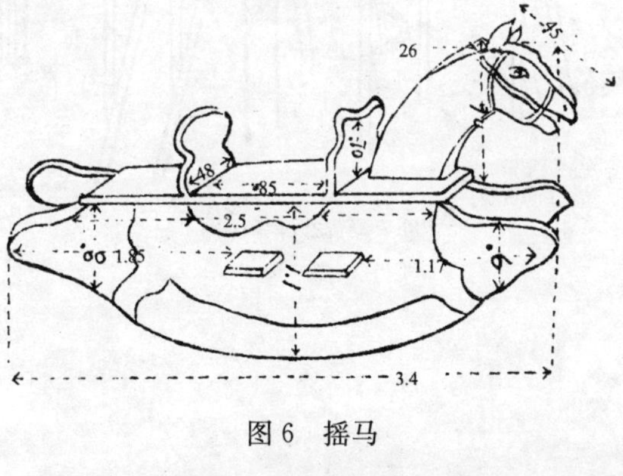

图 6　摇马

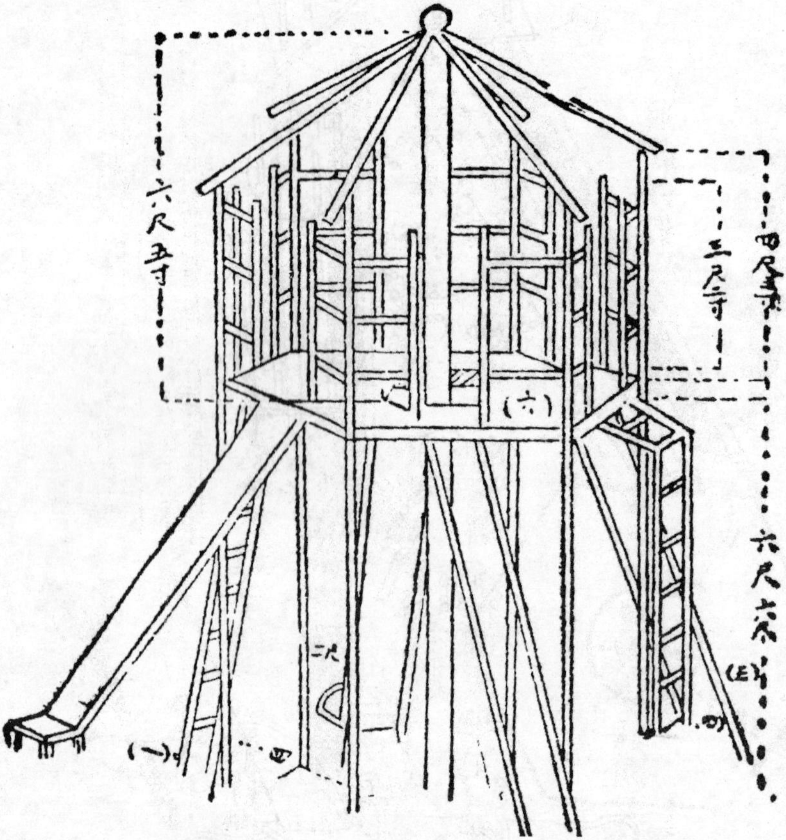

图 7　游戏平台(1)

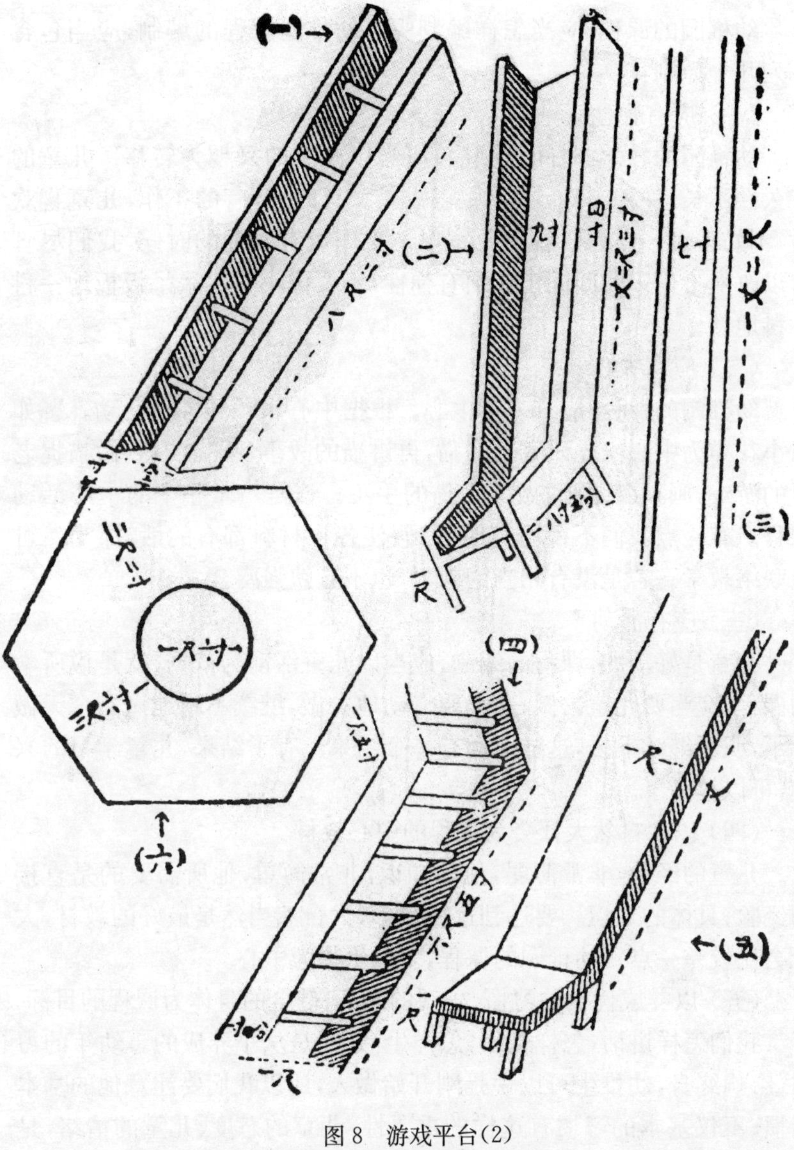

图 8　游戏平台(2)

三、怎样编课程

幼稚园的课程,应当怎样编制呢?幼稚园课程的编制,应当包含下列几个原则:

(一)应有弹性

幼稚园的教学,时间与顺序,应当以儿童的兴趣为转移。儿童的持久性不长,一种工作,不应做得太长。有时候,有的工作,儿童喜欢做,不妨多做一点。一看见儿童对于工作没有兴趣的时候,我们尽管可以改变工作。时间同工作须有弹性,不要像小学生呆呆板板地一科一科地教。

(二)应有中心

幼稚园的课程,应有一个中心。根据中心来顾到各种活动。譬如以小花猫为中心。先研究真的猫,再讲猫的故事,唱猫的歌,做猫捉老鼠的游戏,画猫的图画,做关于猫的手工。这是一个整个的中心活动课程。有一点我们不得不声明的,假使各种材料都有的话,那当然可以联络教学。若是没有相当的教材,也不必勉强凑合。

(三)应有活动

儿童是好动的,课程的编制,应当以儿童活动为依据,就是说所学的课程,应当要儿童去做,而且要自动地去做,继续不断地做。今天做不了,明天继续下去,这样活动有一个结果。有了结果,儿童学习的兴趣,可以提高了。

(四)以大自然大社会为课程的中心教材

儿童的经验,非常薄弱,他的知识,非常简单,他所需要的是直接的经验,具体的知识。要达到这种目标,大自然当然是最好的教材,大社会比较差一点。幼稚园的课程,多以生物为中心。

(五)以养成优良的习惯、乐观的态度、健全的身体为课程的目标

我们怎样讲话,怎样工作,怎样生活,都是从小养成的。幼年的习惯,影响终身,幼稚生可以说是刚开始做人,所以我们要注意他的基本习惯;不仅基本的习惯有这样的重要性,儿童的态度、儿童的情绪,是应当特别注意的。他的态度,可以悲观,可以乐观,只要看我们怎样教

他养他。假使儿童在小的时候，受到贫苦、疾病、孱弱的影响，没有享受儿童所应当享受的幸福，他就容易成为悲观消极的人。所以我们做教师的，应当顾到儿童的健康，顾到儿童的快乐，以期养成儿童积极的思想、乐观的态度。

中心课程究竟是否应当预定的呢？课程应当预定的。预定了课程，教师可以事先有充分的准备。这里要声明的，若是临时发生的材料，我们尽管可以采用，不必拘泥于预定的课程。

中心课程究竟要用多少时间教呢？顾到儿童的兴趣，顾到儿童的持久力。一星期至少有一个大单元。大单元里可以包括许多小单元，时间的长短，看单元的内容，就是今天做不了，明天再做，务必求得一个美满的结果。

四、课程是什么

上面我们说到编制幼稚园课程的原则，应当有中心，应当以大自然大社会作为课程的中心教材，幼稚园的课程，究竟是什么呢？幼稚园的课程就是儿童在园的全部活动。它的内容包括自然、社会、故事、儿歌、音乐、游戏、工作等。现在我们把各项活动再分开来说一说。

（一）自然和社会

幼稚生知识有限，经验薄弱，思想散漫，我们要扩充他的知识，增进他的经验，训练他的思想，一定要从他所接触的环境里去寻求路径，才能达到成功。什么是他所接触的环境呢？就是大自然大社会。大自然大社会不但是他日夕所接触的，而且是最容易引起他的兴趣的。有了兴趣，学习起来就格外容易，知识自然会增加，经验自然会丰富，思想自然会有组织了。

1. 什么是自然环境和社会环境呢？

（1）常见的鸟、兽、虫、鱼、花、草、树木的生存及其生长。

（2）日、月、风、雨、阴、晴、云、雪等的自然现象。

（3）关于衣、食、住、行，各种生活所需要的设备与活动。

（4）家庭、邻里、学校、店铺、公园、邮局、医院等的组织。

（5）常用的水上、陆上、空中的交通工具。

(6) 当地名胜古迹。

(7) 新年、儿童节、总理诞辰、中秋、端午、清明、重阳、国庆等重要纪念日和节期。

(8) 日常礼和集会的演习。

2. 怎样帮助儿童去和自然环境与社会环境发生关系呢?

(1) 指导儿童实地观察　观察是研究的初步,有了观察,研究起来更有兴趣。不过各项观察,应当有计划,有动机,有目的,譬如秋末冬初去观察落叶及树变色;秋收时到农田里去观察农夫收割;讲到牛的用处,去观察牛耕田等;要与小朋友通信,最好去参观邮局。

(2) 使儿童自己去做,自己去试验　儿童的能力,虽然很小,知识虽然有限,不能明了各种事物的深远学理,但在他的四周围,不知道有多少东西,常常在刺激他,引起他的注意,引起他的好奇。所以在他的能力所及的范围内,我们应当帮助他多多地去发现,去试验。譬如要明白水的性质,教儿童去煮水,看水汽从壶内上升,再让儿童自己去玩水,自己来洗东西,自己来煮开水喝。要知道植物的生长,让儿童自己挖土,择种,浇水,看它发芽生长。冬天的时候,把冰雪融化起来,看它变成什么。冬天到了,虫儿到哪里去了,让儿童自己到草堆里去找。有风的时候,我们可以教儿童做风车、做风筝,以试验风的方向和风的力量。我们可以教儿童饲养几种动物,采集植物标本,收集矿石、贝壳、谷类、野菜、邮票等。观察气候,填气候图。这种种活动儿童自己都可以做,可以试验的。

(3) 游戏化的教导　儿童不论什么事,都是看作游戏。他绝不是有意要那样做,或者一定要这样做的,他看什么事都是"好玩"。所以我们应该用游戏化的方法来教导他。我们的目的,不是要儿童得点死知识,我们是要儿童得着快乐,得着兴趣。譬如我们教小朋友做"开邮局"的游戏,比单单讲"开邮局"有趣得多。"开邮局"的游戏怎样做的呢?有的计划怎样开办,有的写信(当然幼稚生不会用文字来写信,可以用图画来代替,或者由小朋友说出意思,老师代他写也可以),有的做信封,有的寄信,有的做邮差送信。这种种表演,幼稚生非常喜欢的。我们还可以带儿童实地去观察邮局。这样儿童就可以得着许多实际的知识、具体的经验。这种游戏化的教法，当然比“空讲”来得有意义呢！

3. 对社会自然，儿童应当有什么态度？

(1) 会发表　社会自然怎样研究呢？“教师讲，儿童听”这种教法，不会有好效果的，不是秩序不好，你叫我喊，就是呆呆坐着，毫无反应。这是什么缘故呢？教师不会启迪儿童发表，不会鼓励儿童发问。怎样引起儿童发表呢？我们应该先问儿童“这是什么？为什么是这样？为什么是那样？”有的时候，儿童不能回答，我们可以帮他解答。有时候，经我们多次的发问，儿童也会发表了。

(2) 会欣赏　我们成人对于美丽的自然，不是都会欣赏的。这是什么缘故呢？我们小的时候，没有养成欣赏自然的习惯。欣赏自然的习惯怎样养成呢？

① 教儿童与自然界多接近。

② 教师能以身作则处处对自然表示同情。养饲各种动物，栽植各种花木，制作各种标本。

(二) 故事和儿歌

1. 儿歌　儿歌是儿童喜欢唱的一种歌曲，或者是一种韵语。福禄培尔会把儿歌作为幼稚园的教材。福氏曾著有《母子游戏及儿歌》一书，每首歌都附图画和说明，这种儿歌可以唱，可以表演。到现在，儿歌在幼稚园应用得很多了。儿歌的范围很广，儿童生活，家庭生活，社会生活以及花草动物等等，都可以作为儿歌的资料。

在中国幼稚园所用的儿歌，还没有标准化。教师需要用儿歌的时候，就随便选择。有的儿歌，固然很雅洁，有的儿歌，就不免流于粗俗。所以我们选用儿歌的时候，要依照下列的标准：

(1) 关于文字方面的：

① 字句押韵，自然而顺口。

② 组织简练而有变化。

③ 长短适度，便于记诵。

④ 描写逼真，优美而活泼。

(2) 关于内容方面的：

① 可以增进儿童自然和社会的知识的。

② 可以启发思想、陶冶情感的。

③ 可以表演而引起兴趣的。

④ 适合儿童口味的。

⑤ 适合时代的。

什么时候教儿童学习儿歌呢?

(1) 每天餐点之前，静息之后，可以教儿童吟唱。

(2) 游戏的时候，也可以教儿童吟唱儿歌，教儿童表演儿歌以增加游戏的兴趣。

(3) 教读法的时候，可以应用儿歌作为读法教材。这样儿童就不以阅读为重，反觉得阅读是一件很有趣的事呢!

(4) 随时随地吟唱儿歌或表演儿歌，以集中儿童的注意，取到教学的效果。另外还有一种简明的谜语，可以包括在儿歌之内的。谜语有什么用处呢? 可以启发想象，增进思考。

2. 故事　“讲故事”在幼稚园里占了很重要的地位。研究常识用得着它，学唱歌也用得着它；做游戏用得着它，教读法也用得着它。故事是儿童最喜欢听的。在幼稚园里每天总要讲一两次故事的。

(1) 究竟为什么要讲故事呢?

① 增加儿童的快乐　有快乐才有兴趣，有兴趣才可以增加学习的效率。儿童听了故事，会发生做事的兴趣，会引起模仿的动作，会探求事物的究竟，这是故事的效用。

② 发展儿童的言语　平常我们和儿童所说的话，大半是很普通的。有许多语言和语言应用，不是在日常生活中所能学得到的。但是故事中有各式各样的人物，有各种不同的情节，有各种语言的用法。所以儿童听了故事，不知不觉就学到许多语言了。

③ 增进发表的能力　故事是儿童最爱听的，儿童常常听了故事之后就自然会有许多的意思。我们可以训练儿童重述故事，或创作故

事，以培养儿童发表的能力。

④ 扩充儿童的知识　故事中有许多知识，儿童可以学习的。从《龟兔赛跑》这个故事里，儿童可以明白乌龟本来爬起来很慢，兔子跳起来很快。但乌龟用毅力可以战胜骄傲的兔子呢！

⑤ 陶冶儿童的性情　故事里有许多形形色色的情节，有喜、怒、哀、乐的情绪。儿童听了这种故事，无形中就受了陶冶。若是儿童有不良的习惯，也能因听了故事而慢慢儿改变的。不过我们在讲的时候，目的是在使儿童无形之中受到感化，千万不可以在讲了之后再来对儿童训斥一番。

(2) 讲什么故事呢？

故事的范围很广，包含神话、传说、童话、语言、笑话等，神话和传说，在幼稚园绝对不可以用。童话在许多地方，也应严密地修正过。语言不可含有过分的道德教训。笑话必须有雅洁的文字。所以我们选用故事的时候，要根据下列的几个标准：

① 合于儿童的心理和生活的。

② 富于动作的。

③ 在儿童经验内的。

④ 富于本地风光的。

⑤ 富于重复性的。

(3) 怎样讲故事？

“讲故事”不是一件容易的事，“讲故事”是有讲故事的技术的。同一个故事，讲得好，听的人就觉得津津有味，讲得不好，听的人就觉得干燥无趣。所以“讲故事”是每个幼稚教师应该特别注意的，也可以说“讲故事是做幼稚教师的基本条件”呢！

究竟怎样讲故事才讲得好呢？讲故事是有一定的步骤的。开场要简单，要深入，“有一次”“从前”“古时候”等都是直截了当的开场白。在未讲之前，我们千万不要说许多啰嗦话，不作题前的描写。叙述的时候，要前后连贯一气。不要在中途加些穿插，或反复的重述。讲到了故事的中枢，要聚精会神作有力的表演，再来一次转机。故事快完的时候,要出乎听者的意料做一个结论,这样听的人就觉得余味无穷了。

这是讲故事的时候必须经过的几个关键,是我们必须深深了解的。另外我们还应该注意练习的有:

① 声音　发音要悦耳,要自然。平常我们说话,大概都用平淡的声音。但是故事的情节是不同的,讲者思想的发表,感情的表达,当然不能固定地用一种声音来讲。所以我们在讲的时候,要依着故事的情节而变换声音,使语调更有力,表现更逼真,听的人就格外容易集中注意了。

② 态度　开始的时候,要稍稍静默,要从容不迫,眼睛顾到四面,脸上带着笑容,讲的时候,要深入到故事里去。更要体贴儿童的心理,就故事的情节充分地适当地表现各种神情。

③ 姿势　姿势就是表现的动作,可以帮助语言和神情的不足。常用的姿势是两手。躯干和四肢,也可以帮助表达情绪的。不过姿势不要表演得太过分,务须与事实相符合。

④ 字句　我们平常对儿童所说的话,要适合儿童的口吻,讲故事也是一样的。讲故事的语词应该平易温雅,避免粗暴鄙俗。我们要从儿童的词汇里去找字句,万不可用一种学术上的语句或深奥的语句来对儿童讲故事。

⑤ 用具　图画、玩具都是可以辅助你讲故事的。听故事的儿童看了图画、玩具,一定格外有兴趣了。

要知道幼稚儿童听故事,首在欣赏。除了教师讲述外,我们可以训练儿童重述故事,或回答故事的内容,或自由创作故事,或表演故事。

总之讲故事是一种艺术,讲故事的人,一定要把艺术好好儿学会,使儿童喜欢听故事,喜欢讲故事,喜欢表演故事,讲故事就可以算是成功了。

（三）音乐

没有一个儿童不喜欢唱歌,也没有一个儿童不喜欢舞蹈的。儿童从小对于音乐就有兴趣的，听到环境里的各种声音就会模仿。一岁的儿童，就会学家里的人说话，初进幼稚园的儿童，虽然没有受过音乐的训练，但不久就能唱出音调，对音乐很有兴趣了，所以音乐在幼稚园是很重要的。

1. 究竟幼稚园为什么要有音乐呢？

(1) 满足儿童唱歌的欲望，增进儿童的快乐。

(2) 促进儿童身体的健康。

(3) 发展儿童社交的能力。

(4) 发达儿童对节奏的感觉，训练儿童合节奏的动作。

(5) 培养儿童欣赏的能力。

2. 幼稚园应有什么音乐教材呢？

有的幼稚园，只教儿童唱唱歌，就算完事了。其实幼稚园的音乐教材是很多的，现在我们来约略说一说：

(1) 欣赏教材

就是训练儿童听音、辨音和发音。这种教材什么时候用呢？每天餐点前后，教师可演奏优美高尚的音乐，让小朋友在静穆的气氛中静静地听。每次教唱歌或教节奏的时候，教师也可以先让小朋友听几遍。这样儿童的进步一定就会很快了。但这种材料要有和声的。演奏钢琴或风琴，固然可以发展儿童欣赏的能力，优美柔和的唱片，也可以培养儿童的欣赏的情绪的。我们教儿童欣赏音乐的时候，务必要养成儿童的正当的态度。什么是正当的态度呢？要静静地听，要有情感地听，不是随随便便地听，这样引导儿童欣赏音乐，他们才会校正自己的错误，这种态度，影响儿童辨别音乐的好恶的能力，且影响力是很大的。

(2) 律动教材

什么叫律动呢？律动就是因受了外界的刺激而自发的一种有节奏的动作。譬如儿童看见鸟飞，会张开两臂学飞，看见马跑，就会蹦蹦跳跳。“鸟飞”和“马跑”是外界的刺激，想做鸟飞马跑是心理作用，两臂学飞和双脚蹦蹦跳跳是反应动作。飞得规律、奔跑得有节奏，就是

“律动”。我们要怎样来教学律动呢?

① 开始学的时候,应让儿童听琴声,后来儿童自然而然会发生动作,再渐渐地动作就会合拍的。什么音乐最合宜呢?进行曲跑步曲都可用的。进行曲弹得轻一点,小朋友走得轻一点;弹得重一点,小朋友走得重一点。跑步律弹得快一点,小朋友跑得快一点;弹得慢一点,小朋友跑得慢一点。这是第一步的律动动作。

② 律动的音乐应当有变化。等到第一步的律动工作小朋友已能做了,我们可以把教材再变得复杂些,如加入“兵操”“跑马”“鞠躬”“旋转”等。

③ 教学律动时不必令儿童一定拘泥于圆圈的排列。在广阔的地方我们可以让儿童自由活动、自由排列,只要他们不妨碍别人的行动就是了。

④ 简单的土风舞和简易的律动游戏,大的幼稚生可以练习的。如同音乐故事(就是从音乐中表演出一个故事的情节)、律动游戏(就是从乐曲中做出模仿的动作),如同表演《春天的情景》《十字路口的巡警》。土风舞是把各种步法——像“跑跳步”“踏跳步”“跑步”“脚尖前后步”“滑步”以及“拍手”“伸臂”“踏足”等动作组织而成的一种合拍的舞蹈。

(3) 唱歌教材

幼稚生快乐的时候,或遇到快乐的事情,总是以唱歌来表示快乐的。他们学会了许多歌曲之后,就会在日常生活中应用出来,来表达自己的情念。所以唱歌教材要从下列范围内去选择:

① 关于家庭生活的。

② 关于自然现象及习见的动植物的。

③ 关于纪念日及庆祝的。

④ 关于社交生活的。

⑤ 关于农、工、兵、商的生活的。

怎样的唱歌教材才适用呢?

① 曲调　要适合儿童的音乐能力。幼稚园的儿童,大概只能唱

从E到C的六个音。曲调的拍子，以二拍子、四拍子或三拍子的最相宜。曲调最好配以和声，但歌词的句读要和乐音的强弱相符合。歌词的平仄要和乐音的高低相配称，曲调要和旋律相适应，要简单而有变化。旋律要清越明亮，才可以引起儿童自然的律动。

② 歌词　歌词必须浅显明了，适合儿童的口吻。切忌深奥晦涩、使倔声牙，还有歌词的意义，不可含有过分的道德教训，或者荒诞的落伍思想。用儿歌编成的曲子，最适合儿童的内容要多动作的。小朋友喜欢动作，动作多的歌曲，很能引起儿童的兴趣。

怎样教学唱歌呢？

① 先由教师引起一个动机，唱一首歌给儿童听。

② 把歌的内容用问答法或故事方式来讲述，务使儿童彻底明白歌中的意义。

③ 教师再把歌带弹带唱像讲故事一样说一遍。琴声必须比歌声低一点，字音须清朗而有情意，更须合拍而胸中发出，不要用喉咙直喊。

④ 再叫儿童模仿，伴唱练习。

⑤ 伴唱的时候，教法要多多变化。“分唱”“指名唱”“轮唱”“齐唱”“坐唱”“立唱”等等方法都应用出来，儿童就会感觉到兴趣浓厚了。

⑥ 儿童一能齐唱后，教师就不要伴唱。

⑦ 一首歌一次教不会，我们可以把它分段教学。

教唱歌的时候，做教师的应当注意儿童的唱歌能力，唱歌的能力有强有弱。因为先天的不足、环境的恶劣、身体的羸弱，唱歌的能力就不行了。所以我们应该特别注意到这些儿童而且加以适当的指导。

(4) 演奏教材

在中国的小学里，有小音乐队组织的还很少见，幼稚园里有乐队组织的更属稀罕了。

为什么幼稚园要有乐队的组织呢？

① 培养儿童对于音乐的兴趣。

② 发挥儿童的律动感觉。

③ 训练儿童集中注意。

④ 唤起儿童对于团体的意识。

乐队怎样组织呢?

① 钢琴或风琴,由教师演奏。

② 各种小乐器如大鼓、小铃、铜锣、引罄、铙钹、木鱼、节拍板、响板等乐器,由全体儿童演奏。

③ 指挥最好由儿童担任。

怎样教学演奏呢?

① 教师先奏一奏,奏得很自然,很活泼,令儿童熟听乐谱;乐谱须全曲的。

② 再说明节拍,教师可弹了教儿童数拍子。

③ 拍子熟了,就用乐器配合演奏。先分别奏,再合奏。

④ 每种乐器因声响的轻重大小不同,所以要分配得得当,大概大鼓只一人,铙钹亦应较少,其他二人三四人皆可。

⑤ 拍子熟了以后,然后注意表情,四拍子的大概第一、第三拍较重,第二、第四拍较轻,拍节跟乐调的应该较强,跟伴奏的应该较弱。

⑥ 每次练习的时间,不宜过长,以免儿童厌倦。

⑦ 指挥先可由教师担任,演奏熟了以后,可由儿童轮流担任。

关于演奏教材的曲谱,国内只见发表在《儿童教育》月刊上的几篇,尚未见手册出售,拙独的《世界儿童节奏曲》(世界书局出版)里有一部分材料可以作演奏之用。

(四)游戏

游戏是儿童的第二生命,儿童在一天之中,除了睡眠和饮食,就只有游戏,所以游戏在幼稚园里是很重要的。幼稚园的一切活动,都可以用游戏来引起儿童的兴趣的。所以我们应当有充分的游戏设备、优美的游戏环境,使儿童从游戏中得到适宜的教育。

现在我把幼稚园里所用的几种游戏约略说一下:

1. 感觉游戏　如"摸人""听音找人"等游戏,练习触觉、听觉、视觉的。

2. 故事游戏　这类游戏，很像故事表演，除儿童自己可以化装游戏外，还可以用傀儡来表演，来游戏。

3. 唱歌游戏　就是儿童一边唱歌一边表演，游戏的时候，加上唱歌，游戏的兴趣就更加浓厚了。

4. 想象游戏　就是儿童可以随自己的意思发表思想和想象，利用玩具积木等来做各种有意义的活动。什么玩具是适当呢？如小偶人、活的动物、竹头木屑、积木、竹圈、橡皮制动物模型、松香制人物模型、皮球、沙箱、沙坑、动物拼图、木刀、木枪、小家具等都是很好的。

5. 模仿游戏　各种成人的活动，儿童都喜欢模仿的。如玩兵操、玩打仗、放枪、射箭、骑马、做买卖、开店等游戏。

6. 运动的游戏　儿童进了幼稚园，就会强壮起来的。为什么呢？运动的机会在幼稚园比在家庭来得多。在幼稚园里，儿童跑跑跳跳滑滑溜溜，有各种运动的游戏。但是运动的游戏重在设备，所以每所幼稚园，至少应设置下列各种运动器具，以供儿童练习。

① 摇马　② 滑梯　③ 独木桥　④ 秋千　⑤ 跷跷板　⑥ 小推车　⑦ 猴子架

7. 律动游戏　就是儿童在听了各种音乐所表现的各种动作。如鸟飞、马跑、蛙跳、虫爬等。

8. 团体游戏　就是带领儿童在规定的时间内所做的游戏。唱歌游戏、律动游戏都是团体游戏。竞赛游戏也是团体游戏，竞赛游戏如“抢椅子”“开火车”等，追逐游戏如“丢手帕”“抬人”等，都是训练儿童的感觉的。

现在再把教学游戏时应注意的几件事说一说：

1. 教师是游戏的指导，要站在儿童的队伍里。

2. 解说游戏的方法时，说话要响亮，使个个儿童都听得到，并且要用暗示的方法来鼓励儿童的兴趣。更要有发号施令的能力来维持秩序。

3. 游戏是活动的，所以教师的动作要敏捷，态度要和蔼，全体儿童都顾到，游戏才能玩得对，玩得起劲。

4. 用故事式的方法来说明游戏的内容，比较容易引起儿童游戏的兴趣。

5. 要全体儿童都有参加游戏的均等机会。

6. 玩新的游戏时，最好先暗示活泼、敏捷的儿童去做，然后再叫全体做。

7. 凡儿童爱玩的游戏，就是天天玩也无妨碍的。

8. 当儿童玩得顶快活的时候，尽量让他们拍手欢呼，发泄他们的情感。

9. 怎样对待胆小或年幼的儿童呢？教师应当有柔和的态度，用赞誉的口气去鼓励他们。切不可勉强他们。他们做得好，教师要立刻赞扬他们，就是他们做错了，教师须防止别人嘲笑他们。

10. 游戏是有规则的，在幼稚园里，必须严厉执行。但对于利己的，或过于顽皮的儿童，应该教他们知道没有一个儿童可以妨碍别人的，若是他还是不听从，那应当叫他退出游戏。

11. 游戏是随时随地可以做的，不一定要在规定的时间内去做，所以教师要善用机会。

12. 多训练儿童自主自动的能力，教师应常常鼓励儿童有奋发快乐的精神。

13. 游戏最好常常在户外。

14. 游戏的内容，最好要多动作的。

总之，幼稚园的儿童，就社会性来说，喜欢个人游戏。就心理方面说，先有感觉游戏而后有想象游戏，儿童整个的生活是游戏生活，游戏生活最能发展身心。

（五）工作

幼稚园工作的范围很广，有工艺，有美术。工艺包括沙箱装排、积木装置、摆竹圈、编织、缝纫、纸工、木工等项，美术包括图画、剪贴、泥工、纸浆工等项。各项活动，可以单独进行，也可以和其他的活动联合进行。兹略述如下：

1. 沙箱装排　儿童可以自由在沙箱里装排。年幼的儿童，在沙箱内掘掘堆堆，就认为是开河堆山了。年龄较大的儿童，可以在教师引导之下，在沙箱里做设计活动。比如研究农村，就可以装置乡村的景象；游览公园，可以布置公园；爬山后可以布置山林等。

2. 积木装置　儿童可以随意用积木砌搭起来，如城墙、房屋、家具、车、船等有意义的东西，或者也可以与沙箱联合排装的。

3. 编织　在纸板或木架上穿好经线，而后利用破布、麻线、绒线等做纬线。编织的时候，只要儿童能编织得不错就够了。什么织花织纹，恐怕不是幼小儿童所能做得到的。

4. 缝纫　缝纫的动机，大概从玩弄玩偶而来，如做玩偶的衣服、棉被、手帕，做玩偶家里的窗帘、椅垫等，这种工作，年龄较大的儿童也许可以做，小的儿童可用硬纸板刺孔图，令儿童用色线穿编，或者用线穿颜色木珠，可将麻秆切断成许多小圆柱体，然后令儿童染上各种颜色。这种圆麻秆也可以穿线的。

5. 纸工　包括"剪纸""贴纸""折纸""撕纸"等几种剪纸初步练习。可使儿童知道怎样使用剪刀，可以利用旧书报、旧杂志，让儿童自由剪剪，等到儿童稍微能用剪刀了，我们可以教他们依照图画的轮廓去剪，并且教他们剪得线条整齐、轮廓光滑。等到轮廓会剪了，再教他们剪各种东西的图形，如花篮、车子、轮船、工具等。

"贴纸"是什么工作呢？就是把剪下来的图形，贴在纸上。每个儿童应备一剪贴纸的小册子。有时候，大家可共同来合贴一幅有意义的画图，剪好贴好之后，儿童可以再画一些背景，这是要和图画联合教学的。贴的时候，关于怎样用糨糊，应该指导的，糨糊要稀薄，不要太厚，粘贴纸要在图的四只角，切不可满幅都是糨糊。

"撕纸"是比较大的儿童可以做，用各种颜色纸，撕成各种图形，然后再在纸上把它们贴起来。

"折纸"对于幼稚生是没有多大价值，偶然做做也可以，但是要用最简单的方法来折，切不可太难太复杂了。

6. 木工　"木工"应当在一个特别的地方做，还要有各种工具、材料。开始的时候，教师可让儿童自己来敲敲钉钉，渐渐引导他们钉成小桌小椅小屋等。锯刨比较难了一点，教师也许要多帮助。“做木工”小是“玩”，儿童在玩的当中，就可学习东西的长短、大小、比例等。所以木工要儿童自己做，做教师的只要从旁帮助帮助。

7. 图画　对于幼稚生的图画，我们应该尽量让他们自己去创作，初步图画，大概都是信笔“涂鸦”，教师应当鼓励他们自己发挥，要他们说得出所画的东西。幼稚生画画，大约有三种步骤：第一步是“涂鸦”，没有什么组织，也没有什么意义，画什么就算什么，甚至于画了之后才有一点意义。第二步是“轮廓画”，画一个圈就当做“人头”，画几竖再做“树林”。第三步是“意象画”，画的东西有意思了，看起来也可以懂了。第四步是“故事画”，儿童到了此时，要把所听到的所看到的画出来，成为一个故事式的画图了。儿童在画画的时候，执笔的姿势，教师都要特别注意到的。

8. 泥工　幼稚生最爱玩泥，因为泥的性质是软的，是柔和的，儿童可以随意捏塑，是能运用他的手他的肌肉的，捏些什么东西出来呢？就要运用思想了。初玩的时候，也许不会像什么东西的，但是玩久了，就可以渐要成功一样东西了。教师应当用常用方法来鼓励儿童的兴趣，使他们达到完美的地步。

什么是泥工的材料？白泥（塑神像用的）最好，田泥次之。还有一种材料，可以代替泥的，就是纸浆。纸浆怎样制成的呢？把旧报纸撕碎，浸在水里，六七天后再把水滤干，加上三分之一面粉和少许明矾，捏在一起，纸浆就成功了。

9. 园艺　幼稚生所能做的园艺，当然是很简单的。怎样做呢？在园内场地上开一块地，让儿童自己管理，自己栽植，自己灌溉。在适当的时候，可以引导儿童种菜，栽花植树。这样儿童可从做中认识自然物的生长，研究自然的兴趣一定可以格外浓厚了。

怎样指导儿童工作呢？

上面所说的各项工作，可以分开来做，也可以联合起来做，教师是把舵的人，是指示方面的指南针。舵把得稳，船就走得快，方向指示得对，船就不会迷路了。教师一定先要明了儿童的心理、发展方向、兴趣所在。究竟应该怎样去指导呢?

1. 指导儿童多多地试用各种材料,各种工具,使他们认识各种材料的性质,获得运用工具的能力。

2. 儿童是要从做中求进步,所以有的工作,一定要儿童反复练习,不可限制儿童不做,也不可强制儿童去做。

3. 有的儿童,不大愿意大家共同工作,或者不知道怎样工作,教师应当有暗示法积极地去鼓励他们,即使做错了,也不要说他们"不好",应该指导他们"怎样做就算好"。

4. 工作要引导儿童自己去做,切不要儿童依从教师的意思去做。所用的材料用具,要顾到适合儿童的能力,所做的工作,要能促进儿童的想象力和创造力。

5. 教导儿童无论对于自己和别人的工作,都会欣赏,都会批评。教师应当把工作的优点提示出来给大家欣赏,切不可说工作的缺点使儿童灰心。

还有几种优良习惯,我们应当教儿童养成的:

1. 用过的东西放还原处。

2. 做事要有始有终,不苟且,不敷衍。

3. 保持整洁。

4. 做事安静,说话低声,不扰乱别人做工。

5. 做事能与人合作,负责到底。

五、健康活动

幼稚教育的第一个目标:"培养儿童身心的健康";所以健康活动在幼稚园里是应当特别重视的。现在把儿童的健康活动,略述如下:

(一) 餐点静息

餐点静息,一方面是为养成儿童优良的习惯,一方面是为顾到儿童身心的健康。

1. 餐点

(1) 适应需要　幼稚儿童的食量比较小,所以从早晨早餐后一直到中饭时为止,足足有五小时之久。在这样长久的时间,儿童一定需要少许食物充饥。

(2) 养成饮食时应有的良好习惯　接受食物时说“谢谢”,吃的时候大家一同吃。做值日生的讲“小朋友请用”,先吃好的等大家都吃完了再离开桌子。

(3) 养成儿童饮食时应有的卫生习惯　如慢慢地咀嚼,吃东西不出声,不吃掉下来的东西,保持桌上清洁,等等。

(4) 养成爱惜食物的习惯。

(5) 培养社交的态度。

餐点的时候布置应家庭化,把两张桌子合成一起,就成为一张方桌子了,正好像家庭里的餐桌一样。每天的餐点可由每天的值日生承担分送和收拾工作。练习做主人,儿童一定都很喜欢的。每个儿童都应当有固定的茶杯,每天用后,应当用开水洗干,不必用布抹干。

餐食时究竟吃些什么东西最相宜?普通的幼稚园,总是一两块饼干,一杯开水。儿童常吃一样的东西,会生厌的,最好随着时令,或者随着教学单元而变化,或者儿童自己种的东西,如豆类瓜类等,让儿童自己来烧烧吃,一定格外有味。最合卫生而价值最廉的,是自己磨的豆浆。豆浆的做法:

黄豆一分(去皮的豆瓣尤佳),水八分,浸在桶里十二小时(约一夜),等豆子涨大了,然后用石磨磨细,再用细密的布一滤,滤出来的液汁,放在锅里煮二十分钟,就可以吃了。

2. 静息

静息可分两种:

(1) 静息　上午较宜,让儿童在几项活动之后,得到片刻的休息,以恢复精神的疲劳。时间在餐食之前、户外活动之后(约上午十时左右),静息五分钟到十分钟。有时教师可静居一旁,轻吟儿歌,或轻唱催眠曲,或弹幽静的音乐。有时候还可以做一种静的游戏,如听琴谱、找东西,或猜东西等。

(2) 静卧　下午较适宜,设备完备的幼稚园,可以备一种简单的折床,每天如果有一二小时的睡眠,对于儿童身体的健康是很有益处的。我们普通行全日制的幼稚园，儿童大都回家午饭的，如果园中没有适当的设备，最好和家庭合作，让儿童在家午睡后再来园。

3. 体格检查

每半年或一年一次，请医生来园详细检查儿童的体格，如发现有什么缺点，轻的由园内经常替他们治疗，重的应当通知家长，请医生治疗；每月检查儿童身长体重一次，按月报告家长，以资明了儿童身体之发展状况。

4. 晨间检查

儿童每天到园时，教师先应注意他的身体是否康健，名皈（编著注：围兜）是否清洁。有的儿童，往往有了微热，但未经父母觉察仍会来园的。朝会会前，再应有一次晨间检查，就是集合全体儿童作一次最简单的个别检查，如头项、名皈、手指、手帕是否清洁，是否整齐，是否有疾病的现象。

5. 安全指导

幼稚生体力未强，经验缺乏，在户外活动时，教师尤宜小心监护，并且时时指导儿童怎样是安全，怎样会有危险，如：

(1) 游戏时勿推人，勿跳跃，勿掷沙石。使用游戏器具游戏时，一定要依照规则游戏，不要争夺，不要乱叫。

(2) 作业时知道怎样用钉锤，怎样用剪刀，拿椅子时，椅脚向下。坐时脚要放在桌子下面。积木玩具不乱抛在地上，开关门户抽屉不要撞痛别人，或轧痛自己的手指。

(3) 上学和回家时，靠左（编著按：当时交通规则为靠左行）走，不要走在池河边。上桥下桥须扶着栏杆，若是没有栏杆，要走中间。勿在路上奔跑游戏，穿过马路时（如通汽车的）须注意两旁和前后的单车，为应付意外的发生，儿童要会说自己的姓名、父母的名字、家里的地址、幼稚园的名称和地点。

六、一年中的教学单元

我们已经说过，课程应当有中心，应当预定的，现在把一年中的教学单元列出一个大纲来，教师可以根据每一个单元预定教材。不过用的时候，不必拘泥，要随机应变，因地制宜就好了。

～～春季～～

二月份:1. 我们开学了 2. 请请客人 3. 小宝宝的家 4. 可爱的猫 5. 养金鱼 6. 养兔子 7. 养鸽子

三月份:1. 春风吹来了 2. 怎样种树 3. 纪念孙中山先生 4. 种牛痘 5. 庆祝百花生日 6. 我们的小花园 7. 纪念黄花岗烈士

四月份:1. 庆祝儿童节 2. 养小鸡小鸭 3. 我们怎样保护身体 4. 到野外去远足 5. 春天的花木 6. 雨先生来了 7. 蝌蚪变青蛙 8. 养蚕宝宝

五月份:1. 大家做做 2. 日本孩子的生活 3. 燕子飞来了 4. 蜜蜂做工忙 5. 美丽的蝴蝶 6. 小鸟的家 7. 吃蚕豆豌豆 8. 快快布谷

六月份:1. 新麦上市了 2. 小宝宝要换单衣了 3. 吃水果 4. 夏天的卫生 5. 可恶的蚊虫 6. 扑灭苍蝇 7. 大热天来了 8. 怎样到远方去

～～秋季～～

九月份:1. 我们的幼稚园 2. 秋天的水果 3. 虫儿的运动会 4. 秋天的花 5. 过中秋节 6. 秋天的蔬菜

十月份:1. 国旗党旗真美丽 2. 国庆纪念 3. 水从哪里来的 4. 水里的动物 5. 树木的用处 6. 怎样种菜 7. 秋天的农家 8. 游公园

十一月份:1. 种豆子 2. 孙总理诞辰纪念 3. 救济 4. 深秋的树叶和果子 5. 可爱的草 6. 有用的牛 7. 会跑的马 8. 看门的狗

十二月份:1. 我们怎样过冬 2. 小宝宝要过冬了 3. 腌菜腌萝卜 4. 动物怎样过冬 5. 植物怎样过冬 6. 好大的西北风 7. 煤炭从哪里来的 8. 开恳亲会 9. 过年贺年

一月份:1. 开玩具展览会 2. 开小邮政局 3. 下雪了 4. 冷地方的小朋友 5. 蜡梅花开了 6. 暖和的太阳

上列大单元教材,包括自然、社会、故事、游戏、儿歌、音乐、工作等活动。所有活动,都以自然、社会为中心,关于生活需要、社会组织、纪念日节日、自然现象天气、动植物的采集和饲养等都包括在内。每个单元活动的时间没有一定，有的可以延长到一二星期，有的只要一二天就可以做完，视当时的需要和情境而活动。

兹将大单元活动纲要列于下以作参考。

教学单元　兔子

活动纲要

一、常识

(一) 观察

1. 到幼师新造的兔子房去看兔子
2. 看兔子的眼睛、耳朵、前后脚、毛、嘴巴、尾巴、身体等
3. 看兔子怎样吃东西
4. 看兔子怎样走路
5. 看兔子的耳朵怎样动
6. 摸摸兔子的毛

(二) 研究

1. 兔子的形状是怎样的
2. 兔子的毛有几种颜色
3. 白兔、灰兔、黑兔有什么不同
4. 它的耳朵为什么会动
5. 它的前后脚是怎样的
6. 它走路为什么要跳
7. 它喜欢吃什么东西
8. 它怎样吃东西
9. 怎样养兔子
10. 养兔有什么用处

(三) 实行

1. 喂兔子食料
2. 给兔子喝水
3. 捉兔子放在兔笼里小朋友来养

环境、实物、用具及参考书：

1. 幼师农场的兔子房 2. 灰、黑、白兔各一 3. 兔笼子 4. 白菜,豆,水

二、工作

1. 木工——用木条钉一间兔子房
2. 积木——用积木搭一间房子给兔子住
3. 画图——自由画,画兔子吃菜图,画兔子轮廓图
4. 剪贴——(1)白兔子,红眼睛 (2)兔子赛跑
5. 泥工——用泥做兔子或其他的东西
6. 自由作业

用具:1. 木条 2. 钉,锤 3. 积木 4. 纸,笔,颜料 5. 剪刀,糨糊 6. 蜡笔 7. 泥 8. 工作板 9. 拼图板 10. 兔子图 11. 图画架

三、故事与儿歌

(一) 故事

1.《胆小的小白兔》
2.《龟兔赛跑》

(均见《儿童故事》,陈鹤琴、钟昭华编,华华书店印行)

(二) 儿歌

1.《红眼睛》

红眼睛,白皮袄,小兔子,相貌好!
后脚长又大,前脚短又小,
走起路来,一跳又一跳。

(见《儿童图画诗歌》)

四、音乐

(一) 唱歌

1.《红眼睛》

(见《唱歌集·低级用》,胡周淑安曲)

2.《兔子真胆小》

(见《甜歌77》,曲词改作)

(二) 节奏

1.《兔子跳》
2.《树林里的小兔子》

(见《世界儿童节奏集上下册》,陈鹤琴、钟昭华编)

音樂：
紅眼睛
紅眼睛白皮襖，小兔子相貌好，後腳長又大
前腳短又小，走起路來一跳又一跳
兔子真膽小
紅的眼睛白的毛，兔子真膽小，樹葉飄洞裏逃
果子掉，洞裏逃，麻雀叫洞裏逃，兔子真膽小！

鬼子跳

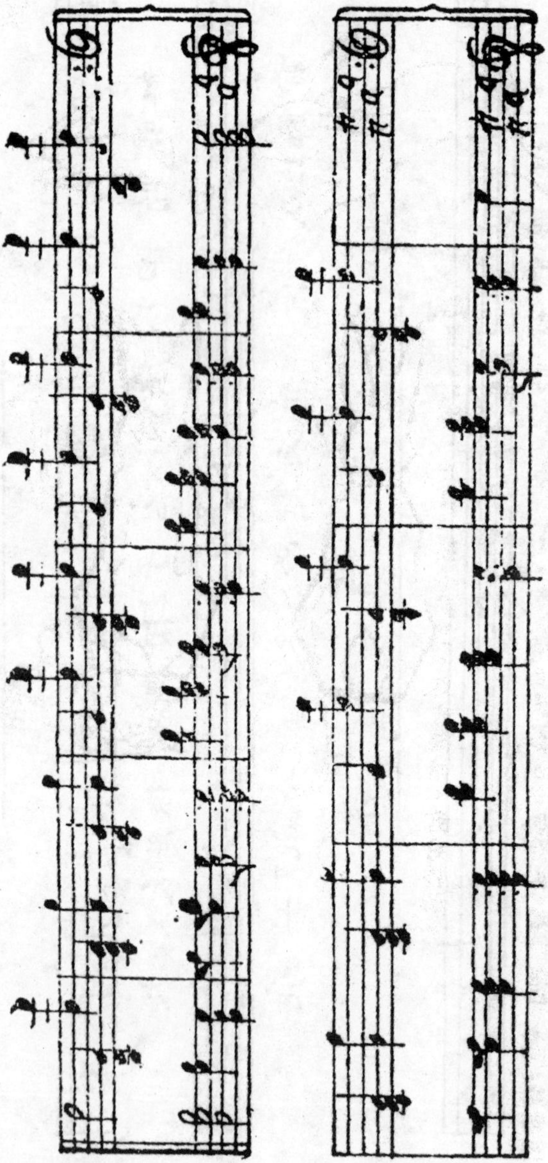

五、游戏

1. 捉兔子

2. 狗捉兔子

在地上画一个圆圈，大小视儿童多少而定，全体站在圈外做“兔子”，举一儿童做“小狗”，蹲在圈内。圈外儿童趁“小狗”不注意时，可用左脚伸入圈内，“小狗”等候机会，在大家不注意时，赶快来捉住任何一只“兔子”的脚，碰到就算捉着，请他换做“小狗”，继续游戏。

（见《儿童游戏》，钟昭华编，华华书店印行）

六、读书

我是小白兔

我是小白兔，我有一个小尾巴，我会跳高，我会打滚。

（见《幼稚园课本·一年级用》二月份，陈鹤琴编，第3—6页）

七、日课表(略)

八、怎样教学

教幼稚生比教小学生来得难，幼稚生的注意力不容易集中，知识薄弱，能力低微，要教得好，非得要有特别的方法，现在提出几点教学方法：

（一）自动教学

“做中教，做中学，做中求进步”这个教学原则是最适宜于幼稚园的。幼稚生是好动的，而且喜欢自动的。若是在教室里呆呆板板地听老师的指挥，做一种机械的工作，这种工作，无论做得怎样好，是没有多大的意义的。自动的工作，即使做得不好，是自己的工作。不过我们要明了的，自动不是乱动，也不是无限制无范围地瞎动。教师必须从旁指导，积极暗示，使儿童得着正确的观念，合理地行动。

（二）户外教学

空气、日光对于正在发育生长的儿童是最好的营养“粮食”，故没有一个儿童不喜欢户外的。户外的环境，当然比室内的环境来得生动，来得有变化，我们不仅仅做游戏应当在户外，讲故事也最好在户外，一切活动能够在户外做是最好的。我们应当以户外教学为原则、室内教学为例外。什么时候是例外呢？除非是下雨天。倘若热天，太阳太猛，那最好在树荫下教学。若是没有树荫，最好搭一个布棚，布棚太贵，草蓬树皮都可以搭棚的。

户外教学不是在固定的地点的，地点换换是很好的，儿童总喜欢新的好方法，旅行是很好的方法。在户外教学中，儿童可以认识环境，环境中的自然教材，正可取之不尽、用之不竭，所以户外教学是配合课程编制的。

（三）游戏化的教学

游戏是儿童的第二生命，我们可以利用这种心理去教育，故事应当游戏化，唱歌也应当游戏化。一切的教学，在幼稚园里都应当游戏化，儿童在游戏中学习，在游戏中生长。究竟游戏是什么意思呢？游戏化的工作，是以游戏为目的，不是以工作为目的，譬如儿童做泥工，只觉得很好玩，可以做老虎狮子，可以捏出各种东西的样子来。他没有其他的目的。纯粹的工作是有其他的目的，通常都是为金钱的代价来做工的。而儿童的这种工作就没有太多的目的，但效果也会十分好，所以教学应当游戏化。

（四）分组教学

幼稚园的儿童，有四岁到六岁的，也有不到四岁的。六岁儿童的能力比四岁儿童的能力大得多。就是五岁同四岁相差虽然不过一岁而能力的差别却相当的大。所以教起来应当把儿童分组。但是分组不一定要依年龄做标准的。我们应当参酌儿童的能力，把儿童分成大班小班。

这不仅仅为教学的方便我们把他们分组的，从教育原理说来，分组也有理由的。儿童不能个别生长的，他要在团体中发展的，荒岛中长成的儿童，绝对不能够应付复杂的社会环境，不能在文化水平高的社会中生活。

这样说来，分组教学是有相当的根据的。但是个性的发展，我们也要顾到的。我们已经说过，个别的差异是很大的，分组的教学，一定要顾到儿童的个性。在一组中有时候也可以分成几小组来实施个别的教学。譬如教工作的时候，一组画画，一组做泥工，一组做木工；若是有的儿童喜欢玩沙掘地，我们也应当给他机会去活动，不必强制和其他的儿童做同样的工作。

（五）合作性的教学

合作性的教学在幼稚园比较难做，但是这种教学是非常重要的，小孩子生来是利己的，利己并不坏，不利己他不能生存。但是他要慢慢儿学习如何顾到人，舍弃自己的利益，顾到别人的幸福，这一点当然是幼稚教育的重要目标，我们不能够单单养成一个自私自利的有能力有知识的儿童，我们一定要养成一个互助合作的社会分子。要达到这个目的，我们一定要实施合作性的教学。

什么叫合作性的教学呢？这个名词似乎有点杜撰，但是意义是很显著的。譬如玩沙箱，做一个动物图的设计，我们不要一个儿童独占一个沙箱，我们也不要一组六七个儿童，在沙箱边各玩各的，毫不相干。我们要指导儿童，实行分工合作，有的搭桥堆山，有的剪人物，有的剪树木，有的挖洞、筑路、盖房子。

这种有意义的合作活动，我们应当积极提倡的，使儿童学习怎样为人合作，怎样帮助别人，怎样接受别人的意见，怎样尊重别人的权利。

九、怎样管理

（一）经费的支配

开办一个幼儿园，一定要有确定的经费，经费的多少与事业的成败有重大的关系。要使幼稚园的一切计划有次序地进展，非有固定的充分的经费不可。究竟开办一个幼稚园，有哪几种经费呢？

1. 开办费　在创办一个幼稚园的时候，购地、建屋、添置设备等需费很大，事前当筹划的款周详计划。购地建屋的费用，要看园舍的大小、建筑的材料；添置设备的费用，少的数百元，多的数千元。

2. 经常费　经常费的多少，要看儿童人数和教师薪俸来预定。全部支配，约分为下列各项：

（1）薪工费　园师薪俸和工友工资属于此项，此项数目，不超过全数百分之七十五。

（2）设备费　设备费没有一定的限度的，玩具教具等物，除开办时添置后，以后必须陆续购置，此项数目约占全数百分之二十。

（3）办公费　指平日修理、杂品、杂支、消耗、簿籍、邮电等项，约占全数百分之五。

（4）预备费　每年或有意料所不及的费用，在编制预算的时候，没有算在内的，就列入此项。约占全数百分之五。

经费的项别和支配，约如上述，在动用经费之前，必须先编造预算，编造时根据实际需要或依照核定概数，呈准主管机关。如开办费等临时支出，在相当的时候，就要编造决算。一方面据实报告，一方面要同预算对照有没有增减，再呈送主管机关备案。经常费的决算，照会计年度是每年一月起至十二月止。有的分两期造报决算的，有的全年总造决算的，所谓决算，就是每个月实支实报的细账。

（经费分配标准略）

（二）儿童的招收

开办一个幼稚园，一定要招生。招生必须要用简章的，下面的格式也许可以用的。

（招生简章略）

（三）园务分掌

一个幼稚园，假定有五十个儿童，分大小两班，就应当有两个教师，为了专责计，一个是主任兼教员，一个是教员，两个人轮流教大小班，一个月交换一次。

在职务方面，主任担任行政的工作：

1. 规划园内的设备
2. 编制预算决算
3. 编订课程大纲和日课表
4. 指导教师工作
5. 定期考察儿童卫生养护
6. 定期考察儿童成绩
7. 编订毕业标准
8. 联络家庭
9. 对外的接洽
10. 制定一切规程及表册

教师的工作

1. 商承主任管理园务
2. 协助主任规划设备，编订课程
3. 对于儿童养护教学当负全责
4. 联络家庭
5. 整理并保管儿童成绩
6. 填写教学日志做工作报告

（四）怎样呈报

一个独立的幼稚园，对于上级机关，一定要做呈报的工作，在成立之后，就要做一个呈文，呈报成立；新聘的主任就任后，就要做一个呈文，呈报就职；有时候经费不够，就要做一个呈文请求追加预算；有时候，经费迟迟不发，也需要做一个呈文请求早日发放。

（呈文格式略）

（五）怎样记录

记录是每一个幼稚园所必须有的工作，有了记录，可以考查，可以进行一切的计划，可以研究儿童的性行、教学的好坏。现在把它分为三方面来列举出来：

1. 儿童用表

（1）日历　教师可自制，有散页的，有每月一页的，散页的可令儿童每日撕去一页，每月一页的，可令儿童每日涂去一格。

（2）星期板　教师可自制。用法：每日令儿童一转，明了今天是星期几。

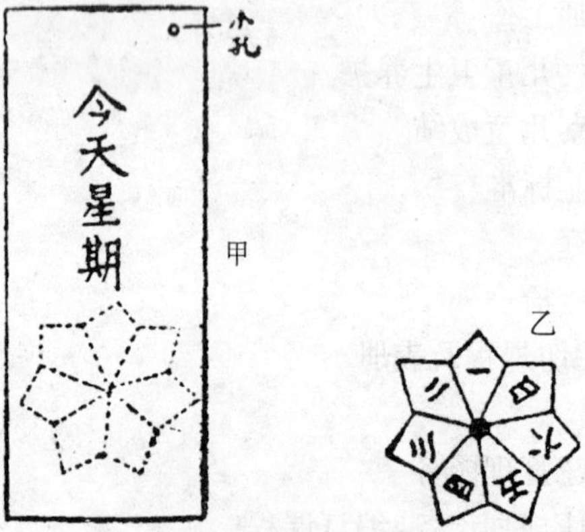

甲　乙

（3）气候图　每天令儿童在图上圆圈内涂色。天晴涂红色，天阴涂蓝色，天雨涂黑色。

(4) 整洁表　每天检查儿童清洁用，以颜色或分数记载成绩，检查项目可由教师拟定格式，每天成绩记在另一表上，一星期后总结成绩一次，将所得结果记在清洁表上，以示鼓励。（格式略）

(5) 好习惯表　每周规定好习惯数项，用图画表示，做到后再改换项目。（格式略）

(6) 划到表　将儿童的姓名，写在一张表上，训练儿童在早上到园后划到，大班儿童可以做的。

2. 必备表册

(1) 幼稚园概况一览表　本应该记载的要项是：沿革组织，经费总数及支配，儿童纳费，儿童数及教员数，课程，编级及试验主张，园舍分配，园场分配，设备等。

(2) 日课表　详载儿童一天的生活活动时间等。

(3) 我们的功课表　记载儿童每周生活活动的要目。

(4) 儿童发展进度表　考查每一儿童发展进度的。（格式略）

(5) 点名册　为明了每天出席的儿童数，教师可检查大班儿童的划到表，再记在册上，小班儿童可由教师点名。

(6) 健康检查表　由医生或教师检查后记录。（格式略）

(7) 家庭访问记载表　访问家庭时可作详细记录。（格式略）

(8) 成绩报告表　记载儿童的学业、技能、习惯等，每月或每学期报告家长一次。（格式略）

3. 研究改进表册

(1) 教材预定录　预定录可分两种：详细的是逐日预定的，扼要的是每周预定的。（格式略）

(2) 幼稚园教育实施录　这是记载教导实况的，当天的事项，应于当晚记载，务求其详，如有问题困难，应该立刻解决或改正。（格式略）

(3) 幼稚园教学日志　这是简单的表册，由主任或值日教师记载。（格式略）

(4) 个别日记　记载儿童在工作时间内的一切活动，分三个项目:①问题,②兴味,③结果的产生。

(5) 儿童行为记录表　记载儿童运动器官的管制、智力的发展、社会适应及情绪方面的适应等(详载《活教育》第一卷第 89 期)。这张表应该每一个儿童有一份,教师以在一个时期内专门注意某一个儿童,详细记载观察所得的。

儿童行为记录表

儿童姓名		性别	实足年龄　　岁　个月
活动器官的管制	粗大肌肉之协调	走路	攀登
		跑跳	舞蹈
	细小肌肉之协调	运用手指	执笔
		绘画	握物
智力发展	注意集中		
	解决问题	自己解决	依赖其他儿童
		依赖教师	其他
	言语	自然运用	结舌
		发言迟钝	其他
	主要兴趣		
适应社会	与其他儿童互相授受之情况	表现良好的态度	是否自炫
		愿意分担责任	是否躲避别人
		是否让步	其他
	对教师的态度	绝对服从	不理睬
		表现消极	理性地服从
		表示反对	其他

续 表

情绪方面的适应	外发性	外发能力状况	其他
		表现情绪状况	
	过隐或内向	无表情	闭关自守
		害羞	其他
	依赖心	依赖成人调解争吵	求人注意
		依赖成人刺激活动	求人袒护
	侵占性	对其他儿童或动物表现残忍	好强
		是否喜欢破坏	好侵占

教师＿＿＿＿＿＿＿＿　　　　　　　　记录期　　年　　月　　日至　　月　　日

（六）幼稚园毕业标准

进幼稚园的儿童照规定是从四足岁到六足岁。满了六足岁的，就升入小学。但是年龄绝不是一个升学的标准。儿童在幼稚园所受的两三年的教育，亦当确定毕业程度，以为升学标准。虽然部颁《幼稚园课程标准》，已经把各科最低限度分别规定了，但只限于各科，未能包括全部幼稚园教育。兹将陈鹤琴先生拟订《幼稚园毕业标准》录下，以供使用。

幼稚园毕业标准

做人习惯　（甲）个人的

一、听见铃声就去上课

二、走路轻快

三、开门关门很轻

四、离开座位椅子放好

五、用过的东西放得整齐

六、看见地上有纸屑或东西，就拾起来放好

七、爱惜纸、笔、书籍、玩具

八、爱护园里的花草动物

九、说话不怕羞，说得清楚

十、衣服鞋帽，不用的时候，放在一定的地方
十一、爱护已经做成功的东西
十二、能工作时工作、游息时游息
十三、能守会场秩序
十四、能靠左走
十五、知道自己住的地方
十六、知道当天的日子

做人习惯　（乙）社会的

一、进出门户不争先
二、做事或游戏，依了次序，不争先恐后
三、不和人相骂争斗
四、小事情不哭不告诉
五、自己的东西或公共的东西欢喜人家共用
六、帮助人家
七、对人有礼貌，会说“早，好，请，谢谢，对不起，再会”等
八、做值日生做得很好
九、见了人家有痛苦，会哀怜他们
十、对国父遗像、国旗党旗行礼，唱国歌时立正恭敬

卫生习惯

一、不用手指挖鼻子、嘴、耳朵
二、不用手指揩拭眼睛
三、手指清洁
四、天天带手帕
五、打喷嚏或咳嗽时，用手巾掩住鼻子或嘴巴
六、嘴里有食物的时候，不讲话发笑
七、坐立的时候，胸膛挺直，头也要正
八、穿的衣服整齐清洁

自助的技能

一、会扣纽扣
二、会穿鞋子
三、会洗手揩手
四、会自理大小便

五、会上下阶梯，互换左右足走
六、会快速向前行走
七、会开关门户
八、会拿茶杯碟子不打翻

运动的技能

一、会荡秋千
二、会溜滑梯
三、会爬竖立的梯子(绳子做的或木头做的)
四、会走独木桥
五、会走跷跷板

作业的技能

一、会画一个故事图
二、会搭积木，搭成有意义的东西
三、会缝有孔硬纸，缝成一样东西
四、会剪图画成一个有意义的东西
五、会用泥捏成一样东西
六、会自己剪成一样东西
七、会穿针线
八、会剪布剪得光滑
九、认识六种颜色：三种原色(红，黄，蓝)，三种间色(紫，绿，橘)
十、会用竹圈摆成一种有意义的东西
十一、会用木头钉成一样最简单的东西
十二、会一上一下地编织

课业的技能

一、会独自唱歌
二、会唱歌，或听琴表演
三、会讲简短的故事
四、会表演简短故事
五、会背诵歌谣二十首
六、认识常用字一百个
七、会写自己的名字
八、会写短句

九、会画日记图

十、会读简短的故事(如图画故事等)

十一、会数五十个实物

十二、会算五以内加减

十三、会组织一半(实物)并会分作一半

十四、认识钱币(分币,角币,元币)

十五、认识国旗和党旗

十六、能写数目字一至十

十七、能顺数一至五十

十八、能记得日月出没的方向

十九、知道花、种子、果实的用途

二十、能辨别毛织物,棉织物及丝织品

二十一、识别动物二十种

二十二、识别植物二十种

二十三、知道青蛙、蝴蝶、蛾等的变态

二十四、会种豆、种菜,又会掘番薯、花生、萝卜

二十五、知道当地的地名

二十六、知道年、月、日、星期等

十、怎样联络家庭

幼稚教育有两个重要目标:一个是为培养儿童,一个是为辅助家庭。要达到这两个目标,教师与家庭必须合作,平常儿童到幼稚园里来,就归教师教育,回到家里去,就由父母教养。这里就有一个问题发生了:儿童在幼稚园受的教育,是否与在家所受的教育相同呢?这是否冲突呢?若是冲突的话,儿童就无所适从了。

我们要知道儿童是整个的,不是有二重人格的,在家庭这样做人,在幼稚园那样做人,那一种冲突的教育,会在儿童中培养出二重人格。譬如在幼稚园里教师教他帮助人,在家庭里父母教他帮助自己;在幼稚园里教师教他自己去做,自己去动,在家庭里,事事父母替他做,替他设法。这种情形,也许不是普遍的,也许是例外的。不过假使有的话,儿童就不容易教得好。

有时候，做父母的采取一种放任政策，或者是不管主义。幼稚园教师教得好不好，做父母的总是不闻不问。幼稚园教师是要家长督察、鼓励的。

还有一种困难，教师常常遇到的，什么困难呢？就是教师不懂儿童的心理的，不明了儿童在家庭家里所受的教育，因为不明了儿童的心理，不了解儿童的家庭教育，教起来就不会教得得当。

要避免以上的种种问题，幼稚园应当与家庭联络。幼稚园教师应当同家庭发生密切的联系，做父母的要明了儿童在幼稚园怎样学，做教师的应当明了儿童在家庭里父母怎样教。怎样联络呢？下面有几种方法：

（一）家庭访问

做教师的应当每一个星期之中至少规定二天去探望家长，探望的方法：

1. 陪儿童回家

2. 报告儿童在幼稚园的生活和特殊的成绩

3. 探问儿童在家里的生活状况

4. 商讨怎样促进儿童的教育

（二）恳亲会

一个月或两个月举行恳亲会，请家长到幼稚园来参观。开会的时候，儿童应当做表演，做父母的看见自己的儿女表演，就格外来得快乐了。做教师的趁这个机会可以报告，报告幼稚园的情形，使家长对于幼稚园，不但不会发生隔膜，而且会发生好感。所以开恳亲会也是联络感情的一个好办法。

（三）家长会

家庭访问恳亲会都是由幼稚园主动的，家长属于被动的地位。幼稚园真正要办得好的，家长必须负起相当的责任，怎样使家长对幼稚园发生兴趣，担当一部分的责任呢？最好的方法，恐怕是家长会的组织。

怎样组织呢？有了家长会，家长也互相认识了，认识了后，感情相当容易联络，友谊容易增进，儿童的教育当然容易推进了。

家长会究竟可以做些什么事呢？有时候请专家来讲讲关于儿童

的问题；有时候办同乐会，联络联络感情；有时候带了儿童出去旅行，增进健康，扩充眼界。家长会最大的好处有两点：

1. 可以帮助幼稚园，发展园务。
2. 家长间发生了联系，这种联系，可以改进家庭教育。

幼稚园的设备(一)[1]

一、摇马

"马儿好,马儿好,我的马儿真正好。不吃谷,不吃草,一年四季不睡觉。向左摇,向右摇,东南西北随我摇。向前摇,向后摇,摇来摇去摇不倒。"究竟这是一匹什么马呢?这是陈鹤琴先生介绍给全国小朋友玩的一匹摇马。这种摇马,任何小朋友都喜欢玩的。

摇马的种类很多。上海先施公司有一种摇马出售。这种摇马,做得像一匹小马,装订在一个木头架子上面,架子做得太高,小朋友自己骑不上去。若要骑骑玩玩,非要有人帮他骑上去不可,这未免太不方便了。况且这种摇马,做得太逼真了,不能刺激小朋友的想象,也不能引起小朋友的兴趣。

有的摇马,只有一个马头,装订在一个木凳子上,凳子下面加上两条摇木。小朋友要骑的时候,就可骑上去玩。但是这种摇马,有两个缺点:

1. 马头不容易装得牢。

2. 木凳子太重,摇木不能做得弯曲,摇木不弯曲,摇起来就不活动了。

有的摇马,在摇木前面,装上一个马头,摇木的中间,钉上一把椅子。小朋友玩的时候,就坐在椅子上拉着马头摇。这样的摇马也不好,构造不坚固,小朋友容易从椅子上跌下来。

还有一种摇马,它的式样和附图相似,但是这种摇马又有许多缺点:不是马身太短,就是马头太长,不是脚蹬的地位不适宜,就是拉手

① 原载《活教育》,1941年第1卷,第6期,第187~189页。

和靠背距离太开，不是摇木的圆度太短，就是摇木的弯度不够。

这匹摇马是合乎标准而适用的了。马头上装两只耳朵，马脸上画两只眼睛，画几条缰绳，马鞍用漆画在摇板上。（图见《怎样办幼稚园》图6）

马的尺寸以市尺计算：

摇板——长	3尺4寸
——阔	1尺1寸
摇板——前阔	6寸
——后阔	8寸
坐板——长	2尺5寸
——阔	4寸8分
拉手、靠背——高	7寸
——距离	8寸5分
脚蹬——离前	1尺1寸7分
——离后	1尺8寸5分
马头——高	9寸
——阔	2寸6分
马脸——长	4寸5分

这匹摇马究竟怎样制造呢？

马身是两块松板，马背是一块松板。马头拉手靠背都插入马背里，用插销销牢，摇板的形状是要注意的，板头必须向下稍弯，免得向前倾倒。摇板的宽度，我们也应当注意，中间的宽度和前后的宽度是有一定比例的。现在我们要问这匹摇马究竟有什么好处呢？好处多得很：

1. 这匹摇马似真非真，可以引起小朋友的兴趣，刺激小朋友的想象。

2. 小朋友骑在马上，可以练习脚劲手劲。

3. 摇马的弯度相当的大，摇动的范围相当的宽，小朋友玩起来很快乐。

4. 构造坚固，弯度适宜，小朋友骑在上面，毫无危险。

5. 制造便利，材料经济，售价低廉，购备容易（江西省教育用品厂出售）。

6. 移转便利，室内室外都可以玩弄。

现在我再说几句话作一个结束。这匹摇马据陈先生告诉我说，是二十年前在南京青年会做干事的一位美国人送给他做礼物的。这位美国人，名叫水体明（Ray Seueetman）。陈先生将这个礼物转送到南京鼓楼幼稚园，再由鼓楼幼稚园送给全园的小朋友，这是这匹摇马的生命史。所以这匹摇马有它的光荣历史，在儿童教育上占着很重要的地位，我们应当对它致相当的钦佩和爱护。

二、沙箱、沙坑

幼稚园里的小朋友，没有一个不喜欢玩沙的。他们看见沙，就不肯离开，一拿到沙铲，就不肯放手，一跳进沙坑，就不肯出来。堆堆挖挖，敲敲捏捏，有时砌个高山，有时掘条小河，有时种花种树，有时造桥开路。衣服里、头发里、袜子里、鞋子里都装满了沙粒，真是快乐无穷。这样说来，沙箱在教育上的价值很大，沙箱的设置，是不可缓了。

兹特介绍适用的沙箱沙坑，以资参考。

（一）沙箱　沙箱的高度，要适合儿童的身材。围板要宽，免得沙粒拨到外面来。沙箱分两部分，上部是一个木箱子，下部是一个木架子。箱子搁在架子上，所以架子要做得坚固结实。（图见《怎样办幼稚园》图 3）

沙箱里的沙，日子久了，容易干燥，就会飞扬起来，所以沙箱里要常常滤水（但不可太湿），箱子要做得密封，免得水沙漏出来。

（二）沙坑——沙箱只可提供十来个小朋友玩弄，不能满足多数小朋友的需要，所以最好在户外场地上，择一处向南而有树荫的地方，挖一个较大的沙坑（十至十二尺见方）。沙坑究竟有什么好处呢？

1. 全体小朋友同时可以玩；

2. 户外的空气新鲜；

3. 户外的日光充足。

这种户外的沙坑,究竟怎么做呢?说起来很简单。先选定场地,划好大小,后把泥土挖起一尺半深。铺上五寸厚的碎砖头,以便雨后滤水,使沙不致和泥土混合。再在坑的四周围,围上木板。木板要高出地面五寸,要用木桩撑牢。木板上面架一块三寸厚的坐板。里面铺上五寸厚的沙。这样小朋友一跳进沙坑里,踏在软软的沙上,坐在宽宽的木板上,就可以随心欲意地玩弄了。

现在我们再来谈谈玩沙的工具。最主要的工具,当然是小朋友的一双小手了。其他的工具,我们可以现成收集起来应用的:

1. 竹头木屑——木块、木条、竹筒、竹片
2. 蚌壳、卵石、石弹
3. 玻璃瓶——口须磨光
4. 小铲子——园艺时也可以用的
5. 洋铁罐——罐口须光滑
6. 木瓢、竹耙——教师自己可以做的
7. 树枝、松果
8. 各种动物模型
9. 大小积木
10. 其他可利用的废物

幼稚园的设备(二)[①]

陈氏拼图游戏

幼稚园的小朋友,都喜欢画画的,也都喜欢看有颜色的图画的。对于各种动物的图画,格外有兴趣,什么马、牛、羊、鸡、犬、豕的图,都喜欢欣赏的。

陈鹤琴先生有鉴于此,特地为幼稚园的小朋友,创制了一种拼图板。这种拼图板,不要说在中国还属创制,就是在外国也是很少的(外国的拼图板,都是用厚纸板做的,是用机器切出来的。中国既没有好的厚纸板,又没有切图的机器,所以陈先生就想到了这一种替代品)。

究竟这种拼图板是用什么替代品做的? 怎么做? 怎样玩法? 怎样用法? 让我来作一个简单的说明。

用四分厚一尺长八寸宽的樟木板一方,两面都刨光,板上画了各种不同姿态的图(譬如画兔子图,可以画一只跳的,一只坐的,一只跑的,一只吃东西的)。

一块板上,至多画四个这样的图,再用锯把各种图形很小心地锯出来。这样图形可以从板上取下来,也可以再嵌进去。在锯的时候,图形须保持

① 原载《活教育》第1卷,7～8期,第213页。

完整，图的轮廓要稍微粗一点。

还有一种，就是把图锯下来之后，再锯成几小块也可以拼起来，嵌到板上去，这要比把一个整的图嵌到板上去难些。

再有一种，画动物图的时候，画一个站立的姿势，下面加画些土地或草皮，画成一个平线，锯出来之后，图形可以竖立起来，成为立体的图。

现在再来说一说用的方法。

1. 初学画的小朋友，可以用拼图板来学习。画轮廓画也好，涂鸦画也好。画了以后，小朋友自己可以再画些别的东西，加在上面，譬如小朋友画了一只鸭子，可以画上眼睛，画上翅膀；画了一条牛，可以加画些草地，加些青草；画了一条鱼，可以加画些水；画了一只鸟，可以加画些树木和太阳。小朋友在学画的时候，教师从旁善为启发，一张极简单的轮廓图，或者一张没有意义的涂鸦画就可以变为一张很好的图画。

2. 小朋友可以选择许多不同的图，画在一张纸上，也可以成为一幅有意义的图。譬如画一只牛，加上些草，画一只狗在吃饭，画一只鸡，加画些米，在空白上再画些房屋和树木、草地、河流、山、太阳，等等，就可以成为一幅很好的农村风景画了。

3. 小朋友在搭积木或玩沙箱的时候，需要立体的玩具的，所以立体的图形就可以在搭积木玩沙的时候用了。

4. 小朋友可以做拼图比赛游戏，看哪一个拼得快，拼得对。下面是一幅拼图板的图，希望各位幼稚园教师，能仿照它的格式来替小朋友制造几副，它可以帮助你的教学不少呢。若要购置的话，可向国民教育师资辅筹委员会(泰和文江村)去买。

关于托儿所的一点意见[①]

上海大公报曾于一九四九年十一月二十八日，举行了一次时事座谈会，讨论托儿所问题，那天出席的代表，系来自各方面的，像民政局、卫生局、福利工作人员、托儿所工作人员、保育院、妇婴保健机构等，还有专家出席参加，可见得一般人对于托儿所问题的重视。

那次座谈会的目的，诚如那天的主人所说，托儿所问题，联系到我们的下一代，联系到各阶层的妇女，联系到社会的将来，是一个相当重要的问题，因此广泛地交换意见，希望托儿所能得改进。

我们要问怎样才能使各阶层妇女得到真正的解放呢？怎样才能使妇女在政治上、经济上、文化教育上、社会生活上获得与男子平等的权利呢？实际上各项羁绊妇女的绳索，并未解开。妇女们何尝不愿走出家庭，从家庭劳动走到社会建设劳动上来，妇女们又何尝不能与男子同样地作工，同样地从政。问题是这羁绊她们的绳索——繁重的家务和养护孩子的重担——一天不放松她们，她们就一天都不得解放。

我们读了那次座谈会的记录，觉得有几点很宝贵的意见，是值得我们从事儿童教育者加以注意的。我们愿意把它们提出来和读者讨论。

一、托儿事业，不单纯是保育问题，也不单纯是教育问题，而是保教合一的问题。托儿所的保健和教育工作是整个的，假定生后到五六岁为入所的年龄，那这段时间的保健和教育工作，应该互相衔接，共同进行，不应只顾保健而忽略教育。

① 原载《活教育》，1950年第1期，第20～21页。

二、托儿所事业，应由政府来通盘计划，来进行管理。现上海市卫生局与民政局，已会同研究，拟订出一个办理托儿所的最低标准，这才是大家所期望的一件好事。现在我们也把它转载出来，希望大家注意本期目录上关于“参考资料”一栏，我们可以拿来做参考。

三、上海民主妇联，能起带头作用，已决定普遍发展工厂和机关的托儿所，正举办保育人员集训，编订托儿所教材，这是在开展托儿事业方面，给我们一个极大的鼓励和帮助，希望各地的民主妇联，都能在各地推行这件重要的工作，为各地的妇女们解除困难吧。

四、从数字上来看上海的托儿所：

	类别	数量	合计
解放前	普通托儿所	23	38
	工厂托儿所	15	
解放后（六个月内）	劳工托儿所	6	102
	职业妇女托儿所	38	
	机关干部托儿所	12	
	农村托儿所	6	
	工厂托儿所	40	

根据上面的报道，我们可以看出上海托儿所发展的迅速，也可以看出托儿所性质的趋向。虽然我们从数字来看，好像从上海解放后的六个月内已增加了几乎三倍于解放前的托儿所，但实际上以上海市600万人口来计算，这102个托儿所，仍旧还嫌少呢。

五、托儿所的经济基础，必须稳固。从人民政协共同纲领上，看出政府对于保护妇婴及注意儿童健康方面，已有明确的规定。既有明确的规定，就必须要有机构来领导，有经费来支持，因此只有政府拿出力量来，才能做得好，经济才有基础，才能稳固。

六、托儿所的质和量，应同时并重，像现在一般只看见量的增加而未见质的改善。因此我们来办托儿所，应认清我们的任务：第一是减轻母亲们的负担，以便她们从事于社会建设劳动。第二是养成儿童健康的身心，使我们的下一代，个个都是坚强活泼的有力分子。第三是帮助国民教育的推进，为社会教育儿童。要认识清楚，才会把这个坚苦的工作信念提高，才能从不断的学习中求得托儿所的质的改善。

现在我们愿意把我们对于这个问题的看法，提供几点意见，请读者们指正，我们认为：

一、托儿所除了由各工厂各机关先行办理外，凡是师范学校和大学教育系，也都应该设立。一方面可供学生实习研究之用，一方面可以起一种示范作用；要做领导工作者，必须在学校里至少受过三四年的正规教育。若是要求托儿所的质的改进，光靠短期训练班或速成班的训练，是不见得能收多大的效果的，这里连带着一个另外的问题，就是如何把目前的师范学校和大学教育系的课程，与实际需要联系起来。

二、目前的幼稚园，应尽量做到托儿所化。本来托儿所和幼稚园的对象，都是学龄前的儿童，托儿所的儿童，大都可以从初生直到六岁，幼稚园的年限却较短，至多三年，从三岁到六岁。现在为了要与实际的需要相联系，幼稚园不妨把年限放宽一点，每天在园的时间，放长一点，最好能做到中午可在园吃一顿饭，这样儿童在幼稚园的生活，可以从早上直到下午，不必间断，对于母亲们，实在是一个极大的帮助。而且除了教育之外，又可以顾到保育，再不必像有些人那样想法，以为有了托儿所，幼稚园可以不需要了。

三、自托儿所之兴起，许多热心人士，都参加到这个工作的队伍里来，有热情，肯吃苦，这是好现象，但是也有人以为带领孩子是很容易的，虽然个个母亲都有资格当母亲，但不见得个个母亲都会教小孩子的，小孩子是难教的，尤其在六岁以下这一段基础教育，是影响他一生的，是多么的重要。你要教得好，你一定要充分地了解儿童，认识儿童的个别差异，研究儿童各方面的发展。不是一件容易的事，也不是个个人都适合于做这个工作的。我们要希望托儿所办得好，工作人员一定要选择得妥当。

四、托儿所要做到使儿童真正达到身心健康的境地，决不是托儿所单方面所能做得好的。如果是全托，孩子们总有一个时候会回家去的；如果是半托，那岂不是一天二十四小时，有一半的时间，还是在家庭里吗？因此和家庭的联系，实在是非常重要的。这里所说的联系，决不是单单由托儿所来发起成立一个母亲会或家长会就可以完事的，通常所称的家长会或母亲会，只不过在规定的时间内，由托儿所召集，报告报告儿童在所的情况而已，这种办法，果然很好，但不够深入。怎样才能做到深入呢？

第一，应该让家长们自动地组织起来，来加强他们对于养育儿童的学习，除了报告演讲外，应该经常举行座谈会，来讨论各种有关幼儿保教的问题。

第二，应该利用星期日或晚间，举办星期幼儿保教讲座或夜间大学，让那些文化程度高的家长们，来帮助文化程度低的家长们学习，托儿所的工作人员，也都应当参加在里边，帮助家长们来进行工作，来解决困难。

第三，应该由托儿所和家长会共同发起，来主办各种展览会或保教演示，让做父母的能有更多的机会来加强对于养育儿童的认识。这样托儿所不但可以成为儿童的第二个家，而且还可以成为父母们的学习园地，收效一定会更大的。

课程、教材、教法

《一年中幼稚园教学单元》①选编

【单元一】 我们的幼稚园

一、常识

(一) 研究

1. 我们的幼稚园叫什么名字
2. 我们的幼稚园在什么地方
3. 我们的幼稚园有几位老师
4. 我们的幼稚园有多少小朋友
5. 我们到幼稚园来做些什么事
6. 我们对老师和小朋友的礼貌应该怎样
7. 我们怎样做好孩子

(二) 实行

1. 参观全园一周(因今夏添造了新礼堂,和上学期略有不同)
2. 认识各教室的所在
3. 知道挂衣帽、喝水、大小便和洗手的地方
4. 园内所有的玩具和工作用具的使用方法
5. 知道上课、下课的信号
6. 准时到园

① 陈鹤琴、钟昭华合编,1939 年 3 月初版,1947 年 9 月再版。

二、工作

1. 自由画:随意发表

2. 涂鸦画:由教师准备的各种图形,令儿童任意选择涂色

3. 剪贴:自由选择各画报及杂志,把图画剪下贴在小册(另备)上

4. 泥工:随意做各种东西

5. 木工:在本学期另开的一间工作室里,每天有教师一人指导

6. 积木:大积木在平台上,小积木在室内

三、音乐

(一) 唱歌

1. 园歌　2.《小星星》　3.《小月亮》

(二) 节奏

1. 听琴声起坐:琴声一停即坐下,琴声一响即起立

2. 琴声响脚步重,琴声轻脚步轻

3. 听琴声的响和轻而定拍手的重与轻

4. 行进的快慢,听琴声的快慢而定

5. 跑步的快慢,也依琴声的快慢为标准

四、故事及儿歌

(一) 故事

1.《一个不愿意上幼稚园的小姑娘》　2.《三只羊》

(二) 儿歌

1.《排排坐》　2.《小老鼠》　3.《天亮了》

五、游戏

1. 开火车　2. 抢椅子

【单元四】 我们园里的花草树木

一、常识

(一) 研究

1. 现在园里有什么花和树木

2. 认识几种花和树木——鸡冠、凤仙、茑萝、夹竹桃、葱白兰、月季、八月菊、胭脂、松、柏、冬青、蔷薇、梧桐、槐、黄杨等

3. 注意它们的生长和状态

4. 树木和花的用处

5. 怎样采取木材

(二) 实行

1. 观察每种秋花和树木

2. 注意花子

3. 收集每种花子

4. 注意落叶树和常青树

二、工作

1. 园艺:我们园里的花和树很多,上周研究秋叶时,曾经看了几种结果子的花树,儿童就注意到花上去,他们发现秋花已结了花子。因此本周天天在户外活动,收集花子并清理园地,观察落叶,预备收起花子,再种其他的东西

2. 画图:自由画,涂色,水彩画

3. 木工:钉成几只小桌子和小凳子,已完成的加以油漆,又钉了一间小屋子

4. 打印图:陈氏儿童设计图,由儿童自由选择设计着色

5. 剪贴:自由剪贴——秋天的花

6. 积木:在平台上搭大房子

7. 沙坑:布置小花园

三、音乐

(一) 唱歌

1.《 狼来了》(上周新买来的唱片听过多次,已很纯熟,现在就学习唱)

2.《纪念总理歌》

3.《国旗歌》

（二）节奏

1. 缓步转　2. 跑跳（复习）　3. 小鸟飞　4. 小马跳　5. 奏乐队

四、故事及儿歌

（一）故事

1.《离开了鸟窝》（表演）　2.《城市的樵夫》　3.《小树的衣服》　4.《一棵小松树》　5.《忘了我没有》

（二）儿歌

1.《锯木》　2.《数字歌》　3.《几棵凤仙》

五、游戏

1. 乌鸦抢窝　2. 丢手巾　3. 小狗请客　4. 小朋友好

六、读法

1. 认识几种花和树木的名字

2. 幼稚园课本（九月份）

3. 记日记

4. 看字画图：已认识的"人""山""手""钟""太阳""树""花""草地"等

5. 认识《离开了鸟窝》里的几个人物名字："爸爸""妈妈""姐姐""哥哥""妹妹""鸭子""鸽子""青蛙先生""小孩子"等

七、数法

1. 写数字

2. 数人数

3. 游戏

（1）对数片：教师先备数字片几张。凡同一数字的有两张：一张作存根，备教师用；一张分发儿童，每人发得几张不同的数字片。教师照数片上的数目字发口令，如说："'三'，谁有'三'？"认识此数字的可拿去。若无人知道，教师可数给大家看，读给大家听。

（2）抢数片：谁先说出数片上的字，谁拿去，看谁得到的最多。

4. 加法故事心算

【单元六】 庆祝国庆

一、常识

(一) 研究

1. 中华民国成立的经过
2. 哪一天是我们的国庆
3. 为什么要庆祝
4. 认识国旗及总理遗像
5. 明白国旗的意义
6. 怎样庆祝

(二) 实行

1. 升旗行礼练习
2. 筹备庆祝会事项

(1) 分配职务

(2) 布置会场

(3) 举行庆祝会

① 开会如仪

② 园歌

③ 庆祝歌

④ 讲故事:《兔子偷瓜》(段广南)

⑤ 唱歌《小小星》《葫芦》《国旗歌》(小班)

⑥ 儿歌表演《年老公公》(大班)

⑦ 游戏“升旗行礼”“抢国旗”(选)

⑧ 故事表演《拔萝卜》

⑨ 歌表演《狼来了》

⑩ 讲故事《诚实的樵夫》(刘福生)

⑪ 奏乐队(大班)

⑫ 老师表演《三只熊》

⑬ 吃面

⑭ 升旗放炮

⑮ 散会

二、工作

1. 做国旗党旗

2. 做灯笼

3. 积木搭城墙打仗

4. 自由画

5. 涂色:党国旗

三、音乐

(一) 唱歌

1.《国旗歌》(复习)　2.《庆祝歌》　3.《纪念总理歌》(复习)

(二) 节奏

1. 兵操《So! diers March》　2. 向国旗敬礼(复习)　3. 轻重快慢的行进(复习)

四、故事及儿歌

(一) 故事

1.《国庆的故事》　2.《双十节》

(二) 儿歌

1.《天亮了》　2.《竹马》　3. 表演《年老公公》

五、游戏

1. 升旗行礼　2. 抢国旗　3. 套藤圈

六、读法

1. 记日记

2. 幼稚园课本(十月份)

3. 读《吃香蕉》

4. 写字"十月十日是中国的生日"

七、数法

1. 实物加减(1 到 5)

2. 写数字(1到10)

3. 游戏“打木兵”:分儿童为两队,各持红绿球一,各队分两行站,将木兵排列在相距约五六步的地板上,教师发令,各队依此持球打倒木兵。打倒一兵记一分,视各队得分的多少而定胜负

4. 辨识(编者注:日历上的)月、日

【单元七】 雨和水

一、常识

(一) 研究

1. 雨是哪里来的
2. 水的来源
3. 雨和水对于动植物的关系
4. 云、雾、雨、露的分别
5. 雨和水的利害
6. 水遇冷或热怎样
7. 雨天用什么用具
8. 江、湖、海、井的分别认识

(二) 观察

1. 看云和下雨的情形
2. 试验水蒸气,用壶水煮沸,去盖看水蒸气上升,令儿童观察
3. 看水蒸气结成雨滴下降,用以了解天下雨的意思
4. 每天观察灌溉菜园的水
5. 看水灾的图——明了水大的害处

二、工作

1. 自由画、水彩画、山水着色
2. 做纸鹅:剪及着色
3. 泥工
4. 自由剪贴鹅撑雨伞图

5. 编织:继续未完成的工作

6. 沙箱:开河堆山。用小积木搭房子和船,在沙箱里自由设计

三、音乐

(一) 唱歌

1.《雨》 2.《一只大船》 3.《下雨》

(二) 节奏

1.《兵操》 2.《奏乐队》 3.《缓行转》 4.《伞舞》

四、故事及儿歌

(一) 故事

1.《伞的来源》 2.《荷兰的小英雄》 3.《尽你所能地去做》 4.《海水怎样会咸的?》

(二) 儿歌

1.《摇船》 2. 谜语《雨》《耳》 3.《时令》 4.《星》

五、游戏

1. 躲雨 2. 洗手洗足 3. 寻珠子

六、读法

1. 记日记

2. 幼稚园课本

3. 读孩子的书《大眼睛》

4. 读自然图画故事《雨》

5. 识别"云""雾""雨""露"等字

6. 看字画图

七、数法

1. 算数歌《加法》

2. 实物计数

3. 算法故事

4. 练习听视数数

5. 游戏"套橡皮圈":木板一块,上钉铜钩,距离相等,并注明数字,儿童站在相距约六七步处,用橡皮圈投之,如上铜钩,即以此钩旁

的数字作为已得分数。结果看谁得分最多。

【单元八】 水里有什么生物

一、常识

(一) 研究

1. 认识水里生长的几种普通的生物——鱼、虾、蟹、蚌等
2. 各种水中生物的不同状态,及其习性和生活
3. 水里的生物怎样生长的
4. 它们对于人类的关系
5. 怎样捕取水里的生物
6. 怎样饲养水里的生物

(二) 实行

1. 看养着的金鱼怎样在水里活动
2. 观察及解剖几种生物——鱼、虾、蟹等

二、工作

1. 剪贴鱼游水图
2. 泥工
3. 木工:完成桌椅等,加以油漆
4. 结绒绳
5. 刺工:用硬片打成鱼的图形,用色线刺成

三、音乐

(一) 唱歌

1.《谁会游》 2.《早晨》 3.《一队小兵》

(二) 节奏

1. 横跳步 2. 鸟舞 3.《小兵丁》 4. 娃娃走路

四、故事和儿歌

(一) 故事

1.《兔戏鲸象》 2.《贪吃的猫》 3.《老鼠灭狐狸》(表演)

4.《三条金色的小鱼》 5.《白鲦鱼历险记》

(二) 儿歌

1. 谜语《虾》《蟹》 2.《鱼儿》 3.《谁会……》

五、游戏

1. 捉鱼 2. 渔翁网鱼 3. 蟹行赛跑 4. 我看见……

六、读法

1. 记日记

2. 幼稚园课本

3. 读孩子的书《鱼、虾、蟹》

4. 得赏盘:识字比赛。以儿童已识的字放在盘上,转盘停在字旁,而轮流争识,以得字最多的为胜

5. 看字表演

七、数法

1. 数人数

2. 加法故事

3. 循环数数

4. 练习片

5. 游戏:“打到棍棒”——方法和“打木兵”同,用大皮球代红绿木球,应棍棒较木兵多些

【单元十一】 检查体格

一、常识

(一) 研究

1. 为什么要检查体格

2. 体格不健全有什么害处

3. 怎样检查

4. 医生做的事

5. 怎样预防疾病

6. 检查时的注意

7. 注意几个浅显的卫生习惯——看卫生挂图

(二) 实行

1. 量高磅重——身体的高低和轻重对于体格的关系

2. 矫治缺点——沙眼、皮肤病和牙齿等

3. 调查儿童在家里的健康

由园中备卡片,令儿童带回家里,请家长填写,作教学上的参考。其关于健康生活者,约有下列数条:

(1) 每天睡眠几小时

(2) 何时进饮食

(3) 大便是否天天有定时

(4) 在家怎样寻乐或爱做何事消遣

(5) 家里的设备和环境怎样

(6) 在家的简易卫生习惯

4. 用图表逐日记载每一儿童的健康和清洁卫生的情形等

二、工作

1. 木工:钉成娃娃小屋子一间

2. 设计图涂以彩色

3. 泥工:注意收拾和整理等

4. 自由剪贴

5. 剪纸马、纸兔等

6. 编织

三、音乐

(一) 唱歌

1.《身体好》 2.《少吃多滋味》 3.《皮匠》

(二) 节奏

1.《秋》(续) 2.《皮匠》(表演) 3. 复习

四、故事及儿歌

（一）故事

1.《一个不爱清洁的孩子》 2.《脏东西》 3.《红帽儿》

（二）儿歌

1.《身体好》 2.《少吃多滋味》 3.《清洁》

五、游戏

1. 拣人 2. 绕棍棒竞赛 3. 斗鸡

六、读法

1. 记日记

2. 幼稚园课本(十一月份)

3. 单字练习

4. 识卫生挂图上的字

5. 人体的各部分名称认识："手""足""头""脸""眼""鼻""嘴""耳""牙齿"等

七、数法

1. 练习片

2. 复习——算术歌《加法》

3. 读《小豆儿》(续)

4. 加法演算

【单元十三】 总理诞辰(孙中山)

一、常识

（一）研究

1. 诞辰的意义

2. 总理的诞辰在哪一天——十一月十二日

3. 总理的生长地——广东

4. 总理的家庭

5. 总理幼年的生活情形

6. 总理革命的情形
7. 怎样纪念总理诞辰
8. 讨论并商定纪念会的一切
(二) 实行
1. 举行纪念会
(1) 开会如仪
(2) 向国旗致敬并唱国旗歌
(3)《纪念总理歌》
(4) 故事表演《红帽儿》(大班)
(5) 古舞(中班)
(6) 歌表演(小班)
(7) 奏乐队(大班)
(8) 傀儡戏《小兔子乖乖》(中班)
(9) 土风舞(大班)
(10) 讲故事(老师)
(11) 吃面
(12) 散会

二、工作

1. 自由画
2. 木工(续钉小娃娃屋子)
3. 剪贴:总理遗像
4. 纸工:做娃娃房子里的小纸家具
5. 编织(续)

三、音乐

(一) 唱歌
1.《纪念总理歌》 2.《松鼠歌》 3. 复习
(二) 节奏
1.《行军》 2.《秋》(续) 3. 复习

四、故事及儿歌

(一) 故事

1. 孙中山先生的故事　2. 几个伟人的故事　3.《小兔子乖乖》(表演)　4.《红帽儿》(表演)

(二) 儿歌

1. 复习　2.《太阳》　3.《我爱总理》

五、游戏

1. 猴子变把戏　2. 瞎子摸铃　3. 三足竞走　4. 欢迎司令

六、读法

1. 记日记

2. 日记上练习写"十一月十二日是中山先生的生日"

3. 幼稚园课本(十一月份)

4. 凑对子;骨牌游戏

5. 单字连句

七、数法

1. 加法故事(心算)

2. 看物写数

3. 加减法练习

4. 练习片

【单元十九】 动植物怎样过冬

一、常识

(一) 研究

1. 鸟类怎样过冬——燕子、麻雀、乌鸦及其他常见的鸟

2. 虫类怎样过冬——蚂蚁、蝴蝶、蜜蜂、蛙、蛇等

3. 兽类怎样过冬——家畜和野兽等

4. 花草怎样过冬——天然的和人工的保护法(如收集花种或保护花根)

5. 树木怎样过冬——落叶树和常绿树的不同人工和天然的保护法

(二) 活动

1. 观察鸟窝——因不易找得到,只在墙洞里找的麻雀窝

2. 找虫窝——把挂在树上的虫窝收集下来,看泥土里的蚂蚁洞

3. 报告自己家里养的家畜,看野兽的生活图

4. 收集园里的花种,加以保护并封藏(夹竹桃、蔷薇、月季等用稻草包扎;美人蕉、玉簪花、大理菊等埋根土中)

5. 观察园里的落叶树,如梧桐、槐树、海棠、梅、杏、桃、玉兰、蔷薇等;常绿树,如松、柏、冬青、石榴等

二、工作

1. 自由画、水彩画、涂冬天的树

2. 积木

3. 自由剪贴

4. 绒绳编织

5. 园艺:收集虫窝

6. 打印图,动物图形的设计

三、音乐

(一) 唱歌

1.《冬天的麻雀》 2.《下雪》 3.《霜花》 4.《有一位霜先生》 5.《三只小猫》

(二) 节奏

1.《铃声舞》 2.《奏乐队》 3.《松鼠出游》(复习) 4. 复习

四、故事及儿歌

(一) 故事

1.《鹿角》 2.《小猪找工作》 3.《自助的熊》 4.《冬青》 5.《知了借粮》

(二) 儿歌

1.《打铁》 2.《下雪》 3.《工作和游戏》 4. 复习

五、游戏

1. 老鼠玩猫　2. 滚球　3. 踢皮球　4. 拉绳　5. 赛跑

六、读法

1. 记日记
2. 幼稚园课本(十二月份)
3. 读故事《雁的旅行》
4. 认识本单元所研究的动植物的名称
5. 写字

七、数法

1. 数字片
2. 谜语画
3. 加法演算
4. 练习片
5. 数法故事

【单元二十二】　过新年

一、常识

(一) 研究

1. 新年的意义
2. 一年的意义——四季及十二个月的识别
3. 怎样庆祝新年——开同乐会
4. 贺年片的意义——表示快乐新鲜
5. 开同乐会的准备

(二) 实行

1. 同乐会的节目排定
2. 同乐会的职务排定
3. 布置新年的环境
4. 举行同乐会

(1) 开会如仪
(2) 国歌
(3) 唱歌《雪》《新年到》
(4) 水仙人舞(中班)
(5) 抢椅子(选)
(6) 故事表演《小猪找工作》(中班)
(7) 游戏《抢圈子》(中班)
(8) 铃声舞(大班)
(9) 小音乐队(大班)
(10) 歌表演《三只猫》(大班)
(11) 赠礼:由各家长预备礼物一一包好(约值两三角),互相交换
(12) 茶点
(13) 电影
(14) 散会

二、工作

1. 画贺年片和请帖
2. 做纸灯——会场装饰
3. 剪贺年片——送给父母和朋友
4. 做纸链——会场装饰
5. 自由活动

三、音乐

(一) 唱歌

1.《新年到》 2.《三只小猫》(复习) 3. 同乐会歌表演练习

(二) 节奏

1.《土风舞》 2. 同乐会表演节目练习

四、故事及儿歌

(一) 故事

1.《三只猫》 2.《小猪找工作》

(二) 儿歌

1. 谜语《耳》《眼》 2.《新年到》

五、游戏

1. 抢椅子 2. 抢圈子 3. 提灯比赛 4. 吹蜡烛

六、读法

1. 记日记
2. 写贺年卡
3. 写名字
4. 幼稚园课本(十二月份)
5. 读儿歌《新年到》

七、数法

1. 数人数
2. 计算贺年片和礼物的多少
3. 谜语画《雪人》
4. 写数字竞赛
5. 识月份和日历

【单元二十四】 交通的方法

一、常识

(一) 研究

1. 认识各种交通工具——车、船、飞机等
2. 路上的交通情形
3. 水上的交通情形
4. 空中的交通情形
5. 每天怎样到幼稚园
6. 各种交通用具的比较——形式、构造、速率和行动方法等

(二) 观察

1. 看交通用具的挂图
2. 注意火车、汽车、轮船、飞机、人力车、马车、脚踏车、小车等的行动

3. 试验交通玩具——火车、汽车、飞机等

二、工作

1. 积木:搭各种交通用具做成火车、汽车、轮船等的各种游戏活动
2. 自由画
3. 木工:做汽车、小推车和飞机等
4. 泥工
5. 剪贴汽车及飞机图形
6. 自由撕贴

三、音乐

(一) 唱歌

1.《火车快歌》 2.《飞机》 3. 复习

(二) 节奏

1.《动物开火车》 2.《开飞机》 3.《飞机》

四、故事及儿歌

(一) 故事

1.《怪车轮》 2.《煤车》 3.《救了不少的性命》

(二) 儿歌

1. 谜语《轮船》《汽车》 2.《大轮船》 3. 复习

五、游戏

1. 开火车 2. 车头竞走

六、读法

1. 记日记
2. 幼稚园课本总复习
3. 单字连句
4. 抄写

七、数法

1. 复习识数及数字
2. 数人数
3. 写数字

4. 加减练习

【单元三十一】 春天快到了

一、常识

(一) 研究

1. 冬天去了、春天快到的景象怎样

2. 气候怎样

3. 地面上的花草树木怎样

4. 春天有些什么风

5. 什么鸟儿最先来

6. 什么花儿最先开

7. 花园里的气象怎样

(二) 活动

1. 我们去年收集的花种可以下种了

2. 观察树上的小鸟怎样做巢

3. 天气渐暖,常常在园子里游玩做事,细细地观察一切自然物的生长

二、工作

1. 自由画

2. 园艺

(1) 下花种——蝴蝶梅、雏菊、茑萝、鸡冠、凤仙等

(2) 插篱笆——用竹签插在要种花的地方

3. 沙箱——种花、堆假山、造池等

4. 木工——做种花用的标记

5. 编织

6. 自由剪贴

三、音乐

(一) 唱歌

1.《不倒翁》 2.《两只猫》 3.《下种子》

（二）节奏

1.《草地舞》 2.《水手舞》 3. 复习

四、故事及儿歌

（一）故事

1.《春天的故事》 2.《忘了我没有》 3.《北风和南风》 4.《小玫瑰花》 5.《春》

（二）儿歌

1.《春来了》 2.《春风》 3.《春天的田野》

五、游戏

1. 射箭比赛 2. 拍数 3. 游公园 4. 欢迎小客人

六、读法

1. 记日记
2. 幼稚园课本(三月份)
3. 读故事《花宝宝》
4. 骨牌游戏
5. 字木球连句

七、数法

1. 数法故事
2. 谜语画
3. 填数字宝塔
4. 数珠子
5. 加减演算
6. 看图写数

【单元三十五】 春天的花

一、常识

（一）研究

1. 园里什么花开了——桃花、杏花、樱桃、海棠、月季、兰花、紫荆花等

2. 为什么春天有许多花

3. 怎样保护花树

4. 哪几种花树会结果子

5. 各种花的名称、形状、颜色的辨别和认识

6. 花怎样结果子

（二）活动

1. 观察每株花树——生长的状态、花色、花萼、花瓣、花蕊、花粉等

2. 什么东西在花间飞动

3. 留心花瓣谢了，树上还长些什么出来

4. 到小花园去

二、工作

1. 自由画

2. 写生画

3. 做花篮

4. 贴花瓶

5. 园艺浇水，分植花秧

6. 泥工

三、音乐

（一）唱歌

1.《摇摇摇》 2.《月月花》 3.《小玫瑰花》

（二）节奏

1.《小玫瑰花》 2. 复习

四、故事及儿歌

（一）故事

1.《小小的一束花儿》 2.《小玫瑰花》 3.《春天的故事》

（二）儿歌

1.《玫瑰花》 2.《樱桃花开》 3.《杨柳》 4. 谜语《跷跷板》

五、游戏

1. 送花 2. 游花园 3. 递球竞赛

六、读法

1. 记日记
2. 作文练习课本
3. 幼稚园课本(四月份)
4. 木球连句游戏
5. 写字

七、数法

1. 加减演算
2. 练习片
3. 谜语画
4. 数法故事

【单元三十九】 养小鸡

一、常识

(一) 研究

1. 鸡有几种
2. 母鸡怎样孵小鸡
3. 小鸡是什么东西长成的
4. 小鸡出壳时的情形怎样的
5. 怎样饲养小鸡
6. 什么东西会捉小鸡
7. 母鸡怎样保护小鸡

(二) 观察

1. 买小鸡来养
2. 看母鸡孵小鸡的图

3. 天天喂小鸡(用米和小虫)

二、工作

1. 自由画
2. 结构纸鹞
3. 剪小鸡涂色
4. 泥工
5. 编织
6. 打印图，自由设计

三、音乐

(一) 唱歌

1.《老鸡叫小鸡》 2.《鸡为什么啼》 3.《大公鸡》

(二) 节奏

1. 转跑 2. 兵操 3. 跑跳练习

四、故事及儿歌

(一) 故事

1.《半只小鸡》 2.《不听话的小鸡》 3.《骄傲的小鸡》 4.《老红鸡》 5.《野鸡与狐狸》 6.《母鸡孵小鸡》

(二) 儿歌

1.《老公鸡》 2.《鸡为什么啼》 3.《小鸡》 4.《公鸡啼》

五、游戏

1. 老鹰捉小鸡 2. 乌鸦抢窝 3. 黄鼠狼捉小鸡 4. 运鸡蛋 5. 滚皮球

六、读法

1. 记日记
2. 幼稚园课本(四月份)
3. 作文练习课本
4. 填字句
5. 看字画图
6. 写字

7. 读事《找姑娘》

七、数法

1. 黑板演算

2. 加法故事

3. 5 的加法练习

4. 游戏“拍‘四’”

【单元四十一】 鸟类的家

一、常识

（一）研究

1. 鸟的形态是怎样的

2. 鸟有什么特殊的行动

3. 鸟儿喜欢住在哪里

4. 哪里有鸟类的家

5. 鸟类怎样造窝

6. 识别几种鸟窝——麻雀、燕子、黄莺、鸽子等

（二）观察

1. 到校园里去找鸟窝

2. 报告在自己家里所看见的鸟窝，和由园中远望二条巷某宅内大树上的鸟窝

二、工作

1. 搭积木

2. 自由画

3. 水彩画

4. 刺工

5. 自由剪贴

三、音乐

（一）唱歌

1.《小鸟安眠歌》(复习)　2.《麻雀学飞》　3.《鸽姑姑》

(二) 节奏

1.《喂鸟》 2.《斗鸡舞》 3. 复习

四、故事及儿歌

(一) 故事

1.《吱吱和喳喳》 2.《小黄翼》 3.《颜色巢》

4. 为什么乌鸦不会搭窝? 为什么它的羽毛是黑的?

(二) 儿歌

1.《鸽姑姑》 2.《喜鹊叫》 3.《小麻雀》

五、游戏

1. 抢鸟窝　2. 谁回答　3. 贪吃的鸟

六、读法

1. 记日记

2. 幼稚园课本(五月份)

3. 作文练习课本

4. 写字

5. 单字复习

七、数法

1. 算法游戏"填数字宝塔"

2. 谜语画

3. 练习片

【单元四十四】 麦的收割

一、常识

(一) 研究

1. 麦的认识

2. 麦子怎样磨成面粉

3. 割麦的情形

4. 常吃的麦食和制作
5. 麦秆的用途
（二）观察和实行
1. 到金大农科去参观麦田的收割
2. 看麦秆做的东西
3. 用面粉做的东西——馄饨和面

二、工作

1. 自由画
2. 面粉工——馄饨面和其他随意的东西
3. 泥工
4. 编织
5. 木工

三、音乐

（一）唱歌
1.《做饼》 2.《卖烧饼的》 3.《拍荞麦》
（二）节奏
1.《稻草人舞》 2.《斗鸡舞》 3. 奏乐队

四、故事及儿歌

（一）故事
1.《拔萝卜》 2.《小面粉人》 3.《小狗做饼》
（二）儿歌
1.《拍荞麦》 2.《割麦》 3.《小麦开花》

五、游戏

1. 小狗请客 2. 竞拍大麦 3. 农夫割麦

六、读法

1. 记日记
2. 幼稚园课本(五月份)
3. 单字连句
4. 读故事《小狗做饼》

5. 写字
6. 作文练习课本
7. 自由阅读

七、数法

1. 拍数竞赛
2. 练习片
3. 加减演习
4. 算法故事

【单元四十九】 夏天的生活

一、常识

(一) 研究

1. 夏天的气候
2. 怎样避热
3. 夏天的服装和出外时必备的东西
4. 夏天的卫生须知
5. 夏天的自然物
6. 夏天为什么不上学
7. 为什么有日食

(二) 观察

1. 各种花草的生长
2. 夏天的饮食和用具的更换——饮冰室的增加,家里的用具更换,竹器和床上换用席子等
3. 留心雨后的虹和雷雨时的情形
4. 观察日食

二、工作

1. 自由画
2. 剪贴

3. 泥工

4. 做纸扇

5. 积木

6. 替娃娃缝单衣

三、音乐

(一) 唱歌

1.《夏季歌》 2.《草儿》 3.《小鸟的疑虑》

(二) 节奏

1. 奏乐队(复习) 2.《日光和雨点》(复习) 3.《土风舞》(复习) 4.《蝴蝶舞》

四、故事及儿歌

(一) 故事

1.《淘气的针》 2.《后羿射日》 3.《风儿的故事》 4.《小鸭子避难》

(二) 儿歌

1.《虹》 2.《小船》 3.《夏》

五、游戏

1. 模仿操 2. 藏东西 3. 猫捉鼠 4. 搬屋竞赛 5. 反正站立竞赛

六、读法

1. 记日记

2. 幼稚园课本复习

3. 作文练习课本

4. 填字句

5. 连字句

6. 写字

七、数法

1. 谜语画

2. 数法故事

3. 加减法练习

附：

《一年中幼稚园单元教学》系陈鹤琴、钟昭华合编，于1939年3月由商务印书馆出版，1947年9月再版。原书共有50个单元，这里编者选编的单元共16个。现将原书完整目录列示如下：

目　次

九月份

单元一、我们的幼稚园

单元二、欢迎会

单元三、秋天的水果

单元四、我们园里的花草树木

十月份

单元五、秋天的收割

单元六、庆祝国庆

单元七、雨和水

单元八、水里有什么生物

单元九、菊花开了

单元十、秋天到了

十一月

单元十一、检查体格

单元十二、旅行去

单元十三、总理诞辰

单元十四、衣服的来源

单元十五、开恳亲会

十二月份

单元十六、冬季的御寒物

单元十七、怎样预防白喉

单元十八、下雪了

单元十九、动植物怎样过冬

单元二十、冬天的花

单元二十一、水缸结冰了

单元二十二、过新年

一月份

单元二十三、邮局做些什么事

单元二十四、交通的方法

单元二十五、放寒假了

二月份

单元二十六、我们开学了

单元二十七、我们的小动物园

单元二十八、常见的家畜

三月份

单元二十九、纪念孙中山先生

单元三十、怎样种树

单元三十一、春天快到了

单元三十二、放风筝

单元三十三、纪念黄花岗烈士

四月份

单元三十四、庆祝儿童节

单元三十五、春天的花

单元三十六、蜜蜂的生活

单元三十七、蝌蚪变青蛙

单元三十八、种牛痘

五月份

单元三十九、养小鸡

单元四十、燕子来了

单元四十一、鸟类的家

单元四十二、蚕宝宝

单元四十三、园内的果子长熟了

单元四十四、麦的收割

单元四十五、恳亲会

六月份

单元四十六、蚕宝宝作茧了

单元四十七、美丽的蝴蝶

单元四十八、可恶的蚊蝇

单元四十九、夏天的生活

单元五十、暑假到了

选编的16个单元有

单元一、我们的幼稚园

单元四、我们园里的花草树木

单元六、庆祝国庆

单元七、雨和水

单元八、水里有什么生物

单元十一、检查体格

单元十三、总理诞辰

单元十九、动植物怎样过冬

单元二十二、过新年

单元二十四、交通的方法

单元三十一、春天快到了

单元三十五、春天的花

单元三十九、养小鸡

单元四十一、鸟类的家

单元四十四、麦的收割

单元四十九、夏天的生活

幼稚园三月份课程纲要①

大单元一：欢迎新朋友

一、常识

(一) 讨论

1. 哪几个是新朋友
2. 怎样欢迎
3. 开欢迎会做些什么
4. 开会时要请什么客人
5. 怎样通知
6. 开会时要注意些什么礼仪
7. 怎样招待新朋友
8. 开会时做主席的讲什么话
9. 请谁讲演；讲些什么
10. 请谁表演
11. 表演些什么
12. 怎样布置会场
13. 哪些人来布置

(二) 实行

1. 介绍新旧小朋友

① 原载《活教育》，1944 年第 3 卷，第 4～5 期，第 148～150 页。

2. 决定欢迎会节目

3. 派定职务——主席、司机、表演员等

4. 布置会场

5. 发请帖

6. 开欢迎会

二、工作

1. 纸工——做花圈、纸花、纸球，装饰会场用

2. 做请帖（画或剪贴）

3. 做点心（请客人的）

4. 布置会场

5. 自由画（布置用）

三、故事

1.《松鼠变色》（见《儿童故事》，桂林华华书店出版）

2.《猴子做糕》（见《幼稚园的故事》，商务印书馆出版）

3.《三只熊》（表演）（见《儿童故事》）

四、儿歌

1.《排排坐》 2.《合作歌》

五、游戏

1. 小狗请客（见《儿童游戏》，桂林华华书店出版）

2. 欢迎小客人（同前）

3. 滚球（同前）

六、音乐

（一）唱歌

1.《幼稚园里》 2.《齐步向前走》 3.《排排坐》

（二）节奏

1. 节奏队——敲锣鼓 2. 兵操 3. 进行曲

大单元二：小宝宝的家

一、常识

(一) 报告

1. 请小朋友报告自己家里有哪几个人
2. 请小朋友报告自己家里有哪几间房屋
3. 请小朋友报告自己家里有多少园地
4. 请小朋友报告自己家里养些什么动物

(二) 讨论

1. 小宝宝的家里有几个人
2. 小宝宝的家里有多少房屋
3. 小宝宝的家里有多少园地
4. 小宝宝的家里养哪几种动物
5. 小宝宝身上要穿什么衣服
6. 小宝宝的寝室要怎样布置
7. 小宝宝的床上要些什么
8. 桌上要布置些什么
9. 会客室应怎样布置
10. 厨房应怎样布置
11. 园地应怎样布置
12. 动物园应怎样布置
13. 怎样保护小宝宝
14. 怎样保持小宝宝家里的清洁

(三) 实行

1. 在沙箱里共同设计一个小宝宝的家
2. 替小宝宝布置一个家庭的环境

二、工作

1. 木工

(1) 替小宝宝造一间房子
(2) 替小宝宝做桌、椅、床、用具等
2. 缝纫——做小宝宝的被、褥、衣、枕
3. 泥工——做小宝宝用的碗、盘、壶、盆等
4. 积木——搭小宝宝家用的用具玩具
5. 剪贴——布置小宝宝家里的四壁
6. 画鱼
(1) 自由画　(2) 涂色壁画
7. 沙箱——小宝宝的家设计

三、故事

1.《三只小鸭子》(见《儿童故事》)
2.《离开了鸟窝》(同前)
3.《失去了手巾》(同前)

四、儿歌

1.《摇篮曲》　2.《抱娃娃》

五、音乐

(一) 唱歌:1.《催眠歌》　2.《小弟弟!》
(二) 节奏:1.《摇篮曲》　2.《娃娃学舞》

六、游戏

1. 开火车(见《儿童游戏》)　2. 救火(同前)

大单元三:春天来了

一、常识

(一) 观察
1. 到户外去看新生出来的嫩叶嫩芽
2. 新旧林叶的比较认识
3. 看已开的花——野花,桃花,菜花
4. 看小鸟小虫的活动

(二) 研究

1. 现在是几月
2. 哪几个月是春天
3. 我们怎样知道是春天
4. 现在户外的树枝花叶是怎样了
5. 冬天树枝花叶是怎样的
6. 它们怎样生长的
7. 什么花最先开
8. 什么鸟最先来
9. 什么虫最先出来
10. 冬天的时候,花、鸟、虫是怎样的
11. 春天天气是怎样的
12. 为什么春天可以栽花种树
13. 栽什么花
14. 种什么树
15. 栽在哪里? 怎样栽法
16. 栽花有什么好处
17. 种树有什么好处

(三) 实行

1. 摘野花布置教室
2. 撒花种,种盆花
3. 种几棵树
4. 种几种菜
5. 整理园地

二、工作

1. 园艺:耙土,拾砖,除草,下种,灌溉
2. 图画:(1) 自由画 (2) 涂色——好看的花 (3) 写生
3. 剪贴——花的图案

三、音乐

(一) 唱歌　1.《春天来了》　2.《蝴蝶》　3.《种树》

(二) 节奏　1.《蝴蝶飞》　2.《掘地》　3.《蜜蜂和小孩》

四、故事

1.《一粒小花子》(见《幼稚园小学校故事集》,世界书局出版)

2.《龟兔赛跑》(见《儿童故事》)

五、儿歌

1.《花园里》　2.《蜜蜂儿》

六、游戏

1. 送花　(见《儿童游戏》)　2. 蝴蝶采花　(同前)

大单元四：放风筝

一、常识

(一) 研究

1. 风怎样来的
2. 春天的风和冬天的风有什么不同
3. 春天的风和自然物有什么关系
4. 风有什么用
5. 怎样放风筝
6. 风筝怎样会上升的
7. 怎样知道风向

(二) 活动

1. 试放风筝
2. 玩风车
3. 设计风筝图案

二、工作

1. 做风筝、做风车

2. 自由画——画风筝图

3. 园艺——浇灌花

三、音乐

(一) 唱歌　1.《放纸鹞》　2.《春来了》

(二) 节奏　1.《风车转》　2.《跑步》

四、故事

1.《三只羊》(见《儿童故事》)　2.《两只田鼠》(同前)

五、儿歌

1.《纸鹞》　2.《风婆婆》

六、游戏

1. 乌鸦抢窝(见《儿童游戏》)　2. 风吹雨逃(同前)

附:

幼稚园的儿歌

一、排排坐

排排坐,吃果果,小小肚皮吃不多。排排坐,吃果果,不要嫌少不争多。

二、合作歌

金银花,十二朵,大姨妈,来接我。猪砍柴,狗烧火,狐狸扫地请客坐,猫儿煮饭笑死我。多谢你家菜,多谢你家烟,多谢你家板凳坐半天。

三、摇篮曲

摇摇摇,摇摇摇,摇篮好像一条船,不在水里走,只在岸上摇。小弟弟,微微笑,睡在摇篮里面好逍遥!

四、抱娃娃

妈妈抱妹妹,妹妹抱娃娃,娃娃不说话,只是笑哈哈。

五、花园里

春天来,园里花儿朵朵开,红花开,白花开,蝴蝶蜜蜂都飞来。好弟弟,好妹妹,爱花不要采,采了花儿蝴蝶蜜蜂不飞来。

六、蜜蜂儿

蜜蜂儿,嗡嗡嗡,飞到西,飞到东,东边菜花黄,西边桃花红,采得百花蜜,回去好过冬。

七、放纸鹞

一只纸鹞像只鸟,放在空中随风飘,母鸡看见当老鹰,扑扑翅膀咽咽叫,小鸡听得急急飞，听得心儿别别跳。

八、风奶奶

风奶奶，送风来，大风不来小风来。风奶奶，送风来，我家孩儿好凉快。

幼稚园的音乐

1. 唱歌：(1)《排排坐》 (2)《小弟弟》 (3)《春天来了》 (4)《放纸鸽》

2. 节奏：(1)《敲锣鼓》 (2)《掘地》 (3)《兵操》 (4)《跑步》

部分曲谱

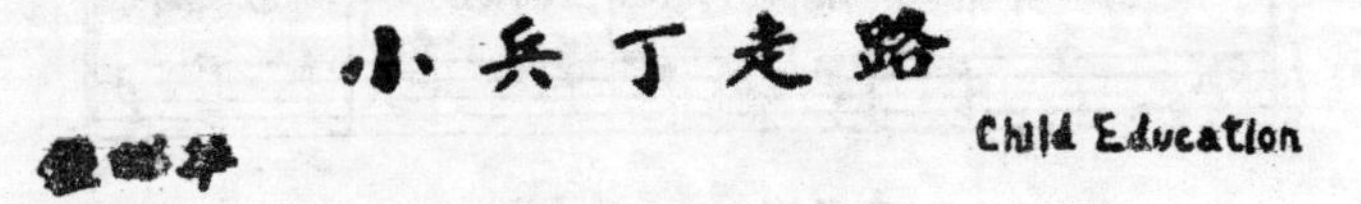

3. 小仙人跳舞，小仙人跳舞，小仙人，小仙人，小仙人跳舞

4. 小老虎爬山，小老虎爬山，小老虎，小老虎，小老虎爬山

5. 小朋友拍手，小朋友拍手，小朋友，小朋友，小朋友拍手

菊花

锺昭華

Child Education

幼稚園節奏 —— 兎子跳

幼稚園唱歌—— 紅眼睛

儿童故事[①]

卷头语

故事个个小孩子都爱听的。六七岁以前的小孩子喜欢听动物故事。十来岁的小孩子喜欢听冒险故事。十五六岁的小孩子喜欢听英雄故事。

这本小册子的故事可说都是动物故事,这些故事大半是从欧美著名的儿童故事脱胎而来的,但有两点我要声明的。

故事的写法已与原文不同。

这里的故事没有一个是从原文直译出来的,个个都是重新写过、编过的。

有许多地方,故事的内容也常与原文不同的。

国外的情形与本国的不同,所以,为适应中国儿童的心理起见,故事中的人物、故事中的情节是特别选择,特别叙述的。

这本册子里的故事有几种特点,我也应在此提出来的:

一、文字非常浅显,适合儿童的口吻。

二、笔法别致,不敢说"活泼生动",断非呆板干燥者可比。

三、内容儿童化,以期适合中国幼儿的心理,所以幼稚园教师或低年级教师就可以把这里的故事直接讲给小孩子听,不必再重新编写。

低年级小朋友也就可以拿来当作补充读物看。

陈鹤琴

于泰和幼师

① 陈鹤琴、钟昭华合编。

目　录

一、小白兔
二、兔子偷瓜
三、拔萝卜
四、小雄鸡
五、三只熊
六、三只小猪
七、胆小的松鼠
八、龟兔赛跑
九、三只羊
十、三只小鸭子
十一、小黄牛做饼
十二、我的本领大
十三、乌龟上天
十四、小米粉人
十五、找朋友
十六、黑狼想吃小山羊
十七、一只大青蛙
十八、松鼠变色
十九、城里老鼠和乡下老鼠
二十、小猪过桥
二十一、狐狸的口袋
二十二、哪个跑得快
二十三、都有本领
二十四、虫儿的运动会
二十五、蚕豆的黑嘴巴
二十六、红阳伞
二十七、小驴子
二十八、三只小鸡
二十九、小猪过生日
三十、黄狗抢骨头
三十一、鹦鹉的好计策
三十二、顽皮的小花鸭
三十三、蚂蚁救喜鹊
三十四、猴子捞月亮
三十五、石匠王二
三十六、红衣姑娘
三十七、失去了手巾
三十八、一只小羊
三十九、两只田鼠
四十、小猪找工作
四十一、抢狐狸的家
四十二、离开了鸟窝
四十三、找姑娘
四十四、卖驴子
四十五、捉拿孙猴子
四十六、一只木桶
四十七、花生糕
四十八、老鼠救狮子
四十九、猴子学样
五十、聪明的小兔子

一、小白兔

树林里一个个小洞,洞里有一只老兔子,还有三只小兔子,一只是黄的,一只是黑的,一只是白的。

有一天,老兔子对小兔子说:“小宝宝,现在我出去买东西,你们在树林里玩玩。那边菜园里有一个很凶的老头子,你们不要去!”老兔子说了就竖起耳朵,扑托扑托,跳出去了。

过了一息,小白兔子对黄兔子、黑兔子说:“我们到树林里去玩吧!”黄兔子和黑兔子说:“好的!好的!”他们就出去跳舞游戏。玩了一会,小白兔独自一个走出树林,看见那边一个菜园,就偷偷地走进去了。一进园里,看见许多红萝卜,拔了一个就吃;再走几步,看见碧绿的青菜,也拔了一棵就吃。吃完了,再走进去,看见面前有许多美丽的花,他就走过去看看,走到那边,忽然看见一个老头子,低了头在那边割草。

老头子抬起头来,看见小白兔,掮了锄头就追,小白兔拼命逃,逃得太急,鞋子都落掉,就赤脚跑。

老头子大喊:“捉贼!捉贼!”还在后面追着。小白兔要紧逃走,身上的衣服又给篱笆上的铁丝钩住了,拉又拉不脱,跑又跑不了。

正在着急的时候，老头子赶到了，伸手来捉他，他急得没法，脱了衣裳就逃。逃到花园里，看见一个水壶，就跳进去躲在里面。

老头子赶进花房，四处寻找，看见小白兔躲在水壶里，就用力扑过去，小白兔连忙跳出水壶，扑托一声，老头子扑了一个空。等到他爬起来，小白兔已经逃走了。

老头子看不见小白兔，仍旧回去割草。小白兔逃出花房，四面看看，都是围墙，也不晓得从什么地方可以出去，心里很害怕。找来找去，好容易找到了一重门，走进去一看，原来是锁牢的，下面也没有缝好钻出去。那时候忽然看见墙壁洞里钻出一只小老鼠来，小白兔连忙问道："小老鼠！你晓得从什么地方好出去的？"小老鼠嘴里含了许多食物，只摇摇头，说不出话。小白兔没有法想，只得回转来重寻出路。

他走到一个池塘旁边，看见一只小花狗，坐在那里看金鱼。他又恐怕被他看见，轻轻地回转就逃。逃了许多路，忽然听到"喔哼！喔哼"咳嗽的声音。小白兔立起来一看，原来就是老头子在那里割草。老头子的前面，是一扇木板钉的园门，这就是小白兔方才走进来的地方。

小白兔心里又是害怕，又是欢喜，想了一想，就用尽他的气力，好像飞的一样，往园门口逃。老头子看见了，又掮了锄头追上来，小白兔拼命地从门缝里钻了出去，钻出园门，头也不回，一直逃到洞里，扑托一声，倒在地上。老兔子连忙把他抱到床上，叫他好好睡着。

后来黄兔子、黑兔子，到吃晚饭的时候，都有好东西吃。只有小白兔，睡在床上，爬不起来，不能去吃。

二、兔子偷瓜

从前有一个农夫，种了许多黄金瓜[①]，瓜生得又多又大，又香又甜。

有一天，一只小白兔跑到瓜田里，看见许多瓜，采了一个就吃；吃了一个，又采一个；采了一个，又吃一个……吃得非常高兴。

---

① 就是香瓜。

农夫走到田里，看见小白兔正在那里偷瓜吃，就轻轻地走过去，走到那里，用力向他一扑，扑了一个空！小白兔倒逃走了。

农夫大怒，说："我一定要捉住他！"就回到家里烧了一大锅糯米饭。烧热了，拿出来把它捏得很韧很黏。捏好了，就把它做成一个看瓜人。那看瓜人的头是糯米饭做的，手是糯米饭做的，脚是糯米饭做的，身体也是糯米饭做的，一身都是很韧很黏的糯米饭。农夫把他放在田里。

过了几天，小白兔偷偷地又来了，一见看瓜人就逃，逃走了几十步，回头来看那看瓜人并没有动，小白兔就偷偷地回转几步，看瓜人仍旧不动，小白兔再走近些，仔细一看，大声笑道："哈哈！原来不是他！"

小白兔就大胆地走上前去，对那看瓜人说道："先生，早！"看瓜人不回答，小白兔又高声说："先生你早！"看瓜人还是不回答。

小白兔大怒，说："你为什么不睬我？"看瓜人还是不响。小白兔气极了，伸起右手打他一拳，哪知道糯米饭是很黏的！拳头给他粘住了！小白兔拔不出手来，骂道："你不放么！我又要打了！"看瓜人还是不响，小白兔伸起左手又是一拳，左手也粘住了！

小白兔急得大叫道："你真的不放么？我要踢了！"看瓜人仍旧不响，小白兔就提起右脚一踢，右脚也粘住了！

小白兔急得不得了，就用左脚乱踢，踢着看瓜人，左脚也粘住了！

再用头乱撞，撞着看瓜人，头也粘住了！小白兔再也不能动了！

农夫走到田里，看见小白兔被粘住了，就哈哈大笑道："今天你给我捉住了！你还要偷我的瓜么？"小白兔苦苦哀求说："先生！放了我罢！以后再不来偷你的瓜了！好先生，放我走罢！"

农夫看他可怜，就用力把他拉开，放在地上，小白兔连声说："谢谢你！谢谢你！"说了，爬起来就逃，一直逃到家里，再也不敢去偷瓜了！

三、拔萝卜

在乡下有一个小老头子，一个小老太婆，一个小姑娘，一只小花猫，一只小老鼠。他们一同住在一所小小的草屋里。

有一天，小老头子对小老太婆说："我要到田里去下种子了。"小老太婆问道："下什么种子？"小老头回答说："下萝卜种子。"说了，拿着种子，到田里去了。到了田里，掘了一个小洞，种了一粒萝卜子。种了回家，对小老太婆说："我已经种好了，它会慢慢儿长大起来的。"

萝卜子怎样长大呢？日里晒太阳，夜里吃露水。过了几天，一片小小的绿叶从地下钻出来了。再过几天，小小的绿叶变成一棵大菜了。再过几天，大菜下面的萝卜长大起来了，长大起来了，长大起来了，到后来，长得这样大了！（做手势）

小老头子看见了，心里非常快乐，就对小老太婆说："今天我们来

煨萝卜汤好吗？你去拿一个顶大的罐头烧起水来，我到田里去拔萝卜，拔了就回来。"小老头说完，就走到田里，抓住萝卜的叶子，拼命地拉，一拉，两拉，三拉，拉不起来。

他就喊道："来帮忙！来帮忙！"小老太婆听见小老头子大声喊叫，就急急忙忙地跑出来，拉住小老头子，小老头子拉住大萝卜，一起"嗨呵！嗨呵"拼命地拉，还是拉不起来。

小老太婆又喊"来帮忙！来帮忙！"小姑娘一听见喊，就三脚并作两脚地跑出来拉住小老太婆，小老太婆拉住小老头子，小老头子拉住大萝卜，大家拼命地"嗨呵！嗨呵"一齐拉，也拉不起来。

小姑娘就喊小花猫来帮忙，小花猫一听见小姑娘的喊声，就像飞的一样跳出来，拉住小姑娘，小姑娘拉住小老太婆，小老太婆拉住小老头子，小老头子拉住大萝卜，"嗨呵嗨呵"一起拼命地拉，总是拉不起。

小花猫就咪咪叫，叫小老鼠去帮忙。小老鼠一听见小花猫的叫声，就从小洞里像枪弹飞的一般，杜的一声蹿了出来，拉住小花猫，小花猫拉住小姑娘，小姑娘拉住小老太婆，小老太婆拉住小老头子，小老头子拉住大萝卜，他们一起"嗨呵！嗨呵"地拉，一拉，二拉，三拉，呀，拉出来了！

他们拉得太用力，一齐都跌倒了。小老头子倒在小老太婆上面，小老太婆倒在小姑娘上面，小姑娘倒在小花猫上面，小花猫倒在小老鼠上面，在他们的上面还有一个大萝卜，但是一个都没有压伤，他们好好地爬起来，"嗨呵！嗨呵"把大萝卜扛回家去了。

到了家里，煨了一大罐萝卜汤，滋味鲜甜，小老头子吃了一大碗，小老太婆吃了一碗，小姑娘吃了一碗，小花猫小老鼠也吃了一碗。

四、小雄鸡

从前在乡下有一座小山，山脚下有一只小雄鸡，住在一间小小的房子里。房子外面有一个菜园，房子里面有一张小眠床、一张小椅子、一口小书橱。

山上有一个大洞，洞里有一只老狐狸。有一天老狐狸对小狐狸说："这山脚下有一间小房子，里面有一只小雄鸡，你快去捉来，我们好烧鸡汤吃。”

小狐狸听了，尾巴摇摇说：“好极了，好极了！”就提起四脚跑下山来。那时候小雄鸡正在菜园里割菜，看见小狐狸跑得很近，来不及逃走，就杜的一声飞到树上，小狐狸不会爬树，只得突着眼睛看看他，看他不下来，就回到山上去了。小雄鸡看见小狐狸走得远了，赶快飞下来，跑回家去，一跑到家里，连忙把门关好。

到了晚上，小狐狸偷偷地又来了，来到房子门口，看见门紧紧关着，就拾起一块大石头，砰！砰！把门乱敲，敲了一阵，还是敲不开。小狐狸没法，只得回去。

过了几天，小狐狸对老狐狸说：“妈妈，我现在想了一个很好的法子，定可以捉住小雄鸡，你赶快去烧水。”老狐狸说：“好的！好的！”

小狐狸背了一只小麻袋，又下山来了。他走到小房子的旁边，看见大门还是紧紧地关着，就在房子背后躲着，一响也不响。

小雄鸡自从那天给小狐狸吓了之后，一直躲在家里不敢出来，但是现在没有菜吃，不得不出去，他就轻轻地开了门，看见外面没有小狐狸，就跑到菜园里去割菜。

小狐狸看见小雄鸡到菜园里去了，就偷偷地走进小房子，躲在床底下。

过了一息，小雄鸡拿着一篮白菜，匆匆地回来了，他一进屋子，连忙把门关牢。

小狐狸看见门关牢了，就慢慢地从床底下爬了出来。

小雄鸡一见小狐狸，吓得心肝别别跳。小狐狸笑嘻嘻地说道：“现在你逃不了，赶快走进这袋里来罢！”小雄鸡心里非常着急，看看门已关牢，就四面杜杜乱飞起来。小狐狸看他不肯进去，就扑过来捉他。小雄鸡看见他扑了过来，“嘟”的一声飞到书橱上面。

小狐狸扑了一个空，两只手跌得血红，他扑在地上，闭了眼睛想了一想，喊道：“有了！有了！”他爬起来，就在书橱面前，追着他自己的尾巴，尽管独独转圈子，一个圈子，两个圈子，三个圈子，四个圈子，五个圈子，六个圈子，七个圈子，八个圈子，九个圈子，十个圈子……转个不息。小雄鸡在书橱上面，看他在下面转圈子，看了一息，自己的头也转起来了。小狐狸还是追着尾巴在那面转着，再转了一息，小雄鸡觉得头昏，“砰”的一声，从书橱上翻了下来。小狐狸就一把捉住，把他放进麻袋，扎牢袋口，背起就跑。背了一息，小雄鸡醒了过来，觉得又热又闷，连气都透不出，急忙用他的尖嘴，把麻袋啄了一个洞，伸出头来，透了口气。

小狐狸把麻袋背到半山，背得汗像雨一样，叹口气说：“热死了！热死了！”就在树底下坐了下来，不知不觉呼呼地睡熟了。小雄鸡看见小狐狸睡着了，就轻轻地从袋里钻了出来。他看见路旁有一块大石头，就拾起来放在袋里，偷偷地逃回家里去了。

小狐狸醒转来，看看太阳快要落山了，跳起来，背了麻袋就跑，一跑跑到家门口，就大声喊道：“妈妈！妈妈！小雄鸡捉来了！水有没有烧滚？”老狐狸跑出来，看见小狐狸背了麻袋，快活得不得了，就拍拍小狐狸的肩膀说：“好宝宝！好宝宝！赶快进去。”

小狐狸就三脚两跳，跳到厨房里，老狐狸赶快解开麻袋，小狐狸托住袋底往锅里倒，“砰”的一声，一块大石头落在锅里，锅底打得粉碎，滚水溅得满地。小狐狸的脸孔，老狐狸的脸孔，都烫得血血红，他们就大声喊叫：“石头哪里来的？石头哪里来的？”

五、三只熊

从前在森林里有三只熊！一只大熊，一只中熊，一只小熊，他们一同住在一间小小的房子里。

房子里有一张桌子，桌子上有三只碗：一只大碗，一只中碗，一只小碗。大碗是大熊吃饭用的，中碗是中熊吃饭用的，小碗是小熊吃饭用的。还有三张椅子：一张大椅子，一张中椅子，一张小椅子。大椅子是大熊坐的，中椅子是中熊坐的，小椅子是小熊坐的。另外在后面房间里，还有三张床：一张大床，一张中床，一张小床。大床是大熊睡的，中床是中熊睡的，小床是小熊睡的。

有一天，大熊中熊小熊在家里烧粥吃。粥烧好了，大熊拿他的大碗盛了一碗，中熊拿他的中碗盛了一碗，又给小熊盛了一碗。大熊去尝尝他的粥，大声喊道："太烫！太烫！"中熊也去尝尝他的粥，高声喊道："真烫！真烫！"小熊说道："那么我们出去玩一玩再来吃吧！"

树林旁边有一家人家，家里有一个很美丽的小姑娘，名字叫做珍儿，她对她的母亲说："今天天气很热，我要出去玩玩。"母亲说："好的！你出去玩吧！"

珍儿走进树林，远远地看见一所小房子，她跑到门口，在门缝里一

看，看见里面桌上有三碗粥，珍儿就轻轻地走了进去，尝尝大碗里的粥，觉得很烫；尝尝中碗里的粥，还是很烫；尝尝小碗里的粥，觉得正好，她就一口气把它吃个精光。

珍儿又看见三张椅子：一张大的，一张中的，一张小的。她就爬到大椅子上面去坐坐，觉得太高太硬；爬到中椅子上面去坐坐，还是太高太硬；后来爬到小椅子上面去坐，觉得不高不硬，恰巧正好。但是她坐得太重，啪的一声，椅子被她坐破了。

珍儿走到后面，又看见一张大床，一张中床，一张小床。她就爬到大床上面去睡睡，觉得太高太大；爬到中床上面去睡睡，还是太高太大；爬到小床上面去睡睡，觉得非常舒服，就呼呼地睡熟了。

大熊、中熊、小熊，玩了一回，回到家里。大熊看见他的粥，大声叫道："我的粥有人吃过了！"中熊也高声叫道："我的粥也有人吃过啦！"小熊一看他的碗空了，就尖声哭了说着："我的粥给人家吃掉了！"

大熊、中熊、小熊，又去看看他们的三张椅子，大熊再叫起来说："我的椅子有人坐过了！"中熊也叫起来说："我的椅子也有人坐过了！"小熊一见他的椅子破了，又大哭起来说道："我的椅子给人家弄破了！"

大熊、中熊、小熊，就急急地跑到后面去看看三张床，大熊叫道："我的床有人睡过了！"中熊见了也叫道："我的床也有人睡过了！"小熊一看珍儿睡在他的床上，就尖声喊起来说："一个小姑娘！一个小姑娘！"

大熊、中熊，就一脚两跳，跳到小熊的床边。珍儿将眼一看，看见三只熊，吓得连忙爬起来跳出窗门，头也不回，一直逃回家去。

六、三只小猪

在乡下地方有三只小猪，一只是黑的，一只是白的，一只是花的。他们同老母猪住在一个园子里。

有一天，小黑猪对老母猪说："母亲！我想到外面去，不要住在这里。"老母猪说："不要出去！外面有一只狼要吃你的！"小黑猪说："不会的。"就走出去了。

小白猪对老母猪说："母亲，我也要到外面玩。"小花猪也说："母亲，我也要出去。"老母猪说："我的小宝宝，你们不要出去！外面有一只狼要吃你们的！"小白猪说："我当心些就不会给狼吃掉了。"小花猪说："我只要当心些，狼是不能吃我的。"小白猪、小花猪也就出去了。

小黑猪走到外面，看见一堆稻草，就把它结起来造了个草房子，住在里面。小白猪走到外面，看见一堆木板，就把木板钉起来，造了个木板房子，住在里面。小花猪走到外面，看见一堆石头，就把石头一块一块砌起来，造了个石头房子，住在里面。

到了晚上，大狼出来了。他走到小黑猪的稻草房子门口，喊起来说："小黑猪！小黑猪！快快开门，让我进来！"小黑猪从门缝里一看，看见是一只狼就回答说："我不上你的当，走开去！走开去！"大狼说："你不开，我生气起来，便要吹倒你的稻草房子的。"小黑猪不去睬他，大狼就呼呼地吹起来。"砰"的一声，稻草房子吹倒了，大狼进去，就把小黑猪吃掉。

到了第二天，大狼走到小白猪的木头房子门口，喊起来说："小白猪！小白猪！快快开门，让我进来！"小白猪走到窗口一看，回答说："我不上你的当，走开去！走开去！"大狼说："你不开，我生气起来，便要打破了你的房子进来的！"小白猪不睬他，他就用力打门，砰砰砰地打起来。"砰"的一声，木头房子打破了，大狼走进去，把小白猪也吃掉了。

过了一天，大狼走到小花猪的石头房子门口，喊起来说："小花猪！小花猪！快快开门，让我进来！"小花猪走到窗口一看，回答说："我不上你的当，走开去！走开去！"大狼说："你不开！我生气起来，要打破你的房子进来的！"小花猪不睬他，他就用力打门，砰砰！砰砰！敲了半天，还是敲不开，大狼只得回家去。

再过了一天，大狼又走到小花猪的石头房子门口喊道："小花猪，你欢喜苹果吃吗？那边山上有一棵苹果树，上面的苹果结得又红又甜，你快些出来跟我去采苹果吃罢！"小花猪走到窗口回答说："噢，今天没有工夫，明天早上我去吃罢！"大狼说："你一定要去的！"小花猪说："那个自然！"

小花猪知道大狼要吃他，天还没有亮，就爬起来，走到山上，果然看见一棵苹果树，树上的苹果结得很多。他把树一摇，苹果噼里啪啦地掉下来，小花猪就拾起来大吃，吃不了，拿了许多就走，走到半山，远远地看见大狼来了。

等到大狼走到那里，小花猪已经跑到山底下了，大狼就高声喊道："小花猪！慢慢走，我有要紧话告诉你呢！"小花猪说："谢谢你，苹果我已经吃饱了！我要回去了！明天会罢！"大狼就拼命地追，小花猪拼命地逃，逃到家里，把大门紧紧地关牢。

大狼赶到门口，气喘喘地说："小花猪！小花猪！请你出来！"小花猪说："对不起！我没有工夫了。"大狼气得没有法想，就用力爬到屋上，看见一个天窗，就拼命地往里面钻。他不晓得天窗底下就是灶头，灶上面正烧着一大锅开水，大狼钻下去，扑通一声，刚刚跌在开水锅里面，一只大狼就此活活地烧死了。

七、胆小的松鼠

从前有一只小松鼠，他的胆子非常之小。松鼠的胆子本来是很小的，这只松鼠的胆子格外来得小。他看见阳光，就当是火烧；听见风，就当是地震；看见地上的树影子，就当是人来捉他。所以一天到晚他吓得躲在洞里，不敢出来。

有一天，他实在饿不过了，没有法想，只得放大胆子出来找食。他东找找，西找找，找到山脚下有个葡萄棚。

他正要想上去吃葡萄，不料一阵风来，一颗烂葡萄吹了下来，扑通一声，刚刚落在他的背后。小松鼠听到了这个声音，以为是山倒下来了，就头也不回，拼命地向前逃。

逃了不远，遇到一只小兔子。小兔子喊道："小松鼠！你到哪里去？为什么逃得这样快？"小松鼠说："不……不得了！不得了！后面的山倒下来了，我们快些逃罢！"

小兔子听了小松鼠的话，也拼命地往前逃。逃了一会，遇到一只大山羊，大山羊喊道："小兔子！你为什么跑得这样快？"小兔子说："不好了！不好了！后面的山倒下来了！"大山羊也吓得往前跑。

大山羊遇到一只大白狼，大白狼说："大山羊，你为什么跑！"大山羊说："不好了！不好了！后面的山倒下来了！"大白狼也吓得往前逃。大白狼遇到一只黄老虎，黄老虎说："大白狼你为什么逃？"大白狼说："不好了！不好了！后面的山倒下来了！"黄老虎也吓得往前逃。别的动物看见黄老虎逃了，也一起逃，逃得满山都噪闹起来，惊动了大狮子。

大狮子出来，看见他们拼命地逃，就把他们叫住问道："你们为什么逃？"

黄老虎说:“后面的山倒下来了!”大狮子说:“我不相信,你看见的么?”黄老虎说:“不是,大白狼对我说的!”

大狮子问大白狼:“你见山倒下来的吗?”小白狼说:“不是!大山羊对我说的!”

大狮子再去问大山羊:“你看见山倒下来的么?”大山羊说:“不是!小兔子对我说的!”

大狮子又去问小兔子:“你看见山倒下来的么?”小兔子说:“不是!小松鼠告诉我的!”

大狮子又去问小松鼠:“谁看见后面的山倒下来的?”小松鼠发抖说:“我……我……在后面葡萄棚下听……听见的。”

大狮子说:“同我去看!”小松鼠怕狮子,比山倒下来还要怕,就同狮子走到葡萄棚下说:“我……我在这儿听到的!”

大狮子喝道:“呸!这是一个烂葡萄落在地上的声音,你赶快一个个去告诉他们,叫他们不要逃!”

小松鼠没法,只得再走到前面去,喊着说:“后面的山没有倒!大家不要逃!后面的山没有倒!大家不要逃!”小兔子、大山羊、大白狼、黄老虎,一听见小松鼠喊叫,就都回转来了。

八、龟兔赛跑

有一天早晨,一只小白兔从山洞里出来玩玩,在路上看见一只乌龟,就说道:“乌龟弟弟早!”乌龟说:“白兔哥哥,你早!”

乌龟背了一个硬壳,爬得很慢。白兔笑道:“你背了这样重的东西,实在太不方便了!”乌龟说:“你不要笑我,走起路来,恐怕你还不如我呢!”

白兔听了哈哈大笑道:“怪了!怪了!你背了这样重的东西,怎么还走得过我?”乌龟说:“好得很!那边山上有一棵大树,看我们哪个先跑到。”

正说的时候,来了一只花猫,乌龟就喊道:“花猫妹妹,我们正要赛跑,请你来做公证人。”花猫说声:“好!”就走过来,举起前脚说:“预备!

一！二！三！跑！”

白兔提起四脚，好像飞的一样，向着大树就跑。乌龟也立刻很起劲地，一步一步向前爬。白兔跑到半路，回头一看，乌龟远远地落在后面。

白兔停下来说：“今天天气真热，我休息一下再跑吧。乌龟爬得很慢，万一追上我，我一跳那就可以赶上他的。”说了，就倒在地上呼呼地睡熟了，乌龟一息也不停，爬到半路上，看见白兔睡着，就笑了一笑，再往前爬。

不多时，乌龟就爬到大树底下，坐了下来。那时白兔醒了，回头一看，不见了乌龟，就拼命地往前跑；走到树边，看见乌龟早已在那里了，就很惊异地说道：“你怎样会先到的？你怎样会先到的！”

九、三只羊

在山脚下有三只羊：一只大羊，一只中羊，一只小羊。

有一天，他们要到山上去吃草，小羊说：“我先上去。”他就“滴笃滴笃”走上去了。

山路的旁边，有一个洞，洞里有一只白狼。他听到小羊走上来了，就跑到洞门口，喊道：“哪一个？”小羊说：“是我！”白狼说：“你到哪里去了？”小羊说：“山上去吃草！”白狼说：“我要吃掉你！”小羊说：“呵！不

好的！后面有一只中羊，快要到了，他比我大，肉也比我多，你吃他罢。”

过了一会儿，中羊“踢托踢托”（编者注：象声词）走上山来了。白狼又跑出来，喊道：“上来的是中羊吗？”中羊回答说：“是的！”白狼又问道：“你到哪里去？”中羊说：“上山去吃草！”白狼说：“我要吃掉你！”中羊说：“啊，不要吃掉我！后面还有一只大羊，快要到了，他长得又大又肥，你还是吃他罢！”

再过一会儿，大羊“蹀躞蹀躞”（编者注：象声词）走上来了。白狼又赶出来喊道：“来的是大羊吗？”大羊说：“是的。”白狼又问道：“你到山上去吃草么？”大羊说：“是的。”白狼说：“我要吃掉你！”白狼走上去吃大羊，大羊就用他的两根尖角把白狼一撞，那只白狼就骨碌骨碌滚到山坑里去了。

十、三只小鸭子

从前在一个树林的旁边，有一间很小很小的小楼屋，那间楼屋的屋顶是红颜色的，屋子的窗子是很小很小的。窗子上挂着的窗帘是粉红色的，小楼屋里住了一只母鸭子三只小鸭子。

有一天早晨，雨下得很大，母鸭子一早起来，就下楼去把洗脸水烧好，把早饭预备好。三只小鸭子听见外面下了雨，睡在床上，不想起来。母鸭子想："三只小鸭子为什么到现在还不起来？"她就走上楼去轻轻地把房门推开。三只小鸭子一听见妈妈上楼，就躲在棉被里，一点也不作声。母鸭子想："小鸭子天天起得很早，上学去也从来不迟到的，今天一定要迟到了。"就走到床前对他们说："小宝贝，时候不早了，快些起来，预备上学去。"一只最小的鸭子，把头从被里伸出来说："妈妈！不！今天下雨，我们不去上学。"母鸭子说："为什么下雨天不去上学呢？你们不是每个都有一把伞可以躲雨吗？你们天天上学去，老师不是称赞你们好，称赞你们不迟到吗？"母鸭子的话还没有说完，那只最大的小鸭子立刻从被里伸出头来说："妈妈！我要起来。"接着两只鸭子也伸出头来说："我们也要起来！"母鸭子说："小宝贝！到底肯听话，妈妈很快乐呢！"

三只小鸭子穿了很美丽的衣服：大鸭子穿了一件蓝衣服，我们就叫他蓝鸭子；中鸭子穿了一件黄衣服，我们就叫他黄鸭子；小鸭子穿了一件红衣服，我们就叫他红鸭子。他们穿好了衣服，就到楼下来洗脸，吃早饭。吃了早饭，天还是下着小雨，母鸭子就去拿了三把伞。一把是蓝的，给蓝鸭子用；一把是黄的，给黄鸭子用；一把是红的，给红鸭子用。母鸭子对他们说："时候不早了，你们要快些到学校里去，在路上千万不可贪玩呢！"三只小鸭子拿着书包，走到门口，把伞撑起，对母鸭子说："妈妈再会！"就高高兴兴地去了。

从他们的家里走到学校去，要经过树林、经过草地的。经过树林的时候，红鸭子因为胆子小，就走在蓝鸭子和黄鸭子的中间。他们走出了树林，天上的雨也停止了。蓝鸭子黄鸭子恐怕要迟到，急急忙忙地赶向前走。但是红鸭子呢？他看见天已经晴了，心里很高兴。他忘记了妈妈的话，只管东张西望，落在他们的后面了。这时候草地上正有一条青虫在那里爬，他就想去捉那条青虫。青虫越爬越快，红鸭子越追越急。后来他觉得拿了一把伞去追，很不方便，索性把伞也抛在一边了。恰巧那里有一个泥潭，那把很好看的红伞就滚到泥潭里去了，红鸭子也不去管它，只是追那条青虫。哪知道青虫东串串西串串，后来向草里一钻，就不见了。这时候太阳已经出来了，红鸭子找不到青虫，但是看看天气太好了，想到别的地方去玩玩！走了不久，忽然看见一道矮墙，矮墙的旁边有一扇铁门，从铁门里望进去，看见里面是一个花园，花园里有很美丽的花，有碧绿的草地，还有一个池塘，他就走进铁门去了。他东玩玩西玩玩，玩到池塘边又去喝喝水。他忘记了蓝鸭子黄鸭子，忘记了上学，忘记了妈妈的话，他玩得真正快活极了。

这时候蓝鸭子黄鸭子呢？他们已经走了好多路，听听后面没有声音，回头一看，红鸭子不见了。他们就连忙转回来找。找来找去，连红鸭子的影子也找不到，不过在泥潭里找到了一把红伞。他们心里又急又怕："红鸭子到哪里去了呢？不会碰到危险吧！"他们想了半天，找了半天，没有法子找到他，只好拿了那把红伞赶到学校里去。

一到学校，老师很奇怪，他想："三只小鸭子从来不会迟到的，为什么今天来得这样迟，并且只看见蓝鸭子黄鸭子进来，红鸭子没有来。"老师就问："红鸭子呢？"蓝鸭子说："他在路上东玩西玩，我们看见他在捉青虫，落在我们的后面，后来不知道他跑到哪里去了！"黄鸭子说："我们只有从路旁的泥潭里，找到了这把红伞。"说着，就递给老师看。老师说："啊呀！红鸭子今天一定要碰到危险了，我想你们应该快些回去告诉你们的妈妈。"

蓝鸭子黄鸭子连忙拿了那把红伞，跑回家去。他们一进门，见了妈妈就"呷！呷！呷"地哭起来，妈妈说："为什么哭？红鸭子呢！"蓝鸭子说："早上去的时候，我们恐怕要迟到，急忙向前走，红鸭子呢，他只顾东张西望，走了一段路，忽然看不见他了。"黄鸭子说："我们连忙回转去找他，也找不着，只有在泥潭里，找到了他那把红伞。"母鸭子听见这个消息，脸都发白了，心里又急又怕，说："可怜的红鸭子，今天一定要闯祸了。"她默默地想了一下，就对蓝鸭子黄鸭子说："中饭已经煮好，你们可以先吃，下午好好地在家看守屋子，我要出去，找红鸭子回来。"母鸭子说了，就连忙出去了。

红鸭子在花园里玩得非常高兴，他不想走了，忽然他听见"砰"的一声响，不知道是什么声音，连忙跑到铁门边一看，啊呀！不好了！原来铁门已经关上了，门闩上还套了一把大锁。这时候他发急了，看看天色渐渐地晚了，他想起妈妈，想起蓝鸭子，想起黄鸭子，心里更加急了。他又想起晚上要在这儿过夜了，这是多么可怕啊！他懊悔不该贪玩，不该忘记妈妈的话，不该离开了蓝鸭子黄鸭子，他就哭起来了。他一面哭一面叫妈妈，坐在门边哭得很伤心。

这时候，母鸭子在寻找红鸭子，经过树林，走到草地，他想红鸭子一定不是向到学校去的路上走的，她看看草地的附近，有没有别的小路，果然她看见草地前面另外有一条小路，她就跟了那条路走去。忽然她听到"呷！呷！呷"的哭声，声音很响很伤心。她想一定是红鸭子了，再向前走，走到矮墙边，又听见"呷！呷！呷"的声音，仔细一听，原来是从那边铁门里传出来的，她就走到铁门边，向门缝里一望，果然看

见红鸭子坐在那里哭，母鸭子就对着门缝"呷"地叫了一声。红鸭子正在想妈妈，忽然听见这个声音，他心里又奇怪又快乐。他想："这是妈妈的声音啊！怎么妈妈会到这儿来的呢？"他连忙站起来，向门缝里一望，真的看见妈妈在那里。他快活得拍拍翅膀"呷呷呷"地叫起来了。母鸭子就轻轻地对他说："你不要这样叫出大声音，恐怕有人听见了会来赶我们的。现在我要赶快想了法子把你救出来。你在里面一点不要出声，静静地等着。"母鸭子就向铁门的旁边找东西，看见那里有只水桶，桶上缚着一根很长很长的绳子。她想起来了，就跑过去拿了那只水桶，轻轻地对门里的红鸭子说："我把这只水桶从矮墙上递进来，

你就坐在水桶里，把两只翅膀向两边扑开，扶着桶边，要坐得稳，千万不可以动，我在外面提水桶上的绳子。水桶就慢慢上来，等到水桶提得和矮墙一样齐的时候，你就从水桶里跳出来，跳到矮墙上，再从矮墙上跳下来，你听清楚了吗？”红鸭子很高兴地“呷”的一声说：“妈！我听清楚了。”母鸭子就把水桶抛过墙去，落在地上，红鸭子连忙爬进水桶，坐在里面把两只翅膀向两边扑开，平放在水桶边上，母鸭子在墙外就用力拉那根绳子，拉到矮墙顶上的时候，母鸭子说：“现在你可以跳到矮墙上来了。”红鸭子觉得有点害怕，不敢跳，后来他用翅膀挡住了水桶的边，他就把脚伸出到墙上一爬，就爬出来了。母鸭子还是紧拉着水桶的绳子，一边对红鸭子说：“宝宝！勇敢些！跳下来跳到妈妈的身上就不要紧了。”红鸭子用力一纵，跳下来了，母鸭子快乐得把拉着的绳子也放松了，绳子一放松，“乒乓”一声响，水桶也掉下地了，吓得母鸭子赶快带着红鸭子“踢塔踢塔”地逃回家去了。

蓝鸭子黄鸭子在家里等了好久，不见妈妈回来，心里很着急，但是他们一定要等了妈妈和红鸭子回来了一同吃饭。过了一会儿，蓝鸭子向窗外一望，果然看见妈妈带了红鸭子回来了，就喊起来说：“黄鸭子！妈妈回来了！红鸭子回来了！我们快去欢迎他们！”

母鸭子带了三只小鸭子走进屋里说：“今天红鸭子真危险，我们希望他以后要记住妈妈的话，不要贪玩才好。现在我们大家肚子饿了，快些吃饭吧。”

母鸭子、三只小鸭子就快快乐乐地一同吃饭。

十一、小黄牛做饼

从前在乡下有一只小黄牛，他在田里种了许多麦子。过了不久，麦子长熟了，小黄牛看见了，非常快活，就高高兴兴地把麦子割下来，装在口袋里，背回家去。

小黄牛想把麦子磨了粉做饼吃，他就去请小公鸡来帮忙。他说：“小公鸡！小公鸡！我要磨粉，请你来帮我忙，好吗？”小公鸡说：“我不高兴!”小黄牛又去请小花猫来帮忙,他说:“小花猫! 小花猫! 我要磨粉,请你来帮我忙,好吗?”小花猫说:“我不高兴!”小黄牛又去请小白鸭来帮忙,他说:“小白鸭! 小白鸭! 我要磨粉,请你来帮我忙,好吗?”小白鸭说:“我不高兴!”小黄牛又去请小山羊来帮忙,他说:“小山羊! 小山羊! 我要磨粉,请你来帮我忙,好吗?”小山羊说:“不高兴!”小黄牛说:“你们都不肯帮我磨,我自己来磨吧!”他就把麦子磨成了粉。

粉磨好了,要调粉了,小黄牛就去请小公鸡来帮忙,他说:“小公鸡! 小公鸡! 我要调粉,请你来帮我忙好吗?”小公鸡说:“我不高兴!”小黄牛又去请小花猫来帮忙,他说:“小花猫! 小花猫! 我要调粉,请你来帮我忙好吗?”小花猫说:“我不高兴!”小黄牛又去请小白鸭来帮忙,他说:“小白鸭! 小白鸭! 我要调粉,请你来帮我忙好吗?”小白鸭说:“我不高兴!”小黄牛又去请小山羊来帮忙,他说:“小山羊! 小山羊! 我要调粉,请你来帮我忙好吗?”小山羊说:“不高兴!”小黄牛说:“你们都不肯帮我调,我自己来调吧!”他就把一钵的粉调好了。

粉调好了,要做饼了,小黄牛就去请小公鸡来帮忙,他说:“小公鸡! 小公鸡! 我要做饼,请你来帮我忙好吗?”小公鸡说:“我不高兴!”小黄牛又去请小花猫来帮忙,他说:“小花猫! 小花猫! 我要做饼,请你来帮我忙好吗?”小花猫说:“我不高兴!”小黄牛又去请小白鸭来帮忙,他说:“小白鸭! 小白鸭! 我要做饼,请你来帮我忙好吗?”小白鸭

说:“我不高兴!”小黄牛又去请小山羊来帮忙,他说:“小山羊!小山羊!我要做饼,请你来帮我忙好吗?”小山羊说:“不高兴!”小黄牛说:“你们都不肯帮我做饼,我自己来做吧!”他就把一蒸笼的饼做好了。

饼做好了,要烧饼了,小黄牛就去请小公鸡来帮忙,他说:“小公鸡!小公鸡!我要烧饼,请你来帮我忙好吗?”小公鸡说:“我不高兴!”小黄牛又去请小花猫来帮忙,他说:“小花猫!小花猫!我要烧饼,请你来帮我忙好吗?”小花猫说:“我不高兴!”小黄牛又去请小白鸭来帮忙,他说:“小白鸭!小白鸭!我要烧饼,请你来帮我忙好吗?”小白鸭说:“我不高兴!”小黄牛又去请小山羊来帮忙,他说:“小山羊!小山羊!我要做饼,请你来帮我忙好吗?”小山羊说:“不高兴!”小黄牛说:“你们都不肯帮我忙,我自己来烧吧!”他就把一蒸笼的饼烧好了。

饼烧好了,蒸笼盖一开,香气扑鼻,小黄牛非常高兴,就把它们拿出来装在盘子里,放在桌子上。正要吃的时候,小公鸡、小花猫、小白鸭、小山羊闻到了香气,就都跑来了。看见桌上的饼,口涎水都流出来了。小公鸡就咯咯咯地说:“小黄牛!小黄牛!你可以给我吃一点吗?”小花猫就喵喵喵地叫:“小黄牛!小黄牛!你可以给我吃一点吗?”小白鸭就呷呷呷地叫:“小黄牛!小黄牛!你可以给我吃一点吗?”小山羊就咩咩咩地跳过来说:“小黄牛!小黄牛!你可以给我吃一点吗?”小黄牛说:“我请你们帮忙磨粉,你们都不肯。我请你们帮忙调粉,你们都不肯。我请你们帮忙烧饼,你们都不肯。你们不肯帮我做事,你们没有吃。”

小公鸡、小花猫、小白鸭、小山羊没有法子,只得瞪着眼睛,看小黄牛吃饼。

十二、我的本领大

从前在池塘里有一只小青蛙,他天天捉捉虫,唱唱歌,在水里游来游去,在岸上跳东跳西,非常高兴。

有一天,小青蛙跳到一棵大树底下,听见树上有一只小鸟,正在吱哩吱哩地唱歌,小青蛙就对他说:“小鸟小鸟,你会唱歌,我也会唱歌,现在我们来比一比，看谁唱得响，好不好?”小鸟说:“好的。”青蛙就“阁阁阁！阁阁阁”大声地喊叫，小鸟也就“吱哩吱哩”地唱歌。但是小鸟的声音太小，总是比不过小青蛙。

小青蛙就很得意，一边跳一边唱:“咯咯咯！咯咯咯！我能唱歌，我能唱歌，小鸟比不过我!”正在唱的时候，忽然来了一只小公鸡。小公鸡看见小青蛙，就张开嘴巴来啄他，小青蛙扑的一声，就跳开去了，嘴里还喊着说:“小公鸡，小公鸡，我来和你比一比，看谁跳得远。要是你比我跳得远，我一定给你吃。”说完再一跳，跳得很远了，大声笑道:“小公鸡，小公鸡，你吃不到我，我倒要吃你呢!”

小青蛙跳到池塘边，看见一只大乌龟，从水草里悉索悉索地爬出来，小青蛙就喊道:“乌龟哥哥，你会游水吗?”大乌龟说:“当然会游的。”小青蛙说:“你会游水，我也会游水，我们两个来比一比，看谁游得快!”大乌龟说:“好的，好的。”青蛙就扑通一声，跳下水去，“哗啦！哗啦!”不到一会儿，就游得很远了。大乌龟“哗啦——哗啦——”的，还是在后面游呢！小青蛙看见大乌龟游不过他，就哈哈大笑，非常得意。

那时候，池塘边的草地上，有一只老黄牛，正在吃草，听见大笑的声音，不知道是谁，抬头一看，原来是只小青蛙，就问他说:“小青蛙！为什么这样快乐?”小青蛙说:“今天我和小鸟比唱歌，小鸟比不过我；

和小公鸡比跳远，小公鸡比不过我；和乌龟比游水，乌龟比不过我。我的本领实在大，谁都比不过我，你说我不应该快乐吗？”老黄牛说：“哞！哞！哞！你这个小东西，敢来和我比一比吗？”小青蛙说：“敢！比什么呢？”老黄牛说：“比大小吧！看谁的身子大！”小青蛙就用足力气拼命地吹，把他的肚子吹！吹！吹！他的肚子大起来了！大起来了！越吹越大了。“啪”的一声，肚子吹破了！

十三、乌龟上天

有一天，天气很好，一只乌龟，从洞里蹋托蹋托地爬出来，一爬爬到一个小山上，抬起头来，看见天上的云彩，非常美丽，天上的小鸟，飞来飞去。乌龟心里就想：我要是能到天上去玩玩，多么好呢！可惜我没有翅膀，我不会飞。

正在想的时候，一只鸭子摇摇摆摆地走来了。他看见乌龟抬着头，望着天，就“呷呷呷”地问道：“乌龟乌龟，你想什么？”乌龟说：“我想到天上去玩，可惜没有翅膀，不会飞。你能带我去玩吗？”鸭子说：“我的身体太重，飞不起来，怎么能带你上天去玩呢？”乌龟很失望，就蹋托蹋托地爬开去了。

乌龟爬了不久，遇见一只公鸡，公鸡问乌龟：“乌龟乌龟！你到哪里去？”乌龟说：“我想到天上玩，请鸭子带我去，鸭子说：‘我的身体太重，飞不上去。’你能带我到天上去玩吗？”公鸡说：“不能！不能！我的身体也太重，哪能带你上天去玩呢？”乌龟又很失望，蹋托蹋托地往前爬。

乌龟爬到池塘边，看见了几只天鹅，在那里游水，乌龟连忙问道："天鹅！天鹅！你们能带我到天上去玩吗？鸡公公鸭婆婆不能带我到天上去，你们能带我去吗？"天鹅说："你没有翅膀，你不会飞，我们怎么能带你上去呢？"乌龟说："请你们替我想一个法子吧！"天鹅说："法子吗？啊！有了！有一个很好的法子，你去找一根小竹竿来，你咬住竹竿的中间，我们咬住竹竿两端，我们带你去。不过你到了天上，不要说话。"乌龟说："好的好的。"

乌龟连忙去找一根竹竿来，咬住竹竿的中间，两只天鹅就咬住了两头，呼——飞上去了。到了天上，乌龟望望下面，看见山很低了，河很小了，人像蚂蚁了，觉得很好玩！就张开嘴巴，喊道："天上到了，天上到了，真好玩真好玩……"话还没有说完，"呼——"的一声，乌龟掉下来了。

十四、小米粉人

从前有一个小老头子和一个小老太婆，他们很喜欢小孩子，可是他们自己没有小孩子。有一天，小老太婆对小老头子说："我们已经这么大的年纪了，没有一个小孩子，实在冷清，我们家里有许多米粉，我来把它捏成一个小米粉人，你说好吗？"小老头子听了连忙说："好的好的。"

小老太婆就和小老头子一同来做米粉人，他们先做了一个头，再做了两只手，又做了一个身体，最后做了两只脚，他们拿两颗葡萄干做了两只眼睛，拿橘子皮做了一只嘴巴。小米粉人做好了，小老太婆和小老头子看了，非常快活，两个人就哈哈大笑起来。

小老太婆把小米粉人轻轻拿在手里，拿到厨房里，小老头子说："现在我们来把它蒸吧！"小老太婆说："好的。"就把小米粉人轻轻地放在蒸笼里，把蒸笼盖子一盖，小老头子来烧火，烧了不久，蒸笼里冒气了，小米粉人已经快蒸熟了。再烧了一会，小老太婆对小老头子说："不要烧了吧，小米粉人恐怕已经熟了，让我来看看。"她就轻轻地把蒸笼盖子揭开来，哪知盖子一揭开，小米粉人就剥笃（编者注：象声词）一声跳了起来，碰通（编者注：象声词）一声，从蒸笼里跳了出来，到灶上碰通碰通地跳！小米粉人又从灶上跳到地上，从地上又跳到门口，碰通碰通地跳出去了。

小老太婆和小老头子看见米粉人跳得这么快，连忙想去抓它，抓也抓不住，看见米粉人从门口跳出去了，他们连声叫："呵呼！不好了，小米粉逃跑了！"就连忙去追他，可是小米粉人跑得非常快，一边跑一边回过头来很得意地对小老太婆和小老头子说："哼！你们追得到我，就请你们吃。"小老太婆和小老头子急得没有办法，只好拼命地追上去。

小米粉人就在前面跑。跑到田边，那里有许多农夫在耕田，农夫一抬头，看见前面有一个小米粉人，他们很奇怪，大家就喊起来说："喂！小米粉人呀！你到哪里去呀，跑得这样快呀？"小米粉人说："我从一个小老头子和小老太婆那里逃出来的，他们追不到我，你们若是追到我，就算本事大了。"农夫一听，大家气得说："哼！你有什么本事，看我们捉到你。"大家就拼命地去追，小米粉人就飞快地在前面跑。小老太婆、小老头子、农夫，都在后面追，可是追不到。

小米粉人跑到路上，又遇见了一条牛，正在草地上吃草，它闻到小米粉人的香味，它说："唔！哪儿来的好香味！"小米粉人就跑在前面大声喊着说："是我呀！黄牛大哥呀！要是你追得到我，我就请你吃吧！

后面有一个小老头子、一个小老太婆、许多农夫，都在追我，可是他们追不到呢！”黄牛说：“嗨！你这个小东西，我还追不到你吗？”就拔起脚来，别拔别拔（编者注：象声词）地去追小米粉人，可是小米粉人早已跑在很远很远的地方去了。

小米粉人在前面跑，碰到一只白羊，白羊就问小米粉人：“站住！你到哪里去呀？跑得这么快！”小米粉人说：“我从一个小老太婆、一个小老头子、许多农夫、一只黄牛那里逃出来的，你要是捉得到我，我就请你吃好了。”说好小米粉人就赶快地跑，白羊也就拼命地追他，可是追了半天还是追不到。

小米粉人跑了不久，跑到前面，一看没有路了，原来前面是一条大河，河里的水流得很急，小米粉人非常着急，因为他不会游泳，后面的小老太婆和小老头子、农夫、黄牛、白羊都快要追上来了，他急得快要哭了，只好对着河里呆呆地望着。

忽然旁边来了一只狐狸，他笑眯眯地对小米粉人说：“小米粉人早呀！你为什么对着河里望着？你有什么事啊？可不可以告诉我呢？”小米粉人看见了狐狸，心里更加急了，他想狐狸一定要把他吃了，可是他看见狐狸笑眯眯地对他说话，他的心就定了。他说：“我今天从一个小老头子和一个小老太婆那里逃出来的，他们想捉我，但是捉不到，后来又碰到许多农夫和一只黄牛，又碰到一只白羊，他们都想来追我，但是追不到。现在我跑到这里，前面没有路了，我又不能过河去，恐怕他们就要追到了。要是我给他们捉到了，他们一定要吃掉我的，怎样办呢？”狐狸说：“不要紧，不要紧，我来帮你过河吧！他们要吃掉你，我一定不会吃掉你的。”小米粉人说：“真的吗？你怎样帮我过河呢？”狐狸说：“这还不容易吗？你看我有一个大尾巴，我会在河里游。来吧！你就跳在我的尾巴上吧。”小米粉人很高兴，就一跳，跳在狐狸的尾巴上，骑在上面，洋洋得意，狐狸就一脚一脚地跨到河里去了。走了几步，已经走在河当中了，狐狸回过头来对小米粉人说：“小米粉人啊！我的尾巴太重了，快要浸到水里去了，请你跳在我的背上吧！”小米粉人就一跳跳到狐狸的背上。这时候，小老太婆、小老头子、农夫、黄牛、白羊都已经追到河边了，小米粉人站在狐狸的背上，看见他们来了，就指手画脚地说："现在你们总捉不到我了吧！"他们都没有办法，只好回去了。

狐狸背了小米粉人又游了一段路，小米粉人站在狐狸的背上，看看四面的树呀、山呀，真是有趣得很！忽然狐狸又回头对小米粉人说："小米粉人呀！我的背上太重了，请你跳在我的头上吧！"小米粉人就一跳跳在他的头上了。小米粉人站在狐狸的头上，站得高高的，看看快要到岸上了，多么快乐呀！不料狐狸又仰起头来说："小米粉人呀！我的头太重了，请你跳在我的鼻子上吧！"小米粉人就一跳又跳在他的鼻子上，快要到岸上的时候，狐狸又对小米粉人说："哎呀！小米粉人呀！对不起得很，我要吃掉你了。"狐狸一张开嘴巴，啊呜一口，把小米粉人的脚吃掉了，小米粉人就大声地叫："狐狸，狐狸，请你不要吃掉我，请你不要吃掉我！"狐狸又啊呜一口，把小米粉人的身体吃了，小米粉人又喊："请你不要吃呀！"狐狸又是一口把小米粉人的两只手吃掉了，小米粉人又连连地叫道："请你不要吃掉我呀！我快给你吃完了呀！"狐狸又是啊呜一大口，一会儿小米粉人连声音也没有了。

十五、找朋友

从前有一个小孩子，很会唱歌，很会游戏，可惜他没有朋友，觉得很冷清。他就想去找一个朋友，同他一起唱歌，一起游戏。有一天他出门去找朋友了。走到池塘边，看见了一只白鹅，白鹅问他说："小朋友，你到哪里去？"小孩子就说："我要找一个朋友。"白鹅说："我和你做朋友好不好？"小孩子说："你会唱什么歌？你会做什么游戏？请你唱给我听听！请你做给我看看！"白鹅就抬起头来，摇摇摆摆做出跳舞的样子，跳得起劲的时候，就昂昂昂（编者注：象声词）地大叫起来。小孩子说："啊呀！你的声音太响了！我不愿和你做朋友。"

小孩子再向前走，走到不远，看见一只黑猪。黑猪问他说："小朋友，你到哪里去？"小孩子说："我想找一个朋友。"黑猪说："我和你做朋友好吗?”小孩子说:“你会唱什么歌?你会做什么游戏?请你唱给我听听,请你做给我看看。”黑猪摇摇尾巴,摆摆身子,在地上打了一个滚,再在泥潭里翻来覆去,弄得满身都是烂泥,嘴里还咕噜地大声喊叫。孩子说:“黑猪!黑猪!你的身体太脏了,你的声音太尖了,我不愿和你做朋友。”

小孩子再向前走,走到草地上,看了一只黄牛,黄牛问他说:“小朋友,你到哪里去?”小孩子说:“我要找一个朋友。”黄牛说:“我和你做朋友,好么?”小孩子说:“你会唱什么歌?你会做什么游戏?请你唱给我听听,请你做给我看看。”黄牛就摇摇尾巴,一摇一摆地在草地上踱来踱去,嘴里“姆妈——姆妈”地大叫,小孩子对黄牛说:“黄牛黄牛!你走路太慢了,你唱歌太响了。我不愿和你做朋友。”

小孩子再向前走,走到树林里,看见一只猴子,猴子问他说:“你到哪里去?”小孩子说:“我要找一个朋友。”猴子说:“我和你做朋友,好么?”小孩子说:“你会唱什么歌?你会做什么游戏呢?请你唱给我听听,请你做给我看看。”猴子就一跳一跳,跳起舞来了,一会儿跳到树上,采一个果子吃吃,一会儿转过身来,跳到地上,拔朵花儿玩玩,一会儿跳东跳西一会儿跳上跳下,悉悉索索,一刻儿不停;嘴里唱叫出吱吱的古怪声音。小孩子说:“啊呀!猴哥儿你做事太乱了,你唱歌太尖了,我不愿和你做朋友。”小孩子找不到一个朋友,心里很难过,他就慢慢儿回家去。

小孩子正回头的时候,忽然听见一只小青鸟正在树上唱歌,唱得很好听。小孩子就立定了脚步静静地听那只小青鸟唱歌,等小青鸟唱完了,小孩子就走了前去,对小青鸟说:“小青鸟!小青鸟!你唱得真好听,可以和我做朋友吗?”小青鸟说:“好的!好的!我很愿意。”说了他就飞到小孩子身边了。

小鸟、小孩子高高兴兴地回家去了。走了不远还看见一只小黄狗,正在看守一群小鸡,那时天空中有一只很凶的老鹰,对着小鸡打转,想要来捉小鸡。老鹰看见小黄狗看守小鸡,就不敢下来捉小鸡。小孩子想:“这只小黄狗真勇敢,真忠心,我一定要和他做朋友。”小孩

子就上前去对小黄狗说："小黄狗！小黄狗！你真勇敢，你会保护小鸡我很喜欢你，想和你做朋友，你愿意吗？"小黄狗说："好的！好的！"他就同小孩子一起走。

他们走了不久，看见一只雪白的小山羊在碧绿的青草地上吃草，小羊很爱清洁，他把脚上的泥土用嘴舐得干干净净。小孩子就走上前去对小山羊说："小山羊！小山羊！你肯和我做朋友吗？你真干净极了。"小山羊说："好的！好的！"就跟小孩一同走了。

他们走了不远，看见一只小花猫正在玩皮球。皮球一滚，他也打一个滚，皮球一跳，他也跳一跳，滚滚跳跳，非常活泼，非常可爱。小孩子就走上前去问他说："小花猫，小花猫，你肯和我做朋友么？"小花猫说："好的！好的！"说了，就跟小孩子一同回家了。小孩子带回来的小青鸟、小黄狗、小山羊、小花猫，常常和小孩子一同唱歌，一同游戏，他们做了很好的朋友。

十六、黑狼想吃小山羊

从前有一只老羊，生了七只小羊，住在山脚下的一间小屋子里，天天早晨，老羊带了小羊，到山上去吃草。

山洞里有一只黑狼，常常想吃小羊，可是小羊总跟老羊在一起，黑狼不容易吃掉他们。

有一天，老羊要上街去买东西，轻轻地对小羊说："小宝贝，今天我要上街去买东西，你们好好地在家，把门关上，随便哪一个来敲门，你们都不要开，要记牢妈妈的话。”小羊都说：“咩！咩！我们一定记牢妈妈的话，随便哪一个来敲门，我们一定不开。妈妈！再会！”老羊就背了篮子，滴笃滴笃地出去了，小羊就把门关紧，躲在家里。

黑狼看见老羊出去了，心里就想：“机会到了，今天一定可以捉牢小羊了。”他就背了一只大麻袋，从山上下来了，走到小羊家的门口，轻轻地敲敲门说：“小羊，小羊，快些开门，妈妈回来了！”大小羊听见这个声音，心里很奇怪，他想怎么妈妈声音不同了，就对弟弟妹妹说：“别动！别动！让我先来看看是不是妈妈真的回来了。”他就从门缝里一望，吓了一跳，就轻轻地说：“弟弟！妹妹！不要开门呀！这不是妈妈，妈妈的脚是白的，他的脚是黑的。他一定是黑狼，不要开，千万不要开！”大小羊大声喊叫：“滚开！滚开！你不是我们的妈妈，我们的妈妈说话很好听，我们的妈妈的脚是白色的。不开！不开！快点走罢！”黑狼听了很生气，心里想我一定有法子叫你们开门的。

黑狼就跑到家里，把两只前脚用面粉涂得雪白，再到小羊的家里去了。

黑狼到了那里，又砰砰砰地敲门，装着老羊的声音说：“小宝贝！小宝贝！妈妈回来了，快些开门！”大小羊一听见就说：“这次很像妈妈的声音，让我再来看看他的脚。”大小羊又在门缝里一看，看见脚果然是白的，就说："啊！脚是白的。妈妈回来了，快些开门！快些开门！"大家就把门闩拔下来，把大门打开了。不料门一打开，狼就跳进来，随手把门关下，七只小羊看见是只黑狼，大家吓得索索地发抖，连叫也叫不出来了。

黑狼凶巴巴地站在门边，对他们说："哈哈！今天你们总逃不掉了，我可以吃个饱了。"小羊一听，吓得东逃西窜，有的躲在桌子下，有的躲在椅子下，有的躲在箱子背后，有的躲在床底下，有的躲在橱背后，有的躲在书架上，有的躲在柜子里。

黑狼看见七只小羊一会儿都躲得不见了，他就到处找。床底下的找到了，橱背后的找到了，桌子底下的找到了，椅子底下的找到了，书架上的找到了，箱子背后的找到了。黑狼就把他们一起塞在麻袋里。躲在柜子里的，黑狼没有找到。他背起麻袋，三脚两步地走出大门去了。

黑狼背了麻袋，走到大树下，实在太累了，就放下麻袋，坐在树根边休息休息，不知不觉就呼呼地睡着了。

过了一会儿，老羊上街回来了，一到门口，看见大门已经开了，走进门里，只看见桌子椅子倒翻了，床移过了，书架上的书落在地上了，箱子里的衣服都翻出来了，老羊说："啊呀！不好了，一定是黑狼来过了。可怜呀！我的小宝宝呢！"那只躲在柜子里的小羊，听见是妈妈的声音，就轻轻地叫："咩！咩！妈妈我在这里。"老羊就赶快把他从柜子里拉出来，问他说："小宝宝，什么事呀！你的哥哥姐姐呢？"小羊发着抖说："……被黑狼带走了！我……因为躲……在柜子里，所以没有给他找到。"老羊说："那我们应该想法子去追他们回来。你看见他怎么带走的呢？"小羊说："他把他们统统装在一只麻袋里，背起就走。"老羊说："不要紧，我们一定可以找到他们的。"老羊带了小羊，就朝着山坡走去，走到一棵大树下，果然看见一只黑狼，靠在树根边睡觉，老羊就轻轻地走到麻袋边对麻袋里的小羊说："大家不要作声，妈妈来放你们出来了。"说好她就轻轻地解开袋口，六只小羊，一只一只地从口袋里跳了出来，跟着妈妈在树根边捡了大石头小石子，装在麻袋里，装得满满的，仍旧把袋口缚好，又快快地轻轻地跟着妈妈回家了。回家以后就把门紧紧地关上，再也不敢随随便便开门了。

黑狼醒来，口渴得很，他就背起麻袋，走到河边去喝水，不料一个不小心，向前一冲，连麻袋一起掉在河里了，麻袋很重，把黑狼压在河底了。

十七、一只大青蛙

从前在乡下地方，有一个小姑娘，名字叫做春梅。她生得又聪明，又好看，她的爸爸妈妈非常喜欢她。

她的家里有一个花园，花园里种了许多好看的花，花园的旁边有一个小小的池塘，池塘里面养了许多许多的红金鱼，池塘上面有一顶小小的板桥，板桥的旁边又有两株细细的柳树，春梅是常常到那边去玩的。

有一天是她的生日，她的爸爸从城里买了一个金黄色的大皮球回来送给她，她接了这个大皮球，高兴得很，连忙跳出门外，跑到花园里去拍皮球。正拍得高兴的时候，忽然“砰”的一声，皮球掉到池塘里去了。春梅急忙跑过去一看，看见皮球浮在水面上。慢慢地那个皮球浮到池塘的中间去了，春梅站在池塘旁边，急得没有办法，就低着头，“咿呜咿呜”地哭着说：“我的皮球掉到池塘里去了！”哭得非常伤心。正在这个时候，忽然有人问她说：“小姑娘！小姑娘！你为什么哭？”春梅听见有人问她，就抬起头来一看，但是没有看见什么人，她又低下头哭。一会儿，又有人问她说：“小姑娘！小姑娘！你为什么哭？请你告诉我好吗？”春梅又抬起头来，东看看，西看看，仍旧看不见，她再低下头，哭得格外厉害：“咿！咿！我的皮球掉到水里去了，谁替我捞起来……谁替我捞起来！”忽然又听到一个人说：“小姑娘！小姑娘！你不要哭，你有什么事，我来帮你做好了！”春梅连忙四处寻找，看见池塘里一只大青蛙，张着两只大眼睛和一个阔嘴巴，正在那里讲话。春梅看见是一只大青蛙讲话，她就想：“这样难看的东西，谁愿去睬他。”但是要捞那可爱的皮球，又不得不同他讲话。她就皱着眉毛，斜着眼睛，对大青蛙说："你看见那个大皮球吗？你替我捞起来！"大青蛙说："好！好！我可以替你把皮球捞起来，但是要你应许我三件事情。"春梅很不高兴地说："什么事情？"大青蛙说："你要应许我，带我到你家里去玩，和你一同吃饭、一同读书"。春梅心里想："你这样难看的东西，谁愿和你玩，和你吃饭，和你一同读书！"她就骗骗他说："好！你快替我捞起来！"大青蛙就张着大嘴把皮球衔到岸上，小姑娘一看见皮球就高兴得不得了，连忙把皮球从大青蛙口里捡过来，拿着就往家里跑！大青蛙看见春梅逃走，就追上去，大声喊叫说："喂！小姑娘！怎么你只管自己跑了，你应许我的三件事呢？"春梅头也不回，一直跑到家里，把大门关起来。

过了一会儿，春梅和她的爸爸妈妈吃饭了，正在吃的时候，忽然听见"嘭！嘭"好像有人敲门的声音，她的爸爸说："呵！有人敲门，春梅快去开门！"春梅心里想："恐怕是只大青蛙来了！"她就害怕起来，装假说："没有人敲门！"话还没有说完，忽然又有"嘭！嘭！嘭"敲门的声音。春梅的爸爸说："春梅，有人敲门，你快开门。"春梅不敢不听她爸爸的说话，就慢慢地站起来走到外边去开门。一开开门来，吓得她一大跳。原来敲门的果然是一只大青蛙，她连忙跑到椅子上坐下，看也不敢看他，春梅的妈妈看见是只大青蛙，就说："咦！青蛙！怎么你会到这儿来的？"大青蛙说："刚才你的姑娘在花园里玩的时候，她的皮球掉到水里去了，她叫我替她捞起来，她应许我带我到她家里来玩，和她一同吃饭，一同读书，我就替她捞起来，哪知道她拿着皮球就逃，睬也不睬我，所以我就自己跳来了！"春梅的妈妈说："呵！春梅！怎么你应许的事情不做呢！好！快带他来和我们一同吃饭。"大青蛙不等小姑娘来带他，就噗通一跳，跳到吃饭的桌子上。大青蛙肚子饿得很！赶快地吃这样，吃那样，吃得十分高兴！肚子吃饱了，又噗通一跳，跳到地上，笑眯眯地说："哈！哈！哈！哈！好吃得很！今天才吃饱了。小姑娘现在请你带我去读书好吗？"小姑娘的妈妈说："好！好！春梅你带他去读书罢！"春梅又暗暗地想："这样难看的东西，还想和我一同读书，真是讨厌得很！"但是她要听妈妈的话，就抖抖地伸出手，捏着大青蛙的大腿，赶快地提到楼上，推进了书房的房门，把门一关，"啪"一声

就把大青蛙掷在地上骂他说:“你这难看的东西,现在硬要到我的书房里来,你如果不快些走开去,我非打死你不可!”大青蛙立刻把身体一摇,变做一个很好看的男孩子,就笑嘻嘻地说:“哈哈!我不是一只青蛙!我是一个人啊!”春梅一看见是一个很好看的男孩子,连忙牵着他的手,很快活地带他到爸爸和妈妈那里去说:“爸爸你看,妈妈你看,他不是一只青蛙,是一个男孩子呢!”她的爸爸妈妈快乐地说:“好!好!请他住在我们家里,和你一同玩、一同吃饭、一同读书吧!”

十八、松鼠变色

从前在一处树林里,有一棵很大的松树,松树上面住了三只小松鼠,一只叫做“红尾巴”一只叫做“蓝眼睛”,一只叫做“黄小毛”,这三只小松鼠天天到树林里去玩,天天到树林里去采果子吃。

有一天,他们采了许多毛栗子回来,大家都觉得很高兴,“红尾巴”翘翘尾巴说道:“我们今天来请客好不好?”蓝眼睛就“吱吱吱”地叫了三声,黄小毛就“拍拍拍”地跳了三跳,大家都表示赞成。他们就动手把地板扫好,把桌子椅子放好,把花瓶里的花儿插好,把采来的毛栗子装在盘子里摆好。

一切东西都预备好了,红尾巴说:“今天我们要请客,大家应该换一件新衣服穿穿。”蓝眼睛同黄小毛说:“好的,好的。”大家就跳进房里去换衣服。红尾巴就穿了一件鲜红的大衣，蓝眼睛就穿了一件宝蓝的外套，黄小毛就穿了一件金黄的背心。

他们换了衣服出来，大家就商量去请东边树林里的猴大哥来做客。猴大哥到了松鼠的家里，看见桌子上摆满了毛栗子，手舞足蹈，非常快乐！客人主人就一同坐下来大吃。大家吃得正高兴的时候，红尾巴叹口气，“唉”的一声说道：“今天我虽然和大家吃得非常高兴，但是我心里有点不快乐，就是我的红大衣，穿得太久，实在有点穿得太厌了。”蓝眼睛翘翘尾巴也说道：“我这件蓝外套，我也不喜欢穿了。”黄小毛“吱吱吱”地叫道：“我也不喜欢这件黄背心了。”猴大哥听了，眨眨眼睛，搔搔头皮，想了一想喊道：“有了！有了！你们不要吵，不要闹，我有一个好法子，可以把你们的衣服换一换颜色。你们不是知道在树林的西边有三个池塘吗，你们何不到那里去洗一洗呢？”三只松鼠听见他这样说，就都跑到树林的西边去找池塘了。

找了半天，果然找到了，那边一共有三个池塘，一个池里的水是黄的，一个池里的水是蓝的，一个池里的水是红的。三只松鼠跑到池边，就脱了衣服去洗了：红尾巴的大衣，是在黄水里洗的，蓝眼睛的外套是在红水里洗的，黄小毛的背心，是在蓝水里洗的。

洗了五分钟，他们就把衣服拿出来绞干，正在去晒的时候，红尾巴就吱吱地喊起来：“喂！喂！来看！来看！我的衣服变色了。变作橘黄色了！”蓝眼睛也大声叫喊道：“我的衣服也变色了，变了紫的颜色！”黄小毛看看自己的衣服，跳起来喊道：“我的衣服变了绿色了，像春天的树叶一样绿了！”他们都大笑特笑，高兴得不得了。

笑了半天，红尾巴说道：“到现在你们不能叫我‘红尾巴’了，我有这样美丽的橘色大衣，你们应当叫我橘黄娘了！”蓝眼睛也说道：“我有紫色的衣服，你们就叫我‘紫罗兰’罢！”黄小毛跳起来说道：“那么你要叫我‘绿叶儿’了。”

十九、城里老鼠和乡下老鼠

有一次，一只城里老鼠到乡下去拜访乡下老鼠，乡下老鼠就请城里老鼠吃饭，吃饭的时候，只有大麦和谷子，城里老鼠很奇怪，说道：“你的家里为什么这样苦哪，连一点好吃的东西都没有，我家里吃的东西要比你好得多了，你要是不信，几时到我家里去走一趟，就可以知道了。”乡下老鼠听了，满心欢喜，他想：过几天我一定要去走一趟。

隔了几天，乡下老鼠就进城去拜访城里老鼠，城里老鼠领着乡下老鼠去参观厨房，走到碗橱的下面一层板上，看见一包红糖，城里老鼠就把纸包咬破了一个洞，请乡下老鼠尝一尝。乡下老鼠吃了一些，尝着滋味很好，就说：“这东西的滋味真好吃，我从来没有吃过，可见得你们城里的朋友，运气真好哪！”

两只老鼠正在吃得很高兴的时候，忽然“砰”的一声，碗橱的门打开了，一看原来是厨子来拿面粉，乡下老鼠吓得要想回去，城里老鼠安慰他说：“不要害怕，停一会儿，厨子会走开的。”不多时，果然厨子把厨门一关，慢慢地走开了。城里老鼠带了乡下老鼠再走到上面一层板上，看见一瓶甜酱，两只老鼠用力地把瓶子扳倒了，甜酱从瓶子里流出来，他们就放开肚子大吃一顿。乡下老鼠觉得甜酱的滋味比红糖更好，恨不得连瓶子一齐吞下去。

他们正在吃得很高兴的时候，忽然听得咪呜咪呜的叫声，乡下老鼠说：“这是什么声音呀？”城里老鼠说：“不好！不好！快跑！快跑！”

（十九）城里老鼠和乡下老鼠

他们就不顾什么，连跑带跳地回到洞里，城里老鼠气喘喘地对乡下老鼠说："好险啊！这是只老猫呀！我们如果给他抓住了，性命难保！"乡下老鼠说："可怕呀，危险呀，我们不再去吃了。"城里老鼠说："那边不去，另外换一处地方罢。"城里老鼠领了乡下老鼠走到一所地板房里，看见地上有一只小笼子，笼子里面放着几片喷香的糕、一块煮熟的肉。乡下老鼠闻着香味，正想进去，恰巧被城里老鼠看见了，赶紧拦住说："不行，不行！这里不能进去，这是一只囚笼，闯了进去，'砰'地一跳，笼门关上，性命就难保了！"乡下老鼠对笼子看看，对喷香的糕片看看，又对四周面的东西看看，又对城里老鼠看看，就开口说："谢谢你，我决定要回去了，我愿意吃些大麦和谷子，不愿意吃用性命去换来的东西，我走了，再会！"乡下老鼠回到家里，从此不愿意再进城了。

二十、小猪过桥

从前有一个老太婆，在房间里扫地，一扫扫出一张十块钱的钞票来。她就到街上去买了一只小猪，牵了回家。

走到半路，要过一座木桥，木桥很窄，小猪不肯走过去，老太婆用力赶他，赶不过去，拼命地拖他，也拖不过去，老太婆急得没法。

忽然来了一只黄狗，老太婆就请黄狗来帮忙："黄狗，黄狗！小猪不肯过桥，请你帮我咬他一下，让我好早些回家。”黄狗说：“我不高兴！”

老太婆急得没办法，忽然看见路旁有一根棒头，就对棒头说：“棒头！棒头！黄狗不肯咬猪，小猪不肯过木桥，请你把黄狗打一下，我就好回家了。”棒头说：“不！我不高兴！”

老太婆急得没法，忽然前面来了一团火光，老太婆就对火说：“火呀！火呀！请你帮我忙！棒头不肯打黄狗，黄狗不肯咬小猪，小猪不肯过木桥，请你把这根棒头烧一烧，我好回家了。”火说：“不！我不高兴！”

老太婆急得更加没办法，忽然在路上看见了水，就对水说：“水呀！请你帮我忙！火不肯烧棒头，棒头不肯打黄狗，黄狗不肯咬小猪，小猪不肯过木桥，请你把火灭掉，我好回家。”水说：“不！我不愿意。”

老太婆急得不得了，忽然看见一只老黄牛在后面吃草，她就对黄牛说：“黄牛！黄牛！请你帮我忙！水不肯灭火，火不肯烧棒头，棒头不肯打黄狗，黄狗不肯咬小猪，小猪不肯过木桥，请你把水喝一喝，我好回家了。”黄牛睬也不睬，只顾自己吃草。

老太婆气极了，忽然她在地上看见一条绳子，就对绳子说：“绳子！绳子！请你帮我忙！牛不肯喝水，水不肯灭火，火不肯烧棒头，棒头不肯打黄狗，黄狗不肯咬小猪，小猪不肯过木桥，请你把这条黄牛缚起来，我好回家了。”绳子直挺挺地睡在地上，一声不响。

老太婆在洞里看见一只小老鼠，连忙对小老鼠说：“小老鼠！小老鼠！请你帮我忙！绳子不肯缚黄牛，黄牛不肯喝水，水不肯灭火，火不肯烧棒头，棒头不肯打黄狗，黄狗不肯咬小猪，小猪不肯过木桥，请你把绳子咬断，我好回家了。”老鼠说：“不，我没有工夫。”

老太婆忽然听见“喵呜”一声，来了一只花猫，她就对花猫说：“花猫，花猫！快来帮我忙！老鼠不肯咬断绳子，绳子不肯缚黄牛，黄牛不肯喝水，水不肯灭火，火不肯烧棒头，棒头不肯打黄狗，黄狗不肯咬小猪，小猪不肯过木桥，请你把老鼠吃掉，我就好回家了。”

花猫说：“可以，可以，不过我肚子饿了，我要先吃几条鱼！”老太婆就去拿几条小鱼给猫吃。

花猫吃了小鱼就去捉老鼠，老鼠看见花猫来捉它了，连忙去咬绳子，绳子看见老鼠来咬了，连忙去缚黄牛，黄牛看见绳子来缚了，连忙去喝水，水看见牛要来喝了，就连忙去灭火，火看见水要来灭他了，就连忙去烧棒头，棒头看见火要来烧了，连忙去打黄狗，黄狗看见棒头要来打了，连忙去咬小猪，小猪看见黄狗要来咬了，连忙跑过木桥，老太婆看见小猪跑过木桥，就欢欢喜喜地回家去了。

二十一、狐狸的口袋

有一天，有一只狐狸，背了口袋到街上去。走到半路上，捉了许多蜜蜂，他就把蜜蜂放在口袋里，背了又走。走到一家人家门口，他就敲门，一个老太婆出来开门，狐狸对老太婆说：“我要上街去，这口袋放在你家里寄一寄，好吗?”老太婆说：“好的，好的。”狐狸又对老太婆说：“口袋不可以打开来的，请你留心!”说了就上街去了。老太婆心里想：“这里面究竟有什么东西呢？让我打开来看一看!”她就把口袋打开，不料口袋一开，里面的蜜蜂一起逃走了。恰巧有只公鸡走过，看见蜜蜂，就把它们吃掉了。过了一会儿，狐狸来拿口袋，打开来一看，看见蜜蜂没有了，心里很奇怪，就问老太婆说：“啊呀！我的蜜蜂哪里去了?”老太婆说：“我刚才把口袋打开来一看，蜜蜂都逃了出来，我的公鸡把它们吃掉了！”狐狸很生气，就说：“那么，你的公鸡给我吧！”说了，他就捉住公鸡，放进口袋，背了就走。

狐狸走了半天，走到一家人家的门口，他又去敲门，又有一个老太婆出来开门。狐狸对老太婆说：“我要上街去，想把这只口袋放到你家里寄一寄，好吗？”老太婆说：“好的，好的。”狐狸又说：“你不可以把口袋打开来看的。”说了就去了。老太婆心里想：“这里面究竟是什么东西？让我打开来看一看！”说了就把口袋解开，口袋一开，公鸡立刻跳了出来，恰巧有只小猪走过，把公鸡吃掉了。一会儿狐狸来拿口袋，打开来一看，看见公鸡没有了，就叫起来说：“啊呀！我的公鸡到哪里去了？”老太婆说：“我刚才把口袋打开来一看，公鸡逃了出来，我家里的小猪把它吃掉了。”狐狸说：“那么，你把小猪给我！”说了就捉住那小猪，放进口袋，背了就走。

狐狸再往前走，走到一家人的门口，就去敲门，又有一个老太婆来开门。狐狸对老太婆说：“我要上街去，这个口袋可以放在你家里寄一寄吗？”老太婆说：“好的，好的。”狐狸又对她说：“你不可以把口袋打开来看的！”狐狸说了就走了。老太婆心里想：“这里面究竟是什么东西呢？让我打开来看一看。”她就把口袋打开，口袋一开，里面的小猪就逃了出来。这家人家的小孩子，看见小猪就去追赶，小孩子追赶不上，小猪逃掉了。一会儿狐狸回来拿口袋，打开一看，小猪不见了，就喊起来说："啊呀！我的小猪哪里去了？"老太婆说："刚才我把口袋打开来一看，小猪逃出来了，我家里小孩子把它赶掉了！"狐狸很生气，就说："那么，你把小孩子给我吧！"狐狸说了，就抓住那个小孩子，放进口袋，背了就走。

狐狸又向前走，走到一家人家的门口，就去敲门，又有一个老太婆出来开门。狐狸对老太婆说："我要上街去，这只口袋放在你家里寄一寄，好吗？"老太婆说："好的，好的。"狐狸又对老太婆说：你不可以把口袋打开来看的！"狐狸去了，口袋里的小孩大声喊叫："放我出来呀！放我出来呀！"老太婆听了吓了一跳，怎么口袋里有一个小孩子的声音！连忙把口袋打开来，看见里面果然是个很好的小孩子，就把小孩子放出来，把自己家里的一只黄狗放进去。

一会儿狐狸回来拿口袋，背了就走。回到家里，放下口袋，关上大门，叹口气说："唉，吃力呀！吃力呀！今天我可以吃一顿好饭了。"说了就解开口袋去拿小孩子。不料口袋一开，一只黄狗从口袋里扑地跳出来，一口咬住狐狸的喉咙，狐狸连一声也叫不出来了。

二十二、哪个跑得快

从前有一只小花猪，最喜欢在外面跑路，一天到晚，东跑跑，西跳跳，非常快乐。小花猪心里想："要是我和人家赛跑，人家一定跑不过我的。"

有一天，小花猪跑到外面去玩，看见了一只小山羊，就对他说："小山羊，小山羊，我们来赛跑，好吗？"小山羊说："好！"小花猪就高声喊叫："预备——一！二！三！"小山羊就举起四只小脚滴笃滴笃地往前跑，小花猪就提起四条大腿别达别达(编者注：象声词)往前跑。跑了一会，小山羊跑在小花猪的前面了。小花猪跑不过小山羊，就不敢再和人家赛跑了。

小山羊赛跑得胜了，心里很快乐，就去告诉小黄牛说："小黄牛！小黄牛！小花猪和我赛跑，他跑不过我呢！"小黄牛说："真的吗？我来

和你比比看。”小山羊说：“好！”他就滴笃滴笃地往前跑，小黄牛就叭啦叭啦地跑上去，不到一会儿，小黄牛就跑在小山羊的前面了。

小黄牛赛跑得胜了，心里很高兴，就去告诉小驴子说：“你看我的本领多大，我和小山羊赛跑，小山羊比不过我呢！”小驴子说：“真的吗？你敢和我比比看？”小黄牛说：“好！”小驴子的身体比小黄牛的身体来得轻，一跑就跑在小黄牛的前面了。小黄牛在后面拼命地追，总是追不上，小驴子就得胜了。

小驴子很快活，就去告诉小白马说：“我和小黄牛赛跑，小黄牛跑不过我。”小白马说：“真的吗？你敢和我比比看？”小驴子说：“好！”小白马就啪嗒啪嗒地向前跑，小驴子就滴答滴答地向前追，追了好久，总是追不上。小白马赛跑得胜了。

从此以后，小白马要算跑得最快了。

二十三、都有本领

有一天，有一只小黑熊，对他的妈妈说：“妈妈！妈妈！今天天气很好，我想到动物园里去玩一玩。”熊妈妈说：“好的，好的，早去早回，我在家里等你吃饭。”小黑熊就高高兴兴地去了。

小黑熊走到动物园门口，听见“呷呷呷”的声音，就三脚两步地走进园门，只看见进门就是一个大池塘，池塘的周围，有木栅栏围着，池塘里面养了几只鸭子，在碧绿的水上游来游去，一会儿浮在水上，一会儿钻到水里，真是快乐！小黑熊就喊起来说："小鸭子，小鸭子，你们在做什么？"小鸭子说："我们在水里洗澡啊！"小黑熊心里想："小鸭子会游水，本领真大，要是我会游水，多么开心呢！"

小黑熊看了一会儿，再向前走，看见前面有一间屋子，里面养了许多兔子，什么黑兔，什么灰兔，什么花兔，每一只兔子都有一间小房间，房间外面是一大块的场地，他们都在场地上跑来跑去，一会儿吃吃菜叶，一会儿喝喝冷水，一会儿跑进跑出，一会儿跳来跳去。小黑熊看得很有趣，他想："兔子有赛跑的本领，开起运动会来，一定可以得第一呢！"

小黑熊再走过去，看见前面有一个树林，树林里有许多松鼠，跳来跳去，小黑熊心里想："松鼠的本领真大，他会在树上跳来跳去。"

小黑熊再向前走，看见一只很大很高的骆驼，背上长着两个山峰，山峰上背了许多笨重的东西：什么网篮、包裹、箱子、铺盖！小黑熊心里很奇怪：为什么骆驼的背上有这许多东西呢？就问骆驼说："骆驼！骆驼！你的背上背的是什么？这些东西不会把你的身体压坏吗？"骆驼说："不会的，我的力气很大，我能背很重的东西。今天我的主人到别的地方去，我还帮他运东西呢！"小黑熊说："啊！骆驼大哥！你的本领真大，你真有用！"

小黑熊说了，再向前走。走了一息，在路旁看见许多工人造房子。一只大象用鼻子卷了木头，一根一根递给工人。小黑熊心里想："大象的力气这样大，大象的鼻子这样有用，他的本领真大。"

后来小黑熊走到猪舍的旁边，看见几只黑猪，在猪圈里睡觉。小黑熊心里想："猪儿的本领真正大，他会吃饭，他会睡觉，可笑！可笑！"

小黑熊玩到这里，太阳已经下山了，天色快要黑了，小黑熊就急忙走出了园门，赶回家去。

熊妈妈看见小黑熊回来了，就说："好宝贝！你在动物园里看见些什么？"小黑熊说："我看见了鸭子、兔子、松鼠、骆驼、大象，还看见了黑猪。他们都有本领：鸭子会游水，兔子会赛跑，松鼠会跳远，骆驼会运东西，大象会做工。独有黑猪没有本领，他天天吃饱了，就睡觉，真可笑！真可笑！"

二十四、虫儿的运动会

有一天，有许多虫儿在一个很大的草地上开运动大会，什么蝴蝶、蚂蚁、蟋蟀、蚱蜢、螳螂、知了都来开会，大家请知了做评判员。

知了大声喊叫说："各位运动员注意，第一项跳舞比赛，预备——一！二！三！"大家一听见口令，就都跳了起来。

螳螂跳起舞来，一扭一扭，不大好看。蚂蚱呢，一跳一纵，不像跳舞。蟋蟀呢，跳得太快。蚂蚁呢，要跳得好看些，颠一颠，爬一爬，一个不留心，跌了一跤，几乎把脚折断了。蝴蝶怎样跳呢？那真好看极了。两只翅膀，飘到东，飘到西，忽而飘上去，忽而飘下来，大家看得拍手叫好。

第二项赛跑，大家又排好队伍，等知了发口令。知了"啪"的一声，放了一枪，大家齐向前跑。蝴蝶的脚太细了，他又背了很大的翅膀，所以就落在后面。蟋蟀跑的时候，总喜欢在路上停下来看人家跑。螳螂呢！他背了两把大刀，跑起来也跑不快。蚱蜢跑的时候，后脚常常一蹩一蹩，跟不上去。蚂蚁怎样跑呢？身体很小，动作很快，跑起来就索索地跑在人家前面了，大家都跑不过他，他就得了第一。

第三项比赛打仗。蝴蝶和蚂蚁先打，蝴蝶太软弱，打不过蚂蚁。蚂蚁和蚱蜢打，蚱蜢腿上有刺，气力又大，“别”地一脚，把蚂蚁踢到一百尺以外。蚱蜢和螳螂打，蚱蜢又用脚来踢，螳螂就提起两把大刀，向蚱蜢头上猛砍，蚱蜢连叫：“哎哟！哎哟！痛得不得了！”不敢和螳螂打了。现在蟋蟀同螳螂打了。小朋友！你不要看轻蟋蟀呢！他的身体虽小，他的力气倒很大，打起来非常勇敢，他不怕螳螂的大刀，他有一个大钳子，很大很尖，螳螂举起大刀，向他撇过来，蟋蟀就把大刀钳住，螳螂就动也不能动了。打仗比赛，蟋蟀第一。

第四项比赛跳高。蝴蝶一跳，就飞起来了，知了说：“不对！不对！这不是跳高了，这是飞高了，你不能用翅膀飞，你要用脚跳啊！”蚂蚁来跳了，蚂蚁的脚比蝴蝶的还要小，力气不够，也跳不高。蟋蟀呢，一跳跳得很远，但是跳不高。螳螂来跳了，他背着两把大刀，跳不起来。蚱蜢的两只后脚，又粗又长，轻轻地一跳，跳得很高很高，大家看见了叫起来说：“跳得好！跳得好！”

第五项比赛舞刀。蝴蝶身上没有刀，只有两根须，舞起来好像没有力气似的。蟋蟀蚂蚁也没有刀，只有两根很细很细的须，舞起来更不好看。蚱蜢呢，他不要说刀，连须都很短的，所以舞起来，人家以为他头上抓痒呢！螳螂来舞了，他伸出两把大刀，刀上有刺，刀头很尖，一会儿向上，一会儿向下，舞来舞去真是好看！大家看了，都拍手说："再来一下，再来一下！"

运动会结束了，知了对大家说："今天的运动会，开得很好，现在我把比赛得奖的各位运动员，向大家报告一下，我们就可以发奖品。"

跳舞蝴蝶第一，赛跑蚂蚁第一，打仗蟋蟀第一，舞刀螳螂第一，跳高蚱蜢第一。

蝴蝶、蚂蚁、蟋蟀、螳螂、蚱蜢领了奖品，欢欢喜喜地回家了。

二十五、蚕豆的黑嘴巴

从前有一个老太婆，想煮蚕豆吃。她走到菜园里，采了一篮蚕豆，回到家里，剥了豆壳，预备煮煮吃。

老太婆就把蚕豆放进锅子里，把木炭放进炉子里，把稻草放在木炭下，点着了火就煮。

有一粒豆儿从锅里跳了出来，滚在地上。他看见旁边有一根稻草和一段木炭也落在地上。豆儿就对稻草说："真危险啊！我差得一点，几乎同别的豆儿一同被老太婆煮了。"稻草说："我也是啊！差得一点，我也被烧着了，我恰巧从老太婆的手里溜出来的呀！"木炭也说："我也是啊！我刚从火炉里爆出来的呀！"他们三个谈得很要好，就做了朋友，一同逃出来了。

豆儿、稻草、木炭他们一同从老太婆的家里逃了出来，就急急忙忙地向前走。走到前面，没有路了，一看前面是一条小沟，但是没有桥，他们都不能过去，大家就站在那里呆呆地望着想法子。想了半天，稻草喊起来说："有了，有了，我有法子了。让我睡倒来，把头架在那边岸上，脚架在这边岸上，当一座桥，你们可以从桥上走过去，不是很好吗！"豆儿和木炭一听见，高兴极了，都说："好法子，好法子！"稻草就把身子横倒下来，头架在那边岸上，脚架在这边岸上。桥架好了，豆儿对木炭说："木炭哥哥，请你先过去吧！"木炭就走上去了，走到桥的中间，木炭望见下面沟里的水流得很急，吓得索索索地发抖，一动也不敢动。木炭的脚上，从炉子里爆出来的时候，就带着一点火星，到那时火星还

没有灭掉，火星碰着了稻草，稻草就一点儿一点儿烧起来了，稻草觉得身上发热了，心里很害怕，就喊起来说："啊呀，不好了，我的身体要烧断了！"果然话还没有说完，稻草桥就断了，站在桥上的木炭，也就翻到沟里去了。

那豆儿在岸上看见了，觉得很好笑，他就："哈！哈！哈！哈！哈！哈"地笑个不住。因为笑得太厉害，嘴巴闭不住了。旁边有一个裁缝，看见豆儿的嘴巴笑得闭不住了，连忙拿了针线给他缝好，线是黑的，豆儿的嘴巴也就变成黑色了。

二十六、红阳伞

有一天早晨，猪妈妈要出去买东西，他对三只小猪说："小宝贝，你们乖乖地在家，我回来的时候，买几个豆沙包子给你们吃。"三只小猪快活地喊起来说："妈妈放心，我们一定会乖乖地玩的。"猪妈妈就出门去了。

三只小猪起初玩皮球，玩得很高兴，后来觉得玩厌了，猪弟弟就说："我们把妈妈的红阳伞取下来，到池塘边去玩，把它撑开来，就可以遮太阳。"猪哥哥和猪妹妹听了很高兴，连忙说："好的，好的。"

妈妈的红阳伞，挂在很高很高的地方，猪弟弟伸手去拿拿不到，就喊起来说："拿不到！拿不到！"猪哥哥说："我有法子，我有法子，不要喊，不要喊！”他就弯下腰来，叫猪弟弟爬在他的背上。猪弟弟爬在哥哥的背上，伸出手来把红阳伞拿了下来，他们就开了门轻轻地溜出去玩了。

他们到了池塘边，就把阳伞张开来，把伞柄插在泥土里，他们大家坐在阳伞下面玩。阳伞插得很低，别人走过来，看不见究竟是谁在阳伞下呢！

那时候有一位牛太太远远地走来，看见一把阳伞，插在泥土里，就“哞……哞……”地说：“那边是什么东西呀？”她也不想一想，就对着阳伞冲过去，用尖角一挑，“呼”的一声，阳伞就飞到水里去了。

三只小猪吓得索索索地发抖，嘴里“哔哔哔”地大叫，牛太太一看

见他们就说：“喂！你们在那里干什么？”猪弟弟很慌张地说：“我们是在阳伞底下玩，这把阳伞是妈妈最喜欢的，现在被你挑在水里，怎么办呢？”牛太太说：“让我来看看用什么法子把它捞起来。”说了就想用她的尖角去捞捞看，可是捞不到，那把伞越飘越远了。牛太太说：“对不起，我捞不起来。”说了就走开去了。三只小猪你看看我，我看看你，大家流着眼泪说：“我们怎么办呢？”

这时候，一只大公鸡走来，问他们说：“你们为什么哭？”三只小猪说：“你看！在那边水上不是有把红阳伞吗？我们有没有法子把它拿

起来?”大公鸡说:“让我来试试看。”他就张开翅膀,飞到阳伞那里,停在伞柄上,一个不留心,阳伞“啪”一声,翻了一个身,大公鸡就跌在水里了,啊呜啊呜吃了许多水。

那时候,许多白鹅“亢亢亢”地游到池塘里来洗澡了,三只小猪看见白鹅就喊说:“救命! 救命!”白鹅说:“什么! 什么!”小猪说:“你不是看见那边有把红阳伞吗? 红阳伞下面有一只大公鸡,赶快去救他。”白鹅说:“好的,好的!”就“哔哔哔”(编者注:象声词)地游过去,游到那里,把伞翻过来,把大公鸡一把抓起来,放在阳伞里,再把阳伞推一推,推到池塘边。三只小猪连忙把阳伞抓住,把大公鸡拉起来。三只小猪就谢谢白鹅说:“谢谢你,谢谢你。”就拿了阳伞,快快乐乐地回家去了。

二十七、小驴子

有一次,小白马对小驴子说:“你长得太丑了!”小驴子听了,心里很难过,就问小白马说:“我为什么长得这样丑?”小白马回答说:“因为你的毛又厚又粗,你看我的毛又光又细,多么漂亮。”小驴子说:“我的毛怎样会变得又光又细呢?”小白马说:“我不知道,我们去问问人家吧!”

他们走了不远,看见一只母猪,躺在太阳底下睡觉,小白马就喊起来说:“喂! 猪太太,小驴子要想长一身又光又细的毛,你有办法吗?”猪太太说:“他为什么想长又光又细的毛呢?”小白马说:“因为他长得太丑了。”

猪太太说:“毛生得好坏,倒没有什么关系的,如果他像我有一条弯曲的尾巴,那就漂亮多了。”

小驴子说:“喔! 我怎么样才能有一条弯曲的尾巴呢?”猪太太说:“那我不知道,你去问问别人吧!”她说完就闭上眼睛又睡了。

小白马和小驴子又到别处去了。走不多远,看见一只公鸡,正在地上啄东西吃。小白马就问公鸡说:“鸡公公! 小驴子想有一条弯曲的尾巴,你可有办法吗?”鸡公公说:“他为什么要有一条弯曲的尾巴呢？”小白马说：“因为他长得太丑了。”

鸡公公说：“尾巴倒没有什么关系，如果他头上有一个像我这样美丽的鸡冠花，那就漂亮多了。”

小驴子就对鸡公公说：“哦！请教鸡公公，我的头上怎样会生一个鸡冠花呢？”鸡公公说：“那我不知道，最好你去问问别人吧！”

小白马和小驴子仍旧向前走。走不多远，看见一只老黄牛，正在吃草。小白马问老黄牛说：“牛先生，请问你，小驴子的头上要长一个鸡冠花，你可有办法吗？”牛先生说：“他为什么要长一个鸡冠花呢？”小白马说：“因为他长得太丑了。”

牛先生说：“长了一个鸡冠花有什么漂亮呢？如果他像我一样，头上长了两只角，那就漂亮多了。”

小驴子就说：“唉！牛先生！那么我头上怎样才能长出角来呢？”牛先生说：“那我不知道，最好你去问问别人吧！”

小白马和小驴子只得又往前走。一会儿，他们碰着一只小白兔，小白马就对小白兔说：“请问小白兔，小驴子头上想生两只角，你有什么办法呢？”小白兔说：“他为什么喜欢头上生角呢？”小白马说：“因为他长得太丑了。”

小白兔说：“头上生角没有什么好，如果像我一样有一对长耳朵、一双红眼睛，那就漂亮多了。”

小驴子说："啊！小白兔！我的眼睛怎样会变红，耳朵怎样会变长呢？"小白兔说："我不知道，你去问问别人吧！"

小白马和小驴子又往前走，他们走不多远，看见前面来了一个女孩子。女孩子看见小驴子，就喊起来说："喔！这只小驴子多么漂亮呀！短短的耳朵，细细的尾巴，小小的眼睛，厚厚的毛！"

小驴子听了非常快活，就大声叫起来："嗯欧！嗯欧！你是我的好朋友，你是我的好朋友！"

二十八、三只小鸡

从前有一个小姑娘，在园子里养了一只老母鸡、三只小小鸡。那三只小鸡，是怎样的呢？一只是白的，一只是黑的，一只是黄的。

有一天，小白鸡说："妈妈！我可以跑到外面去看看吗？"

小黑鸡说："妈妈！我想到后面墙角下玩玩好吗？"

小黄鸡说："妈妈！我可以出去找找小主人住的地方吗？"

老母鸡听见了，就骂他们说："你们不要多说，等到你们长大了，你们都会知道的。"

小白鸡还是想出去，不听妈妈的话，就偷偷地从墙角里钻出去了。走到外面，非常快乐，他哈哈大笑说："哈哈！现在我可以看见外面的世界了。"

小白鸡就往前跑，跑到一个池塘边，看见池塘里有几只小鸭子在那里游水。小鸭子看见小白鸡，一齐喊起来说："小鸡！小鸡！快来游泳！好玩得很！"小白鸡说："好！我来试试看。"说了"啪啦"一声，他就跳进池塘里去了。

不料一到水里，他就"啊呜""啊呜"吃了许多水，快要沉下去了。老母鸭看见了，连忙游过来，把他一口衔住，拖上岸来。老母鸭对他说："小鸡小鸡，你不知道你不会游水吗？快点回到你妈妈那里去吧！"

小白鸡浑身是水，非常难过，他连忙把水抖掉，赶快回家。到了家里，妈妈看见了，大吃一惊说："小宝贝！你在哪里？衣服怎么会湿的？"小白鸡说："我……我……我跳到水里去游水，我不会游水，'啊波，啊波'吃了几口水，鸭妈妈看见了，把我救起来的。"老母鸡说："下次不要独自出去了吧！"

有一天下午，天气很好，老母鸡正在打瞌睡，小白鸡、小黄鸡正在那里争一条蚯蚓吃，小黑鸡看见了一只大风筝落在园子里，他仔细一看，看见风筝有条长的草绳尾巴，他心里想："多么有趣呀！"

他就用小脚爪抓住了那条草绳尾巴，风筝"呼"地上升，小黑鸡果然跟着上升了。

小黑鸡低头一望，非常快乐，喊起来说："好玩哪！房子像盒子了，人像蚂蚁了！"他仔细一看，看见下面有许许多多的汽车，跑来跑去，他心里就想："我要紧紧地抓住才好，要是抓得不牢，跌到路上，一定要被汽车压死的。"他正在这样想的时候，风筝渐渐升高了。小黑鸡再向地下一望，就头昏眼花快要抓不住了。

这时候，他懊悔了，他想："啊呀！我为什么要到天上来玩呢？"正在惊吓的时候，风筝慢慢地落下来了，一落落在田里的干草堆里。

原来放风筝的小孩子是小姑娘的哥哥，他看见风筝的尾巴上有一只小黑鸡，觉得很奇怪，他说："咦！这是我妹妹养的小黑鸡啊！怎么会到这里来呢？"他连忙把小黑鸡抱起来，送到老母鸡的翅膀下。老母鸡很奇怪，问小黑鸡："你到哪里去过啦？"小黑鸡说："我到天上去过了。怕死了！怕死了！几乎掉下来了！"老母鸡说："下次不要再跑出去了。”

有一天，小黄鸡也想出去玩，他自己说：“我要去找小主人的地方。”那天晚上，小姑娘拿了一把米来喂他们的时候，园门打开了，小黄鸡就从门口溜了出来，躲在一株蒲公英后面。小姑娘不见了小黄鸡，就大声喊：“小黄鸡！小黄鸡！你在哪儿呀！”同时，老母鸡也拍着她的翅膀，高声地喊着：“咯！咯！咯！咯！咯！咯！小黄鸡，小黄鸡！你在哪儿？”小黄鸡不作声，小姑娘找了他许多时候，终究找不到，就对老母鸡说：“我要吃晚饭了，等一下再来找他吧！他一定在花园里玩呢！”

等小姑娘走开去的时候，小黄鸡就轻轻地从蒲公英背后钻了出来，一跳一跳地跟在小姑娘的后面。不一会儿，小黄鸡就到了小姑娘住的屋子面前。忽然听见“汪汪汪”几声，一只大猎狗从天井里跑了出来，一口把小黄鸡捉住，叼在嘴里。

幸亏被小姑娘看见了，她大声说：“猎狗，猎狗，你叼了什么东西啊？哎哟！不好了！他是小黄鸡呀！好狗好狗！请你快点把他放了吧！”

猎狗是很听话的，就把小黄鸡放在地上。小姑娘连忙抱了小黄鸡，送到老母鸡那里。小黄鸡一看见妈妈就哭：“妈妈，我害怕死了。刚才一只猎狗把我咬住了，幸亏小主人救了我出来。”老母鸡说：“下次不要随便跑出去了。”

从此以后，这三只小鸡都很听妈妈的话，不敢再乱跑到外面去了。

二十九、小猪过生日

有一次，猪弟弟快要过生日了。猪妈妈说：“让我们来做一只蛋糕，庆祝猪弟弟的生日吧！”猪弟弟听了很高兴。到了生日的前一天，猪妈妈做了一只很大很好看的蛋糕，蛋糕的上面，写了七个大字：“猪弟弟生日快乐”，预备第二天请所有的邻居到他们家里来吃蛋糕。猪妈妈请公鸡先生帮他去请，公鸡先生就喔喔喔地大叫：“朋友们！朋友们！明天猪弟弟生日，猪妈妈请大家去吃蛋糕！”

邻居听见公鸡先生的喊叫，是猪妈妈请客，大家都很高兴，一齐来准备:鸭子们游到池塘里去洗洗澡,公鸡们在沙泥里擦擦身体,大家都弄得干干净净,预备第二天去做客人。只有偷东西吃的大老鼠,一点也不准备。他听到吃蛋糕的消息,就捋捋自己的胡须,转转念头,他想:“生日蛋糕是很好吃的,也是我所喜欢吃的。”当天晚上,猪妈妈猪弟弟做蛋糕很吃力,他们一夜睡得很熟,那只大老鼠偷偷地从墙洞里爬进来,他们也没有听见。

到了第二天早晨,猪妈妈猪弟弟起来一看,蛋糕已经被大老鼠吃得干干净净,连一点饼屑也没有了。猪弟弟一看见,心里很难过,哭得很伤心!猪妈妈说:“不要哭,不要哭!我们再来做一只蛋糕,请客人明天来就是了,快去告诉公鸡先生,请他再去通知大家一声吧!”

猪弟弟就去告诉公鸡先生,公鸡先生说:“怎么的?怎么的?”所有的邻居知道了,都很不高兴。大家说:“多丢脸!怎么会做出这样的事来?”

猪妈妈猪弟弟又做了一只蛋糕,他们做好了一看,比第一只要做得好。猪妈妈说:“这一次我们要坐在蛋糕旁边看着它,不让别人来偷去。”他们把蛋糕放在桌子上,就围着桌子坐着看着它。他们看,看,看得很疲倦了,眼睛睁不开了,一会就都睡着了,连大老鼠从墙洞里爬进来也没有听到。第二天早晨他们醒来,一点饼屑也不剩了。猪妈妈叫道:“这是谁吃的呢?”猪弟弟也叫道:“这是谁吃的呢?”猪妈妈说:“不要紧!我们再来做一个,这一次我们要请邻居都到这里来,同我们一同看守着,这样一来,我们也许可以把贼捉到了。快去告诉公鸡先生吧!”

猪弟弟就去告诉了公鸡先生,公鸡先生说:“怎么的?怎么的?”他就拍拍翅膀,把猪妈妈所说的话告诉了邻居。

猪妈妈又做了一只蛋糕,这一次邻居都到他们家里来一同看守了。但是这些邻居一到了夜里,都是瞌睡得要命,起初是公鸡喔喔喔地打呵欠,后来鸭子呷呷呷地打呵欠,一个一个都打起瞌睡来了。到后来大家都睡着了。那大老鼠又轻轻地从墙洞里爬进来咬蛋糕,大家都没有听见。但是那只大老鼠连着两个晚上吃蛋糕,今天实在吃不下

了。大老鼠轻轻地咬了几口，也打了瞌睡了。

猪妈妈、猪弟弟、母鸭子、老公鸡、大老鼠都呼呼地睡着了。

第二天早晨，太阳一出来，老公鸡看见亮光，他就“喔喔喔”地啼，叫大家都起身，猪弟弟非常警醒，张开眼睛看见一只大老鼠睡在碟子旁边，就喊起来说：“捉贼！捉贼！”大家都醒了。大老鼠一听见捉贼，吓了一跳，就从公鸡身上跳过去，跳到墙洞里去了。

大老鼠跳得很快很快！大家只好睁着眼睛看着他。

三十、黄狗抢骨头

有一天，有一只大黄狗，偷偷地跑进一家肉铺子，看见桌子上有一根肉骨头。这根骨头很大，骨头上面还挂着许多血红色的肉。大黄狗心里想：“这根骨头一定很好吃的，我用什么法子抢来吃呢？”他就一动也不动，等在桌子下。他等机会去抢来吃。

等了一息，肉铺子里的老板走开去了，大黄狗看见机会到了，就“呼”地一跳，跳上桌子，衔着骨头，又“蓬”的一声跳下来。大黄狗正想逃走，老板回来了，老板看见大黄狗嘴里衔了一根肉骨头，就拿起棍子打过来，大黄狗看见老板拿棍子，就衔了肉骨头像飞一样地逃走了。

逃了一息，跑到一座木桥上，大黄狗回头一看，老板没有追赶上来，就坐下来休息，把肉骨头放在桥上，叹口气说：“运气！运气！没有

给老板打着。肉骨头真好，今天可以回家大吃一顿了。"休息了一会，他就衔着肉骨头站了起来。正要走的时候，他向桥下一望，看见下面有一只狗衔着一根肉骨头，他想："这根肉骨头很好吃，我何不把它也抢来吃呢？"就张开嘴巴"汪汪汪"地大叫，不料嘴巴一开，嘴里的肉骨头"扑通"一声，掉在水里了。河水流得很急，把肉骨头冲到很远很远的地方去了。

三十一、鹦鹉的好计策

从前有一只猴子，在树林旁边造了一座很美丽的房子。有一只鹦鹉看见了，很想住这一所房子，他对猴子说："猴子哥哥！我可以和你住在一起吗？"猴子说："不可以，这是我自己造的房子，你要住，你自己去造一所好了！"鹦鹉不会造房子，只得躲在树林里。

有一天，一只大熊、三只小熊跑进树林里，看见猴子的房子，都叫起来说："好一所漂亮的房子哪，我们进去看看！"他们就"砰砰砰"敲猴子的门。

猴子从窗子里一望，看见是四只黑熊。他想："要是我不理他们，他们一定会走开的。"他就不作声。那只大黑熊等了一下，看见没有人来开门，就大声喊着说："快点开门！快点开门！再不开我们要推进来了！"猴子没法，只得开了门，让他们进来。

他们一进来就问猴子说："啊！你一个人住这样好的房子，太可惜了！我们肚子饿了，你有什么东西给我们吃呢？"猴子很胆小地说："没有什么东西，不过是几只桃子，还不够我自己吃饱呢！"

四只黑熊一起大声地说："不要多说，桃子拿出来给我们吃！"猴子没有办法，只得把桃子拿出来给他们吃。

他们把桃子吃完了对猴子说："今天晚上我们要住在这里。"猴子说："这是我的房子呀！"四只黑熊说："房子大家住呀！有饭大家吃呀！"猴子说："不行！不行！"四只黑熊看他不肯给他们住，就都张开嘴巴，"啊"的一声，把猴子吓得连忙逃走。

猴子逃到树林里，告诉鹦鹉说："鹦鹉弟弟，我的房子给黑熊抢去了，你能帮我忙吗？"鹦鹉说："猴子哥哥！你在这里等一等，让我去看看！"说了就轻轻飞到猴子的房子那里。

鹦鹉从窗子里飞进去，看见四只黑熊已呼呼呼地睡着了，他心里想："让我来吓他们走。"

鹦鹉看见大门关得紧紧的，他就用力把门一推，"砌堂"（编者注：象声词）一声，门就开开了，四只黑熊吓了一大跳，大熊叫起来说："小黑熊，门是你们推开的吗？"小黑熊吓得索索索地发抖说："不！不是我们呀！"大黑熊说："奇怪得很！我们把门关上再睡吧！"四只黑熊又呼呼地睡着了。

鹦鹉看见他们睡熟了，又是"砌堂"一声，把门推开。四只黑熊从梦里跳起来说:“谁推门?”没有人回答。他们就吓得不得了。他们说:“我们还是赶快走吧!”说完就出去了。

鹦鹉看见他们走了,就赶快到树林里去叫猴子回来。

猴子同鹦鹉一同到家里,猴子说:“哦! 鹦鹉弟弟,你真聪明,会把黑熊吓走。我这里还有几个桃子呢! 我们大家来吃吧!”鹦鹉说:“好的,好的。”猴子说:“你不要走了吧! 住在我的家里好不好?”鹦鹉说:“好的好的! 多谢! 多谢!”

从此以后,他们两个就很快乐地住在一起了。

三十二、顽皮的小花鸭

从前有一只母鸭,生了三只小鸭,一只黄的,一只白的,一只花的。小黄鸭小白鸭非常听话,小花鸭顶顽皮,总是不肯听老母鸭的话。

有一天,老母鸭对小鸭说:“我带你们到池塘里去学游水吧!”小白鸭说:“啾啾啾! 去去去!”小黄鸭说:“啾啾啾,多么有趣!”

小花鸭说:“盖! 盖! 盖!(编者注:象声词)我不去。”母鸭说:“快些! 快些! 不要顽皮,大家一起去。”

老母鸭就嘴里喊着:“一、二,一、二……”摇摇摆摆在前面走,小黄鸭小白鸭啾啾啾地叫着“一、二,一、二……”在后面跟着,但是小花鸭不肯去,偷偷地溜走了。

小花鸭一个人走到田里,看见一只黄牛在那里耕田,黄牛问他说:“哞! 哞! 哞! 你为什么不去游水呢?”小花鸭说:“我为什么要去游水呢?”黄牛哞哞哞地笑起来说:“你这个傻瓜,游水是你的本领,难道你不晓得吗?”小花鸭说:“盖! 盖! 盖! 你有什么本领呢?”黄牛说:“哞! 哞! 哞! 我会耕田。”小花鸭还是不肯去游水。

小花鸭就摇摇摆摆地往前走,走到草地上,看见一只大绵羊,在那里吃草,就对他说:“盖! 盖! 盖! 你在做什么?”大绵羊说:“我在吃草。你为什么不去游水? 游水是你的本领。”小花鸭说:“盖盖盖,你有什么本领呢?”大绵羊说:“咩! 咩! 我有雪白的羊毛,可以做衣服穿。”

小花鸭还是不肯去游水。

小花鸭又摇摇摆摆地向前走，看见一只小黄狗，在那里看门，小花鸭就走上前去问他说："盖！盖！盖！你为什么不去玩，等在这里干吗？"小黄狗汪汪汪地说："我在这里看门，你为什么不去游水呢？游水是你的本领！"小花鸭说："你有什么本领呢？"小黄狗说："我会替主人看门。"小花鸭还是不肯去游水。小花鸭走到池塘边，看见一只老黑猫坐在那里。小朋友，你们知道老黑猫坐在那里做什么呢？原来他想捉鱼吃。老黑猫一看见小花鸭，就瞪着眼睛对小花鸭说："咪呜！咪呜！小花鸭！你来得正好，我肚子正饿了。今天我捉不到鱼，就来捉你吃吧！"说着举起两爪，往前扑过去。小花鸭吓得大叫："盖！盖！盖！救命！救命！"扑通一声，跳到水里。老黑猫不会游水，只得在岸上瞪着眼睛看，张着嘴巴叫："咪呜！咪呜！"

小花鸭一到水里，就快乐得不得了。他想："今天我幸而会游，不然被老黑猫当点心吃了。"

三十三、蚂蚁救喜鹊

有一只蚂蚁，做工做得太累了，口渴得很，想到河边去喝水。他爬到河边，正在喝水，一个浪头冲来，把蚂蚁冲到河里去了。

蚂蚁拼命喊道："救命啊！救命啊！"

一只虾子看见了，睬也不睬他，就划开去了。

一只螃蟹看见了，也不去睬他，自管自地爬开去了。

一只河蚌看见了，也不去睬他，尽管对着他呆呆地看。

一只喜鹊坐在河边的树上，听见蚂蚁喊“救命”，就衔着一张树叶飞过来，扔在蚂蚁的前面，蚂蚁看见叶子，就一把抓住，慢慢儿地爬在叶子上面。叶子像小船一样，一漂一漂漂到岸上，蚂蚁就爬上了岸。

蚂蚁对喜鹊说：“喜鹊先生！你真好！你真好！今天不是你救我，我就没命了。谢谢你！谢谢你！”喜鹊说：“不要客气，不要客气！帮忙是应该的。”说完就飞开去了。

过了几天，喜鹊正在树上做窝，一个猎人走来，正预备举枪打他，蚂蚁看见了，急得不得了，赶快爬过来，爬到猎人的脚上，拼命地咬了他一口。猎人觉得很痛，“哎哟”一声，腿一震动，“砰”的一声，放了一个空。喜鹊听见枪声，“嘟”一声飞掉了。

三十四、猴子捞月亮

有一天晚上，月亮很亮，许多猴子出来游玩。一只小眼睛猴子走到一口井边，向井里一望，看见月亮在水里，吓得不得了，连忙叫起来说：“不好了！不好了！月亮掉在井里了。”

长尾巴猴子听见了，赶快跑过来，向井里一望，果然看见一个月亮掉在水里，他就喊起来说：“不好了！不好了！月亮掉在井里了。”

大耳朵猴子听见了，赶快跑过来，向井里一望，果然看见一个月亮掉在井里，他就喊起来说："不好了！不好了！月亮掉在水里了。"

老猴子听见了，赶快跑过来，向井里一望，果然看见一个月亮掉在水里，他就喊起来说："我们大家把月亮捞起来。"说好，一个一个就爬到树上。

老猴子把两只脚钩在树上倒挂下来；大耳朵猴子从树上爬到大猴子的身上，把两只脚一钩，抓住老猴子的手；小眼睛猴子的脚钩住大耳朵猴子的手；长尾巴猴子把长尾巴钩住了小眼睛猴子的手，这样一来，长尾巴猴子的手就碰着井里的水面。他捞来捞去，捞了好久，还是捞不到月亮。

大家都挂得很累，小眼睛猴子说："我挂不住了。"大耳朵猴子喊起来说："我也挂不住了。"老猴子抬起头来向天上一望，看见一个月亮还是好好地挂在天上，就喊起来说："月亮在天上，没有掉在水里，在水里的是月亮的影子，赶快上来看月亮。"

老猴子、小眼睛、长尾巴、大耳朵，都上来坐在树枝看月亮。大家吱吱吱地你对我笑，我对你笑！小朋友，他们笑什么呢？他们笑自己原来是个傻瓜！

三十五、石匠王二

从前在山里有一个石匠，名字叫做王二。他天天在山里搬石头。

有一天，他到一个富翁家里去做工，看见富翁很快活，就想做富翁。仙人知道了，就把他变作富翁，王二非常喜欢。

后来王二看见一个军官，比富翁还要快活，就想做军官。仙人再把他变成军官，王二很得意。

有一天太阳很热，把他的头晒痛了，他就说太阳很厉害，要做太阳。仙人就把他又变成了一个很热的太阳，个个人都怕他。

忽然来了一朵云，把太阳遮住了，王二看云比太阳更加厉害，就要做云，仙人就把他变作云。

忽然又起了一阵狂风，把云吹去了，王二就想做狂风，仙人就把他变做狂风，他就吹断树木，吹倒房子，只是吹不动一块大石头。他又想要做大石头，仙人就把他变好，放在山上。后来来了一个石匠，要去凿他，王二急得不得了，连忙去求仙人，仍旧把他变作石匠。从此以后他才安心做工，不敢乱想了。

三十六、红衣姑娘

从前在乡下地方，有一家人家，家里有一个妈妈和一个小姑娘，小姑娘出门的时候，妈妈总喜欢给她戴上红帽，穿上红衣服，因此人家都叫她红衣姑娘。

有一天早晨，红衣姑娘对她妈妈说："妈妈！我好久没有到外婆家去了，今天我去看外婆好么？"妈妈说："很好，很好！但是没有人同你去，怎么办呢？"红衣姑娘说："妈妈，不要紧，我一个人去就是了。"妈妈说："到外婆家去的路很远，要经过荒野的地方，我实在有点不放心。"红衣姑娘说："妈妈！到外婆家去的路，我都认识的，因为我同你去过好几次了，现在我一个人也会去的。"妈妈说："小宝宝，我知道你认识的，不过路是很远的呀！你这样小的年纪，走这样远的路，万一有什么事情，叫我怎么样好呢？"红衣姑娘说："妈妈放心，我当心些就是了！"妈妈说："好，那么今天早上我做的蛋糕你就拿篮子盛了送给外婆吃去。"红衣姑娘说："哈哈！好极了！外婆看到了，一定很喜欢的。"妈妈就把蛋糕装了一篮子，递给她说："好宝宝，这就是一篮子蛋糕，你拿去送给外婆，对她说，我听说她有点伤风，很记挂她，明天我也要去看她呢。你在路上当心些，不要耽搁，早些回来。"红衣姑娘说："好的，好的，妈妈再会。"她就戴上红帽子，穿上红衣服，提了篮子，出门去了。

红衣姑娘走了半天，走到一个荒野的树林里，看见满地都是野花，她想：这些花多美丽呀，让我采几朵去送给外婆吧！她就停下来采花。这时候，忽然从树林里来了一只狼，他看见红衣姑娘在采花，就走进来对她说："红衣姑娘早！"红衣姑娘抬头一看，看见是只狼，心里想哪里来的一只狼呀！她就问："你怎么认识我的？"狼就回答说："是呀！我认识你的！你这样早的时候，拿了一只篮子到哪里去？"红衣姑娘说："我到外婆家去，这篮蛋糕送给外婆吃的。"狼说："你外婆家住哪里？"红衣姑娘用手指着树林那边的一所小屋子说："外婆就住在那边。"狼远远地望过去，真的看见那边有一所小房子，就说："唉！不差！我知道的，现在让我快些跑去，告诉你的外婆，说你来了，叫她来接你。"说完就急急忙忙地先跑到外婆家门口，他就"呯呯呯"敲门，敲了一下，没人来开门，原来外婆不在家，门也没有关牢，狼就推门走进去了，赶紧把外婆的衣服穿了起来，把外婆的帽子和眼镜戴了起来，睡在床上。他想：等红衣姑娘来的时候，我就骗她过来，吃掉她。

过了一会儿，红衣姑娘来了，"呯呯呯"，她敲门，狼就装着外婆的声音问："哪一个？"红衣姑娘说："好外婆！是我！妈妈叫我送蛋糕来给你吃。"狼就说："好宝宝，推开门进来吧！"红衣姑娘就推开门走进去，把一篮子蛋糕放在桌上，走到床面前说："外婆！你怎么会伤风的？现在好些了么？"狼说："好宝宝，我伤风得很厉害，请你快把门关起来，坐到这边来吧！"说完就指指床前的椅子叫红衣姑娘坐。红衣姑娘走近一看，怎么外婆不像了？她就问："外婆外婆！你的眼睛为什么这么大？"狼说："好宝宝，眼睛大好看你啊！"红衣姑娘再仔细看看又问："外婆外婆！为什么你的手臂这样粗啊！"狼又回答："我的好宝宝，手臂粗好抱你啊！"红衣姑娘又问："外婆外婆！你的耳朵为什么这么大呢？"狼说："好宝宝，耳朵大好听你说话啊！"红衣姑娘又问："外婆！那么你的牙齿为什么长得这么长呢？"狼回答说："牙齿长长了可以吃掉你啊！"一面说，一面从床上跳起来向着红衣姑娘扑过来。

红衣姑娘连忙逃走，一面逃，一面喊："救命啊……救命啊……"恰巧这时候有一个猎人从门口经过，听见喊叫的声音，就推门进来，看见一只狼在追一个小姑娘，就举起枪来，砰的一声，把狼打死了。

三十七、失去了手巾

从前，在树林旁边，有一只老猫，生了三只小花猫，这三只小花猫生得真奇怪，看起来一式一样的，连猫妈妈都辨不出来谁是哥哥，谁是弟弟，谁是妹妹。猫妈妈就给他们每人挂一条不同的手帕。

猫弟弟挂了一条有条纹的蓝手帕，猫妹妹挂了一条小点子的红手帕，猫哥哥挂了一条方格子的绿手帕。说来奇怪，这样好看的手帕，他们常常会丢掉的。

有一天早晨，三只小花猫要到外面去玩，猫妈妈对他们说："小宝宝，你们都有好看的手帕，千万不要丢掉。"小花猫听见了，就说："妈妈，好的，我们会当心的。"说完就出去玩了，到了晚上，三只小花猫的手帕都丢掉了。

猫妈妈很生气，就骂他们说："今天晚上不给你们吃晚饭，下次你们就会当心了。"

第二天早晨，猫妈妈又给他们三条新手怕，挂在身上，对他们说："假使你们今天再把手帕丢掉，我就要把你们送掉了。"小花猫都说："好的，我们会当心的。"到了晚上，小花猫的手帕又掉了。

猫弟弟就问猫哥哥、猫妹妹说："我们怎么办呢？妈妈不是说过了吗？我们再丢掉手帕，妈妈会把我们送别人，今天怎么能回家呢？妈妈一定会把我们送给别人的。”猫哥哥说：“那么我们逃到树林里去躲起来吧！”猫弟弟、猫妹妹都说：“好的！好的！”

他们就躲在树林里了。起初好玩得很，他们在树上跳到东，跳到西。小朋友！你想他们为什么跳东跳西呢？告诉你！他们捉小鸟吃啊！捉了一只又一只，他们捉得非常欢乐！吃得非常之饱。但是不久，太阳落山了，这时候，他们又疲倦，又惊慌，大家都说：“天黑了，我们怎么办呢？”大家就东张西望。

远远地，看见一个洞，走到洞口，他们说：“我们钻进洞里去吧！”正要进去，忽然看见一对亮晶晶的东西在洞里发光。小朋友！你晓得这亮晶晶的是什么东西呢？原来是狐狸先生的眼睛啊！

三只小猫，一看见是狐狸，转身就逃。

逃了不久，看见一棵大树，树上有一所小房子，他们很高兴地叫起来说：“这里有所房子，让我们爬上去吧！”

猫弟弟第一个爬上了大树，他正要把鼻子伸进小房子里去，忽然又看见两个亮晶晶的东西。小朋友！你知道这两个是什么东西呢？原来是猫头鹰的一对大眼睛啊！猫弟弟一看，吓得要命，连忙从树上跑下来说：“快逃！快逃，一只大猫头鹰，一只大猫头鹰！”

他们就一起往前跑，跑了不久，看见一个很大的洞，猫哥哥说：“这里有一个很大的洞，进去看看！”大家就轻轻地走过去，走到洞门口，看见里面两个大电筒。小朋友！你想奇怪不奇怪，洞里哪里来电筒呢？原来是老虎的两只大眼睛啊！

三只小花猫看见一只这样可怕的大老虎，拼命地逃。逃了好久，他们才喘了一口气，停了下来，停了一息，夜很深了，猫妹妹哭起来说：“怎么办呢？”猫哥哥说：“妹妹，不要怕，不要怕，那边不是有灯光吗？我们走过去看看。”猫弟弟说：“好的，好的！我们去吧！”

他们就向着灯光走去，越走近，灯光越大了。小朋友！你知道这个灯光从哪里来的呢？原来就是猫妈妈的房间里射出来的光啊！他们一晓得这是他们自己的家，非常快乐！大家就三脚两步地跳过去，跳到门口，看见猫妈妈在里面咪呜咪呜地哭。

三只小花猫就大声喊起来说："妈妈！妈妈！我们回来了！"猫妈妈一听见小花猫的声音，就开了窗户，对他们说："好宝贝！好宝贝！快些进来！快些进来！"三只小花猫就砰的一声，跳进窗里，倒在妈妈的怀里。

三十八、一只小羊

从前有一只小羊，在河边喝水，忽然来了一只狼，狼不许小羊喝水，他说："这里是我的。"小羊说："咦！奇怪！怎么这水是你的呢？这水是大家的。"狼就很凶地对小羊望了一眼说："好！今天晚上我一定要来吃掉你。"

小羊听了狼这句话，心里很害怕，他想："今天晚上狼一定要来的，怎么办呢？"他就赶快回家，邀了他的朋友白马、大象、螃蟹、黄鼠狼、蜜蜂，到他家里来商量抵抗的办法。

那些朋友一到，小羊就说："今天早上，我在河边喝水，狼来了，他不许我喝，他说河里的水是他的，我就说水是大家的，因此他说今天晚上要来吃掉我，所以我请你们来想想办法，怎样抵抗他。"

白马说："不要紧！不要紧！今天晚上我睡在河边，狼来了，我就用脚踢他。"

大象说："不要怕！不要怕！今天晚上我睡在大树下，狼来了，我就用鼻子卷他。"

螃蟹说："没有关系，今天晚上我睡在河边，狼来了，我就用螯来钳他。"

蜜蜂说："我有办法，今天晚上我睡在窗子口，狼来了，我就用针刺他。"

黄鼠狼说："我也有法子，今天晚上我睡在门口，狼来了，我就放臭气赶走他。"

大家商量好了，到了晚上，狼真的来了。狼看见了小羊的家，就急急忙忙地走过来。走到门口，黄鼠狼就放臭气，狼说："啊呀！什么呀！

好臭啊！”狼被臭气赶跑了。他想从窗子口跳进去。走到窗口，蜜蜂用针刺他的眼睛，狼痛得跳起来说：“什么呀！好痛呀！啊呀！我的眼睛刺瞎了，睁不开了。”他就走到河边去用水洗眼睛。哪知道螃蟹一看见他到了河边，就用螯来钳他的脚。狼的脚被螃蟹钳破了，鲜血一点一点地流下来，他说：“啊呀！好痛啊！”他就走到大树下，想在树干上揩揩脚。一碰碰到了大象的腿，他以为是树干，拼命地擦脚。大象用鼻子把他卷起，用力一抛，恰巧抛在河边白马的身边，白马就用脚把他一踢，踢到河里，狼就被水淹死了。从此以后，小羊和他的朋友很快乐地在河边喝水。

三十九、两只田鼠

从前有两只田鼠，一只大田鼠，一只小田鼠，他们住在一个树洞里，那棵树生在田埂上。

春天夏天的时候，两只田鼠天天出洞去，找些东西吃吃，吃饱了回洞来休息休息，平平安安地过了许多日子。田里的稻慢慢地长大起来了，一直到了秋天，稻结的果子已经熟了，每棵稻上，都结了一粒一粒像黄金一样的谷子。有一次，农夫把稻割了下来，一捆一捆地竖在田里晒着。

有一天，大田鼠对小田鼠说：“现在秋天快完了，冬天将来了，冷的天气一到，那时我们不便出去找东西吃，而且也没有东西可以找了，我想我们要赶快找些东西藏起来预备做冬天的粮食。今天天气很好，时候也还早，我们就到田里去搬些谷子来收起来吧！”小田鼠说：“是啊！现在不去找，恐怕要来不及呢！”

说好他们就走出树洞，跑到田里，看见稻谷，衔了就走。一来一去，衔了许多天，不多一刻，已经把一个很大的树洞装满。后来大田鼠还找了很大很大的一束稻子，对小田鼠说：“这是很好很肥的一束稻子，我一定要把它拖去做粮食，你在此地等一下，回头我来找你，我们一同出去玩玩。”大田鼠拖了一大捆稻子走了，小田鼠就靠在大树根上休息，因为做工做得太疲倦，不知不觉地睡着了。那时候，忽然一阵大风吹来，树上的一片大叶子飘了下来，恰巧盖在小田鼠的身上。小田鼠因为睡得很熟，所以一点都不觉得，仍旧睡得好好的。

过了一会儿，大田鼠走了回来，他四处地找，找不到小田鼠，他一边找，一边喊：“小田鼠！你在哪里，快些回来！”但是找了好久，喊了好久，连一点影子也找不到。大田鼠就吱吱吱地哭起来了。

那时候，有一只青蛙，从田里跳上来，跳到田梗上，听见大田鼠的哭声，就问：“你为什么哭？”大田鼠说：“我的弟弟不见了，我找来找去找不到，心里十分难过，所以哭了。”青蛙说：“嘎！这一点小事情，我可以帮你去做。”青蛙就跳来跳去，跳东跳西，各处去找，但是仍旧找不到。

等一下，有只蜜蜂飞来，看见青蛙跳来跳去，忙得不得了，他就问青蛙说：“青蛙哥哥，你忙些什么？”青蛙说：“嘎！蜜蜂弟弟，我因为帮大田鼠找小田鼠，所以跳来跳去。”蜜蜂说：“要找小田鼠吗？我可以帮忙。”说了，就展开翅膀，嗡嗡嗡嗡地一路飞一路喊。但是找了好久，小田鼠还是无影无踪。

正在这时，有一只麻雀飞来，看见蜜蜂飞得这么忙，就问他说：“蜜蜂弟弟！你干什么？”蜜蜂说：“嗡！麻雀姐姐，你来得正好，我在这儿帮大田鼠找小田鼠。”麻雀说：“我也来找找看。”大家就去寻找了。大田鼠在草堆里吱吱地喊：“小田鼠，小田鼠，你在哪里？”青蛙在田埂上必剥必剥地（编者注：象声词）跳东又跳西，咯咯咯地叫：“小田鼠，小田鼠！你在哪里？”蜜蜂在树底下飞来飞去，嗡嗡嗡地喊叫：“小田鼠！小田鼠！你在哪里？”麻雀停在树上雀雀雀地喊：“小田鼠！小田鼠！你在哪里？”大家一同找了半天，叫了半天！仍旧找不到，连一点影子也没有。

忽然有一阵小风从空中经过，看见他们这样忙碌，就同他们说：“你们在这儿做什么？”他们一齐回答道：“我们找小田鼠。”风说：“那我也来帮忙吧！”他就用足力气，“呼”地一吹，吹到小田鼠的身上，就把那片大叶子吹开了，把小田鼠吹醒了。小田鼠就跳起来，四处一望，看见大田鼠、青蛙、蜜蜂、麻雀，都站在树底下在喊叫：“小田鼠！”小田鼠说：“在这里，在这里！”大家一起笑起来说：“哈哈！原来你在这里！”

四十、小猪找工作

从前有一只小猪，住在一间小屋子里。屋子的后面，有一个很大的菜园，小猪常常在菜园里种菜，他天天松松土，拔拔草，浇浇水，这样园里的菜长得碧碧绿，很好吃。许多人都说小猪会种菜，都说小猪的菜园好，大家都来看小猪的菜。

后来小猪觉得很辛苦，不愿意再种菜。他想做容易的事情，就锁好了大门，到外面去找别的事情做。小猪走了一会儿，听见吹笛子的声音，他就停了下来，侧着耳朵听。远远地他望见树林里有一间小屋子。他仔细一听，笛子的声音，是从那间小屋子里传出来的，他就向那间小屋子走去。到了那里，看见一只黄猫，坐在窗子下面吹笛子。小猪心里想：吹笛子是很容易的。就对黄猫说："我要学吹笛子，请你教教我好吧！"黄猫说："好的。"他就教小猪吹笛子，小猪就拿起笛子咿哩哗啦地吹。吹了几个钟头，还是学不会。他很不高兴地说："吹笛子真不容易，还是找别的事情做吧！"他就离开了黄猫，再向前走。

小猪走了一会，看见一间小房子，房子外面有一只小花狗，在那里磨粉。小猪要想磨粉，对花狗说："让我来磨磨看好吧？"小花狗说："好的！"小花狗就让小猪去磨。小猪推了几个钟头的磨，推得两只手臂很酸很疼，他很不高兴，说："磨粉太辛苦，还是找别的事情做吧！"他就离开了小花狗，再向前走。

小猪走了一会儿，看见在一块大草地上，有一个人在那里割蜜糖，小猪很高兴地说："这件事倒是容易做，还有蜜糖吃。"他就对那个人说："老朋友，我帮你割蜜糖好吧！"那个人答应说："好的。"小猪就帮他割。小猪不会割，一个不留心，蜂框倒翻了，蜜蜂一起飞出来，把小猪刺得很痛，小猪坐在地上大哭。那个人说："我割蜜的时候，也被蜜蜂刺的，你再试一次看！"小猪说："够了，够了，我做不来。"他就离开了那个人回家去了。

小猪回到家里，仍旧种菜。他想：世界上没有一件事是容易做，我还是种菜吧！

四十一、抢狐狸的家

从前有一只驴子，帮主人做工，天天磨粉，拉车，非常辛苦，这样已经有好几年了。有一天，主人对驴子说："我养了你这许多年，从前你很会做工，现在我看你一天不如一天，每天做不出什么事来。我不愿意养不会做工的东西，我看你是老了，没有用了，你给我滚出去吧！"主人说完，就把老驴子赶出来了。

老驴子心里很难过，他想："主人不要我了，那到哪里去呢？"他垂头丧气地向前走，后来碰到了一只黄狗，那黄狗也是很不快乐的样子，他先问老驴子说："喂！朋友！你到哪里去，为什么不高兴啊！"老驴子叹口气说："唉！不要说起，一说起我心里真难过。"黄狗问："什么事呢？可以告诉我吧？"老驴子说："我一向是帮我主人做工的，已经做了好多年了。近来因为我的身体不及从前，主人就说我没有用，说我年纪太老了，今天把我赶出来了。你想，叫我到哪里去呢？"老黄狗说："原来如此，那真太巧了。今天我也是被主人赶出来的。我本来天天替主人守门，日夜不息的，但是最近常常喜欢打瞌睡，主人说我老了，不中用了，他就不要我了。现在既然我们都是被主人赶出来的，我们一路走吧！"老驴子说："好！但是我们到哪里去呢？"老黄狗说："我听见人家说城里需要军乐队的人，我想我们不如进城里去加入军乐队吧！你的声音像铜鼓，我的声音像大号，我想一定可以成功的。"老驴子很高兴，连忙说："好极了！好极了！"

正在这个时候，前面来了一只黑猫，看他的样子，瘦得可怕，好像有几天没有吃饭了，老黄狗很可怜他，就跑上去问他："黑猫黑猫！你为什么这个样子啊？"黑猫就断断续续地说道："我是被主人赶出来的，从前，我天天替主人捉老鼠，主人就天天买鱼给我吃。现在我老了，没有力气捉老鼠了，主人不但没有买鱼给我吃，连白饭也不肯给我吃了，我已经有三天没有吃东西了。"老黄狗说："怪不得你说话的声音快要没有了。我和老驴子也都是被主人赶出来的。现在我们想进城里去加入军乐队,你愿意同去吗?老驴子的声音像铜鼓,我的声音像军号,你的声音倒好像笛子呢!"老猫连忙点点头说:"好的,好的,我愿意去的。"因此他们三个朋友就一同走了。

走了半天,走到一家人家的篱笆外面,只听见喔喔喔的一声,一只公鸡从篱笆里飞了出来,东望望,西望望,好像怕有人来捉他似的。老黄狗就过去问道:"公鸡公鸡,你为什么这样慌慌张张的?有什么事可以告诉我们吗?"公鸡看看他们,就轻轻地对他们说:"不得了!不得了!我在主人家里已经好多时候了,今天早晨,我起来以后,听见主人在对厨子说,今天家里请客,叫他把我杀了当菜呢!你想我从小在主人家里长大,天天早晨啼,中午啼,主人很喜欢我的,现在说是要杀了我当菜吃,我哪得不怕,所以今天我用力一飞,逃出来了。"老黄狗说:"你愿意和我们一起走吗?我们三个预备进城里去加入军乐队的。我的声音像军号,老驴子的声音像铜鼓,老黑猫的声音像笛子。你要是愿意加入的话,你的声音倒是很像小喇叭呢!"公鸡想了一下,点点头说:"可以,可以,我决计和你们一起走吧!不然我也没有地方去。"他们四个朋友就一起走了。

走了好久,城里还没有到,天倒黑下来了,老驴子说:"恐怕今天我们赶不及进城了,还是找一个地方歇下来吧!"老黑猫说:"让我爬上树

去看看，前面有没有房子。”黑猫一跳，就“索溜溜”地爬上树顶。他东张西望，看见树林那边有一所小房子，他就叫起来说：“朋友们！前面有一所小房子，里面还有灯光呢！”老黄狗说：“那好极了，我们决计找到那所房子来过夜吧。”老黑猫爬下树来，就带着大家向树林那边走。

出了树林，果然看见一所小房子，他们就急忙地走过去。到了那里，他们又不敢敲门。大家挤在窗子口想看看里面有些什么东西，但是窗子太高了，望也望不见。老黄狗想了一想，就轻轻地说：“有了有了！老驴子，请你站在最下面，我跳在你的背上，黑猫跳在我的背上，公鸡跳在黑猫背上，不是很高了吗？我们请公鸡看一看。”大家都说：“好！好！”老驴子就站在窗子下面，老黄狗一跳跳在他背上，老黑猫跳在老黄狗背上，老公鸡跳在老黑猫背上，老公鸡一看，吓得嘟的一声飞下来了。他们一起跳下来问道：“什么？什么？你看到了什么？”老公鸡说：“不得了！不得了！你们知道吗，里面是两只狐狸，一只大狐狸，一只小狐狸，在吃晚饭呢！他们的菜很多，摆了一桌子呢！想一个什么法子，把他们的饭菜弄来让我们吃就好了。”老黄狗说：“有了！有了！我们还是像刚才一样地站起来，等我叫一、二、三，大家一起叫起来，声音不是很响吗，一定可以把他们吓跑的！”大家都说：“好法子，好法子。”他们就一个一个地站在各人的背上，老黄狗轻轻地叫“一、二、三”，老驴子就“憨憨憨”，老黄狗就“呃呃呃”，老黑猫就“喵喵喵”，老公鸡就“喔喔喔”地一起叫起来。大狐狸，小狐狸正在吃得起劲，忽然听见这个声音，吓得丢了饭碗，拔起身来就逃。四个朋友看见狐狸逃走了，就连忙跳进屋去，把他们的晚饭吃得精光。吃饱了大家吹灭了蜡烛睡觉了。老驴子睡在大门口，老黄狗睡在客厅里，老黑猫睡在灶角上，老公鸡睡在屋顶上。大家因为走得太疲倦了，不到一会儿就都睡熟了。

大狐狸小狐狸逃了许久，跑得好远了，跑到一座桥上，他们才停下来休息，但是心里还在害怕，好像刚才的声音还在耳朵边。大狐狸说：“我真不懂，究竟是什么东西呢？难道是强盗吗？为什么声音这样可怕！”小狐狸说：“妈妈！我倒有点不相信，让我再回去看看，要是没有什么可怕的,我们为什么要逃出来呢?”大狐狸说:“宝宝!你回去看一个究竟,果然是好,但是我总觉得还是不去的好。”小狐狸说:“我一定要去看一看,妈妈请放心,假使可以回去的,我马上来叫你,请你在这儿等着我。”小狐狸说完就去了。大狐狸就坐在桥上等他。小狐狸望到家里,看见火光已经没有了,也没有一点声音。他想:真奇怪,难道强盗都走了吗?就轻手轻脚地向自己的家门口走去。走到门口,老驴子用脚向他一踢,他想:不对!还有人在呢!但是他胆子很大,还是走了进去,走到客厅里恰巧一脚踏在老黄狗身上,老黄狗伸出脚来,又是踢他一脚。小狐狸想:里面还有人呢!让我来点个火把看看吧!他就到厨房里的灶角上去摸火柴,恰巧摸着了老黑猫的耳朵,老黑猫就伸出脚爪,在小狐狸的脸上拼命一抓,小狐狸吓得不敢再停在那里了,转过身来就向门外逃,跑了没有几步路,老公鸡因为天快亮了,在树上喔喔喔地一叫,吓得狐狸更怕了,他头也不回,拼命地向前逃,一直逃到他妈妈等着的桥上,气也差不多透不过来了。大狐狸连忙问:“宝宝宝宝,你究竟看见了什么,吓得如此光景?”小狐狸一边喘气一边说:“妈妈!不能回去呀!我们家里全是强盗了,当我进门的时候,一个强盗用棍子打了我的腿,走到客厅里,又有一个强盗打我的身体,我到厨房去找火柴,又有一个强盗来刺我的脸,你看我的脸上还有血呢!后来我一想,这许多强盗住在我们的屋子里,一定不能再住了,还是快走吧!我就急忙从门里逃出来,哪知没有跑了几步路,又有人在后面喊:‘快快捉!快快捉!’吓得我头也不回地跑走了。总算还好,没有被他们捉住!”大狐狸说:“这样看来,我们只好到别处去找住的地方了。”大狐狸带了小狐狸就到别的地方去找房子住,再也不敢回去了。

从此以后,四个朋友就安安稳稳地住在这所小房子里过日子了。

四十二、离开了鸟窝

从前在一棵很高的大树上,有一个鸟窝。里面住了四只鸟,一只鸟爸爸,一只鸟妈妈,一只鸟哥哥,一只鸟妹妹。鸟哥哥已经会飞了,鸟妹妹还不会飞呢!

有一天，鸟妈妈、鸟爸爸要飞出去找东西吃，就对鸟哥哥说："小宝贝！今天我们出去找吃的东西，你好好地在家里看守着妹妹。妹妹太小，毛还没有长好，千万不可让她站起来，站起来要掉下去的。"鸟哥哥说："妈妈爸爸请放心吧！我一定会好好地照顾她的。"鸟妈妈、鸟爸爸就扑扑翅膀说声"再见"飞出去了。

大树底下，有一个池塘，池塘里有许多青蛙，他们天天在那里学唱歌，唱得很响！鸟妹妹早已听见他们的歌声，但是不知道究竟是哪一个在唱歌。所以那天等鸟妈妈鸟爸爸飞出去以后，就想站起来，看看下面究竟是什么东西。她刚刚站了一下，给鸟哥哥看见了，鸟哥哥连忙阻止她说："妹妹你不能站起来呀！掉下去是危险的！"鸟妹妹说："哥哥，我想站起来看看，下面究竟有什么东西。"哥哥说："那你要当心呀！你的毛还没长好！你还不会飞呢！"妹妹说："不要紧！我不会掉下去的。"说完，她就扶着鸟窝的边站了起来，往下一望，快乐极了，她想："地上原来有这许多好看的东西。"她就又靠出一点，看得更清楚了。正在东张西望、看得出神的时候，一个眼花，她从窝里掉出来了。一掉掉到池塘边的一块草地上。鸟哥哥一看见，吓得大叫："啊呀！不好了！"连忙飞下来，看见妹妹没有受伤，就赶紧扑扑翅膀，要妹妹跟他飞，但是鸟妹妹的毛还没有长满，翅膀还没有长好，怎么能飞得起来呢？她就苦苦地哭着说："哥哥！我不会飞。"鸟哥哥又大声地叫着说："妹妹！你一定要飞，今天你要是不飞，我们怎么能回到家里去呢？妹妹！飞呵！用力飞呵！"鸟妹妹就用了全身的力气，想向上飞，但是仍旧飞不起来，她说："哥哥，我飞不起来呵！"哥哥说："那怎么办呢？"

他们正在叫叫闹闹的时候，忽然飞来了一只鸽子，对他们说："你们为什么这时候在这里吵吵闹闹，我的小宝宝快要睡熟了，现在又被你们吵醒了。"鸟哥哥连忙说："鸽子妈妈，很对不起，吵醒了你们的小宝宝，今天因为鸟妹妹不当心，从窝里掉了下来。现在我要她飞起来，又飞不起，你看怎么办呢？你有什么法子可以教鸟妹妹回到窝里去吗？"鸽子想了一想，摇摇头说："除了她自己飞起来，有什么办法呢？她也真太顽皮了！"鸟妹妹这时候想起自己不会飞，就啾啾啾地哭着！

鸽子看了半天，想不出办法来，她说："还是让我去找你们的爸爸妈妈回来吧！看他们有什么办法没有。"说完就展开翅膀，飞出树林去，找鸟爸爸鸟妈妈了。

鸟哥哥鸟妹妹同鸽子谈话，被青蛙先生听见了。鸽子妈妈刚飞开，青蛙先生就跳过来，突着两个眼睛对鸟哥哥说："你们到底为了什么呀！怎么叫叫吵吵的，害得我的学生也不专心上课。"鸟哥哥说："对不起得很！吵了你们。我的妹妹从窝里掉下来，她不会飞，叫我怎么办呢？你有什么办法想吗？"青蛙先生对他们看了一看，摇摇头说："我没有办法，假使你们会游泳，就可以跟我回去。"正说到这里，鸽子妈妈找到了鸟爸爸鸟妈妈回来了，鸟妈妈一看见鸟妹妹掉在草地上，心里很难过，她连忙扑扑翅膀，绕着鸟妹妹上上下下来来去去地飞，嘴里还说："小宝贝！你试试看，你用力试试看！"但是鸟妹妹无论怎样，总是飞不起来，连翅膀都举不起来。她说："妈妈！我不会飞啊！妈妈，我飞不起来啊！"正在这个时候，一个小孩子从树林里远远地过来了，鸟爸爸连忙飞起来把鸟妹妹遮住了，鸽子妈妈也忙着飞上飞下，看小孩子怎么样，鸟妈妈一面飞一面用两个眼睛盯住小孩子，他们三个都说："要是这小孩来伤害我们的妹妹，我们一定把他的眼睛啄瞎。"这时候那小孩子已经快要到大树边来了，青蛙仔细一看就说："不得了！不得了！他有两口袋石子，一定要来打死你们了。”不料那小孩一过来，看见大树下的草地上有一只翅膀还没有长好的小鸟，他想了一想，抬起头来，看见树上的鸟窝，又看见鸟爸爸鸟妈妈鸟哥哥都绕着它飞，他知道了。他就轻轻地把鸟妹妹捡在手里，再一步一步地爬上树去，把鸟妹妹放在窝里就爬下来了。鸟爸爸鸟妈妈很快乐地叫：“谢谢小孩子！”鸽子妈妈连连咕咕地叫：“好孩子！好孩子！”扑扑翅膀回去了。青蛙先生看见了，咯咯咯地说：“真是一个好孩子！我倒很喜欢他到我的学校上课呢！”

四十三、找姑娘

从前有一只老母鸡，她孵了十只小鸡，天天带他们出去玩，天天带他们出去找东西吃，晚上带他们一同睡在一间小屋子里。

有一天，老母鸡要到外面去，她对十只小鸡说：“小宝贝！今天我要出去一下，你们就在屋子里玩，不要出去。外面有很凶的老鹰，要是被他抓到了，一定会把你们吃掉的。”十只小鸡都答应母鸡说：“叽！叽！叽！好的，好的！我们一定躲在屋子里。”老母鸡就咯咯咯地走出去了。

这十只小鸡就叽叽叽地在屋子里玩，玩了半天，有一只小鸡叫起

来说:"叽!叽!叽!这屋子太小了。我们还是出去玩吧!妈妈回来了,她一定会来找我们的。大家以为怎样?"别的小鸡实在也想出去玩玩,大家都快活地跳起来说:"好!好!好!"大家就都"叽叽叽"地往门外跳,各人找各人的地方去玩了。

一只小鸡跑到花棚下去玩了,一只小鸡走到池塘边去玩了,还有一只跳到青草堆里去了;有一只到花台上去玩了,有一只小鸡跑到田里去了,有一只跳到花园里去了,还有一只跳到山羊背上去了;有一只躲在杨柳树底下去了,有一只跑到麻雀队伍里去了,还有一只和鸭子一起去玩了。十只小鸡各玩各的,大家不想回家了。

过了不久,老母鸡回来了,她带了许多好吃的东西,就咯咯咯地叫:"小鸡!小鸡!你们在哪里?"叫了半天,没有回音,推进门去一看,吓了一跳,十只小鸡不见了!老母鸡急得不得了,她想:"啊呀!不好了,小宝贝不见了,到哪里去了呢?"她就翘着尾巴到各处去找,找来找去,心里真急,一面走,一面咯咯咯地叫。老母鸡找到花棚下,忽然看见小鸡在那里乘风凉,就赶快跑过去,把大小鸡找了来,她连忙带了大小鸡再去找。老母鸡咯咯咯,大小鸡"叽叽叽",一面叫,一面找,一找找到池塘边,看见二小鸡在那里洗衣裳,二小鸡又找到了。老母鸡带了大小鸡二小鸡咯咯咯、叽叽叽地再找,一找找到草地上,看见三小鸡在那处捉螳螂。老母鸡赶快咯咯咯地叫起来。三小鸡一看见母亲,连忙跟着来了。三小鸡找到了,大小鸡二小鸡三小鸡跟着母鸡再去找,找了一会,找到花台上,看见四小鸡在闻花香,老母鸡就咯咯咯地一叫,四小鸡也就跟来了。四小鸡也找到了,四只小鸡跟着母鸡一路玩一路找,找到田里,看见五小鸡在那里捉蚱蜢。五小鸡也找到了,老母鸡心里很高兴,带着五只小鸡再找。他们走到一个花园里,看见六小鸡同许多鸭妈妈在那里捉迷藏,他一看见妈妈带了五个哥哥姐姐来找他了,赶快跟他们一同走了。六只小鸡找到了,他们走过一块草地上,看见有一只山羊在吃草,再仔细一看,原来七小鸡骑在羊背上变把戏,七小鸡也找到了。他们再找,找到杨柳树底下,看见八小鸡在那里玩,八小鸡又找到了。还有九小鸡和十小鸡呢?他们找来找去,找了半天，总是找不着，后来找到麻雀的队伍里，看见九小鸡在那里跟着麻雀学唱歌呢！九小鸡也找到了。老母鸡说：快些！快些！还有一只小鸡没有找到。大家跟着母鸡快快地去找，找到池塘边，看见十小鸡在鸭子队伍里做游戏。老母鸡赶快跑过去："咯咯咯！咯咯咯！小宝贝！小宝贝！快点跑来。"十小鸡连忙跑过去。老母鸡很快活，扑扑翅膀，笑嘻嘻："好宝贝，大家快些来排队，让我数数看，究竟对不对。"十只小鸡就规规矩矩地站一排，老母鸡翘着尾巴数起来："一小鸡，二小鸡，三小鸡，四小鸡，五小鸡，六小鸡，七小鸡，八小鸡，九小鸡，十小鸡。很对，很对！"十只小鸡一起站齐，排好队伍回家去。老母鸡领着小鸡，就"咯咯咯、叽叽叽"地一同回家去了。

四十四、卖驴子

在乡下地方，有一个小老头，小老头有一个小儿子，他们家里养了一匹小驴子。

有一天，老头对他的儿子说："小儿子，这驴子太小，没有用处，我们赶它到街上去卖钱吧！"

老头子牵着驴子前面走，他的儿子在后面赶。走了不远，有一个男人看见了他们，哈哈大笑说："这两个人笨极了，为什么有了驴子不骑呢？"老头子听了，自己想道："这话不错，我就骑了驴子去吧！"就爬到驴子的背上骑了就走。

走了一会，有一个女人看见了他们，喊起来说："咳！这个老头儿真不懂事！自己骑了驴子，叫小孩怎样赶得上呢？"老头子听了又想道："这话不差。"就连忙跳下来，叫他的儿子骑上去，自己掮了杆子在后面赶。

不多时，前面来了一个老太婆，对他们看了一看，又说道："咦！这个老头笨极了！年轻的儿子，不叫他下来走走，自己这样大的年纪，倒走得浑身是汗。"老头子听了，没有法想，就连忙掮了竹杠，也爬上了驴背，同他的儿子一同骑了走。

老头子和他的儿子骑在驴背上，走到一个村上，又听见许多人在

那里喊道："啊呀！小小一匹驴子，两个人骑在上面，快要把它压死了！"老头子和他的儿子，连忙从驴背上跳下来，一同牵了驴子走。

走了一息，又听见许多的小孩子喊道："笨牛！真笨牛！一匹驴子两个人牵着走。"老头子急得没法，就同他儿子说："这一匹驴子，我们不骑也不好，一个人骑也不好，两个人骑也不好，两个人牵着也不好，到底怎么样好呢？"

他的儿子说："这匹驴子横竖是要拿去卖钱的，我们还是把它捆起来扛了走吧！"老头子说："这个法子好极了！"就大家动手，把一匹驴子掀倒在地上，老头子掀住了驴子的脚，他的儿子解下了衣带，把驴脚紧紧地捆起来，再把一根竹竿伸进去，扛了就走。

驴子紧紧地捆在竹杆上，觉得痛极了，就"欧喔、欧喔"乱叫，叠裂踏辣（编者注：象声词）乱挣起来，老头子和他的儿子，被压得东倒西歪，立足不稳，许多人看到了都拍手笑道："哈哈！稀奇真稀奇！驴子好福气！"等到他们扛到一座木桥上，后面看的人越跟越多，驴子捆在竹竿上又痛又惊，就拼命乱挣，扑通一声，小老头子，小儿子，小驴子一起都跌进河里去了。

四十五、捉拿孙猴子

从前有一个人，名叫孙猴子，他顶会变化的，他会变狗、变猫、变老虎、变狮子；他也会变苍蝇、变蚊虫、变跳蚤、变臭虫，随便什么东西，他都会变；他变的时候，只要把身子一摇就够了。

有一天，一个天上的将军，名字叫二郎神，他来捉拿孙猴子。

孙猴子一见二郎神，动手就打，打了一阵，打不过二郎神，就摇身一变，变了一只老鼠，要向地洞里逃，二郎神就赶快变只猫追上去。

孙猴子看看猫追上来了，就变只狗去捉猫。二郎神看见孙猴子变只狗来追他，他就变只狼去吃狗。

孙猴子看见狼来吃他，就变只老虎去吃狼。二郎神看见孙猴子变了老虎，就变只狮子“号——号——”叫了几声，吓得孙猴子急忙变了

蝴蝶向天上逃。狮子不会飞，二郎神就赶快变了喜鹊去追蝴蝶。

孙猴子就变了乌鸦同喜鹊打，喜鹊打不过乌鸦，二郎神就变只猫头鹰张着嘴巴来啄乌鸦。

乌鸦打不过猫头鹰，孙猴子就变只大老鹰。猫头鹰打不过大老鹰，二郎神就赶快变个猎人，“嘭嘭”放了几箭。

孙猴子吓得心里怦怦跳，就变了一个苍蝇，“嘟——嘟”飞去了。飞到山上，变成了一座土地庙：眼睛当窗子，嘴巴当大门，尾巴当旗杆，头皮当屋顶，一动也不动停在那里。

二郎神寻来寻去，寻不到孙猴子，寻到山上只看见一座土地庙，造

得很奇怪，心里想道："旗杆是应该放在屋前的，为什么这根旗杆放在屋的背后呢？这一定是孙猴子变的。"二郎神就轻轻地走到旗杆旁边，把它一把捏住，孙猴子终究被二郎神捉住了。

四十六、一只木桶

有一天，有三只小花狗在河边玩，看见了一只大木桶。大花狗说：我们坐进去，在水里玩一下吧。中花狗小花狗说："好的！好的！"小花狗就拿了一根长棍子，大家一齐跳了进去，小花狗用棍子一撑，木桶就漂开了。

木桶在河里漂荡，他们觉得很好玩。后来木桶一到了河的中间就转转转地转起来了，转得很快。只听见那只木桶发出很尖的声音说："咚咚咚！我是一只大木桶，你们坐在里面，就要漂到大海中！"小花狗就喊道："奇怪！奇怪！哪儿来的声音。"

木桶越转越快了，一面转，一面唱那支歌："咚咚咚！我是一只大木桶，你们坐在桶里，就要漂到大海中。"小花狗喊道："喂！喂！木桶！不要转！不要转！"木桶跳了一跳，还是不断地唱："你们越是'喂喂喂'，我就越是转得快！"

过了一会，他们漂过了一个渔翁的面前，小花狗就对渔翁说："请你拖住我们。"渔翁正想拖住他们，木桶却像箭一般地飞开了，嘴里还说："嘻嘻嘻！你不要想捉住我哩！"木桶仍旧向前漂过去，小花狗非常着急。

不久，将要漂过一棵树的前面，小花狗看见一根树枝挂在水面上，就对树枝说："请你拉住我们。"但是木桶早已漂过，那棵树连摇一摇树枝都来不及。木桶还唱着那支歌，仍旧向前漂去，小花狗还是很着急。

不久他们又碰到一大堆石头，靠在河岸上。小花狗就对石头说："请你把我捉住。"石头说："很好！"只听见"砰"的一声，木桶的歌声停止了，木桶打得粉碎，三只小花狗一齐跌进水里了。

他们连忙爬到一块大石头上坐着，全身淋得很湿，很不舒服！

这时候，有一只青蛙跳到他们旁边一块石头上，问他们说："你们是谁？坐在我的石头上干什么？"小花狗回答说："对不起！我们是坐着一只木桶出来的，现在不知道怎么回家了。"青蛙闪闪眼睛说："跟我来！我来救你们！"

青蛙就从石头上一块一块地跳过去。三只小花狗跟着他也一块一块地跳过去，不久，就平平安安地到了岸上了。他们就对青蛙说："谢谢你！青蛙先生！"青蛙说："我能够帮助你们，我很快乐。"正在这时候，一只老山羊跑来了，小花狗就对老山羊说："我们是坐着一只木桶出来的，掉在海里，不知道怎么回家，青蛙先生救我们出来的，你能告诉我们怎样回家吗？"老山羊说："好！跟我走！我有一个好朋友，会带着你们走的。"

他们就跟着老山羊走，找到了一只驴子。小花狗就对他说："我们是坐着一只木桶出来的，后来掉在海里，青蛙先生救了我们。你能告诉我们怎样回家吗？"

驴子说："可以，可以，骑在我的背上吧！我可以送你们到你们的家里。"他们就一起骑上驴子的背，山羊和青蛙没有骑上，他们跟在驴子旁边一同跑去的。他们尽力地跑，回到家里的时候，三只小花狗的妈妈刚刚把下午的点心预备好了。

小花狗的妈妈看见他们平平安安地回来，非常高兴，就请驴子、老山羊、青蛙一起吃点心。这时候三只小花狗就把一切经历的事情统统告诉他妈妈，妈妈很感激，一定要请驴子、山羊、青蛙吃晚饭，他们也答应了。

四十七、花生糕

从前有一个老太婆，想用花生做糕，当点心吃。她家里有许多面粉，又有许多白糖，但是她一粒花生也没有。在她家的花园里，种了许多梅树，梅树上结了许多梅子，但是梅子不是花生，不能做糕吃。她就采了一篮梅子，出门去换花生。老太婆提了篮子，走了好多路，看见一家人家，有一个女人正在喂鸟。老太婆就对那个女人说："喂！朋友，今天是星期日，你没有什么事吧！你在家里想不想做梅酱吃呢！"女人说："想是想做的，可是我没有梅子。"老太婆说："我有梅子，请你拿去做吧！"说完就把一篮梅子送了她，那女人很快活，连忙谢谢老太婆，又去拿了许多棉花回送了她，老太婆说："棉花比梅子轻，很好很好。"就放在带来的篮子里，拿了就走。

老太婆拿了一篮棉花，又走了一段路，看见一家种花的人家，有一个男人和一个女人在吵架，大声地骂，只听见那男人说："稻草好！"那女人说："砻糠好！"老太婆就问他们为什么吵架，他们回答说："我们要替家里的老头儿做一个垫子，里面放稻草好，还是放砻糠好？你倒说说看。"老太婆说："用稻草，用砻糠，都不如用棉花好。我这里有一篮棉花，请你们拿去用吧！"说了就把一篮棉花送给他们。他们真快活，一起谢谢她说："谢谢，谢谢，棉花做垫子真好！又轻又软！"他们就采了许多菊花送给她。

老太婆心里想："这许多美丽的菊花，拿去卖给花儿匠，一定可以卖许多钱，有了钱我就可以买花生了。"她一边想，一边走，走到一家人家门前，望进去一看，看见一个小姑娘在生病，她的妈妈和她的哥哥，正在那里发愁，脸上很不快活的样子，老太婆看了心里很难过，连忙对他们说："这些菊花送给你们的小宝贝吧！"就把菊花放在生病的小姑娘的枕头边。小姑娘看见了美丽的菊花，就嘻嘻嘻地笑起来了，她的病也好了。她的妈妈和哥哥看见了，很是欢喜，想送一点东西给老太婆，就把家里养的一只小狗送给她了，老太婆拉着小狗，心里想："梅子换棉花，棉花换菊花，菊花换小狗，什么时候可以换到花生呢?"一面想一面再走过去。

走了一会儿，看见一家人家的田里种了许多花生，老太婆欢喜得叫起来说："唉！这里的花生真好！"话没有说完，看见一个老头儿从房子里出来，老太婆就说："老公公，这些花生长得真好，我这里有一只狗会替你看门，送给你做做伴吧！"老头儿很快活，连忙说："谢谢你，谢谢你！那么，我采些花生送给你。"就采了许多花生送给老太婆，老太婆就把花生放在篮子里，拿了回去，她说："现在我可以做花生糕了！"回到家里，做了许多很好吃的花生糕，当晚饭吃了。

四十八、老鼠救狮子

树林里有一只很大的狮子。他的气力很大，他的牙齿很长，他的脚爪很尖，树林里的动物，没有一个不怕他的。

有一天，这只狮子走到树林旁边去找东西吃。他看见一只小老鼠，就轻轻地把他捉了过来，要吃掉他。小老鼠做出很可怜的样子说："狮大王呀，放了我吧！我的身体很小，你就是吃了我，也不会饱的，还是放了我，将来你有什么事情，我还可以帮帮你呢。"

狮子听了，哈哈大笑道："我有这样大的气力，哪个不怕我，你这样一个小老鼠，怎样能帮助我！我老实对你说，你这样小小的一个东西，我也不要吃，就放你去吧！"小老鼠连忙说："谢谢你！谢谢你！"爬起来就逃，狮子也到别处去找吃的东西了。

过了几天，有几个猎人到树林里挖了一个大坑，坑里摆着一个捉野兽的网，坑上面铺着青草，看起来好像平地一样。到了晚上，狮子出来游玩，一个不小心，扑通一声，跌到坑当中的网里去了，那个网是很粗的麻绳结起来的，狮子一跌下去，就给那网紧紧地裹在里面，跳也跳不起，动也动不得。

狮子急得没法，就在坑里面“轰轰轰”大叫起来，小老鼠听到了，晓得狮子快要给猎人捉住，就跳出来到坑里面一看，只看见狮子困在网里，一动也不能动，小老鼠就轻轻地走到狮子的耳朵旁边说：“狮大王！不要紧！我来啦！”狮子说：“你是谁？”小老鼠说：“我就是前天你放走的小老鼠，我特地来救你的。”狮子说：“这麻绳很牢，怎样弄得断？!”小老鼠说：“你不要怕！”小老鼠就爬到网上面，把很粗的麻绳，一根一根地咬断，不多时，小老鼠把网咬了一个很大的洞，狮子就从这个洞里钻了出来，对这小老鼠说：“谢谢你！谢谢你！”小老鼠说：“狮大王！你不用谢我，我前天对你说的话，你还记得吗？”

四十九、猴子学样

从前在乡下地方，有一个卖草帽的人，他做了许多草帽，有大的，有小的，有阔边的，有狭边的，做得非常好看。

有一天早晨，天气很好，卖草帽的一早起来，吃好早饭，就把所有的帽子，装在两只箩筐里，拿扁担一挑，挑进城里去卖。

卖帽子的挑了帽担，走到离城不远的地方。走过一个树林，他走得太累了，心里想："让我来休息一下吧!"就把担子歇下来，靠着树干坐下来，他坐了不久，就呼呼地睡着了。

树林里有一只老猴子、许多小猴子，那时候正出来玩。老猴子看见树干旁边有一个草帽担，看见一个人，戴了帽子靠在树干旁边在睡觉，他就轻轻地爬下树来。许多小猴子看见老猴子下来了，也一起跟着从树上爬下来了。

老猴子爬到树下，看见箩筐里的帽子，就拿了一顶戴在头上。许多小猴子看见老猴子拿帽子戴在头上，他们也每人拿一顶戴起来，跳来跳去，十分高兴!

老猴子戴了帽子，仍旧爬回到树上，小猴子也都跟着爬回到树上，大家你看看我，我看看你，嘻嘻哈哈，笑个不休，唧唧喳喳，闹个不休。

卖帽子的睡得正甜，忽然在睡梦中听见许多声音，就醒来了。他想："哎呀！时光不早了，我应当赶快进城啊！怎么我会睡着了呢?"就站起身来，想挑担子，不料一看担子，里面的帽子都没有了，他叫起来说："啊呀！不好了！谁偷了我的帽子呢？怎么办？怎么办?"

忽然听见树上有咯咯的笑声，抬头一望，看见树上有许多猴子，都戴了帽子，仔细一看，原来猴子所戴的帽子，就是他箩筐里的草帽呀！他气极了，就大声说："顽皮的猴子，快些还我的帽子！"许多猴子在树上东跳跳西跳跳，只叫几声："叽叽叽，吱吱吱！"不肯把帽子还他。

卖帽子的更气了，就指手骂道："可恶的东西，你们不还我的帽子，我要来捉你了。"许多猴子也扬扬手叫几声："吱吱吱，叽叽叽！"还是不肯把帽子还他。

卖帽子的发急了，就两手叉腰，两脚顿地地骂道："可恶的猴子，到底还不还我的帽子！再不还我，我一定要来捉住你们把你们关起来！"许多猴子还是跟他一样叉叉腰顿顿地，嘴来叫："叽叽叽！吱吱吱！"仍旧不肯把帽子还他。

卖帽子的急得更慌了，他抓抓头皮，想想有什么办法，只看见许多猴子也抓抓头皮，侧转了头做出想办法的样子。卖帽子的想出办法来了，他说："有了，有了！"就把自己头上的帽子取下来扔在地上，许多猴子看见了，也就把各人头上的帽子取下来扔在地上了。

卖帽子的赶快把地上的帽子捡起来，放进箩筐里挑进城里去卖了。

五十、聪明的小兔子

有一天，树林里的许多动物都聚在一个地方开会。有大的动物，有小的动物，什么白马、黄牛、兔子、山羊、鸭子、老鼠、公鸡、小鸟，树林里所有的动物都来了。

他们为什么开会呢？原来有一只很大很凶的豺狼，今天到树林里来过了，他要他们每天送三次东西给他吃，要是不送给他吃，他要把他们统统吃掉。大家怕得不得了，想商量商量怎样对付他。

鸭子喊起来说："呷！呷！呷！我们怎么办呢？"

山羊叹了口气说："咳！我们怎样对付他呢？"

别的动物都说："怎么办呢？怎么办呢？"

小兔子跳起来说："不要怕，我有法子，我有法子，我一定可以把豺狼杀死。"说了他就站起身来走开去了，许多动物都跟着他，望着了。

老鼠说："吱吱吱！吱吱吱！他去做什么呢？"

白马说："奇怪！他去做什么呢？"

小兔子走到田边，看见田里有一个洞，洞里满满的都是水，他就跑到河边，跳到水里一浸，一下子起来在泥土里打一个滚，他再跳到水里一浸，又起来在泥土里打一个滚。这样一来，弄得浑身是水又是泥，变得非常难看，非常可怜，看上去不像是只小兔子了。

他就赶快走到豺狼的家里，"呼呼呼"地敲门。豺狼问："你是谁？"

小兔子说："是我，我是小兔子，是今天送给你吃的东西。"

豺狼开门一看，看见是这样一只难看又可怕的小兔子，很不高兴，就说："你这样难看的小东西，我不稀罕，请你告诉他们，我要一只大的母牛，或者一只肥胖的白马，或者一百只肥胖的鸭子。"

小兔子说："豺狼先生，很对不起！另外有一只豺狼要吃好的东西，所以我们把黄牛、白马、鸭子都送给他吃了，他比你还要大，比你还要神气，我们只好依他，把那些好东西一起送给他吃了。"

豺狼听了，非常生气，气得脸都发青了，叫起来说："啊！真的吗？他有这样厉害吗？我倒要看看他！他住在哪里？快些带我去见他。"

小兔子说："好！"

小兔子就在前面领路，豺狼就在后面跟着，走到田边的洞旁，小兔子对豺狼说："他就在这下面。你不要走得太近了，他会咬死你的！"

豺狼站在洞边，向下面一望，看见洞里水面上自己的影子，他以为就是那只又大又神气的豺狼，他气极了，就跳下水去，想杀死那只豺狼，不料水太深，豺狼一跳下去，爬不起来，就淹死了。

许多动物看见了，大家都说："小兔子真聪明！小兔子真聪明！"

幼稚园的编织教具①

幼稚园的作业里，有编织一项，但是关于编织的教具，颇感缺乏。现在介绍几种具有下列特性的：1. 简单，2. 教师可以自己制作，3. 只要出最低的代价，就可以使儿童普遍地用到，4. 可以多方变化增进儿童工作的效能，5. 可引起儿童作业的兴趣，6. 可以启发儿童的创造力，7. 可以给他们一种配色和应用的常识。

一、硬纸板织机

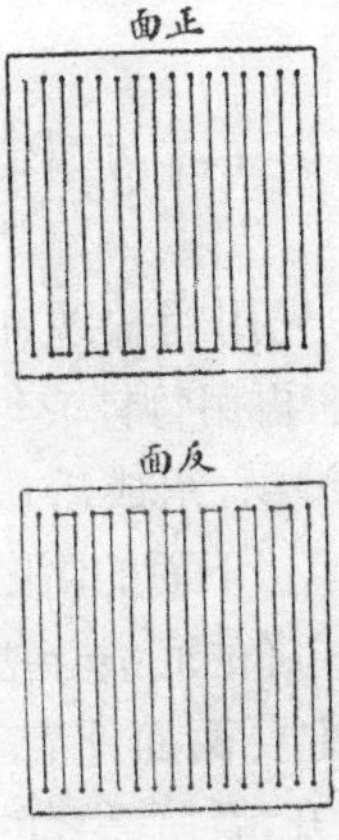

图 1　钱包或毯子

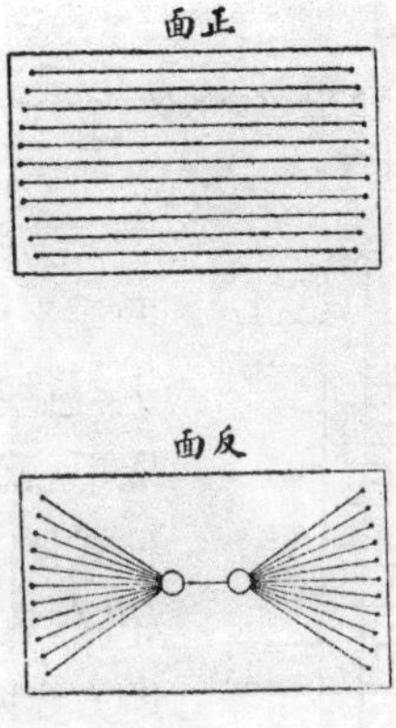

图 2　玩偶的吊床　反面的圆圈，用小铜圈按在纸版上织成后取下，可以作为吊手

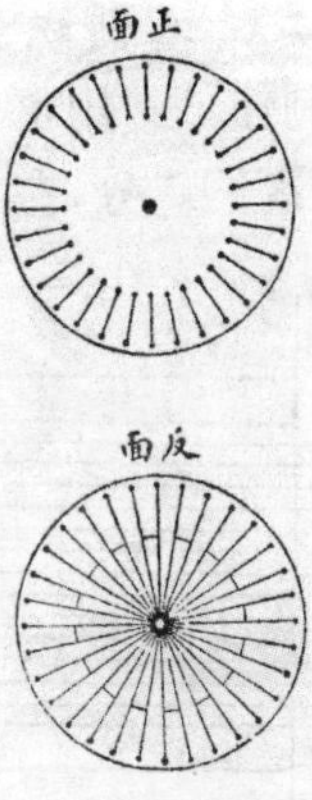

图 3　玩偶的帽子

① 原载《儿童教育》，1936 年第 7 卷第 4 期，第 59 页。

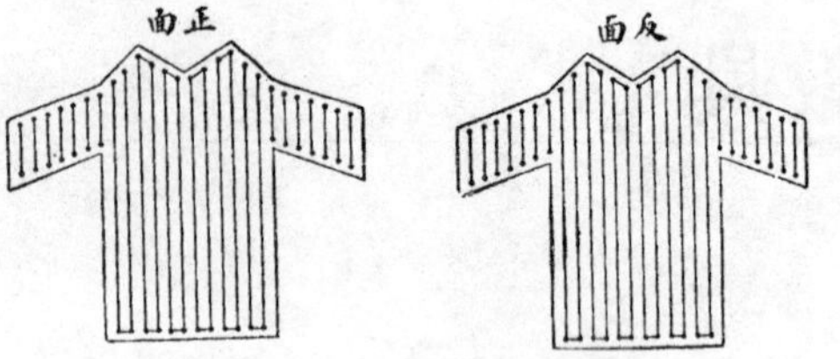

图 4　玩偶的衣服

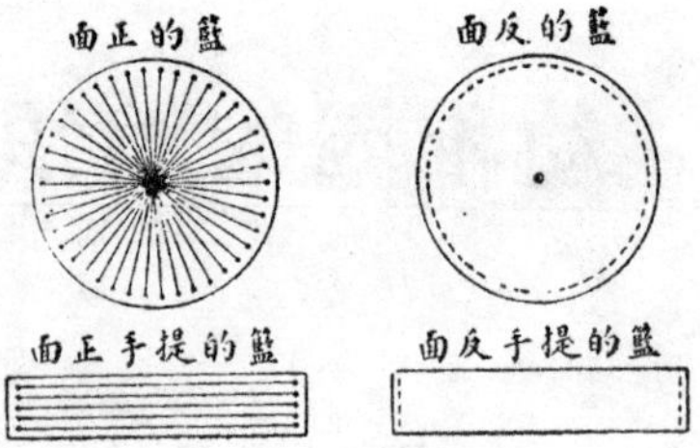

图 5　小篮

制作——用硬的马粪纸，剪成各种式样。

方法——照圆的式样，用粗线在硬纸板上穿成正反面的式样，再用竹针或竹梭(用竹削成变形的针，尾有小孔，以便穿线。或削成两头凹进的竹片，凹处可绕线)穿上各色棉线或绒线来回编织，织成后将硬纸板撕去即得。

二. 木制织机

制作——用木条四根，钉成长方形或正方形。左右两端钉上小钉，距离约二分，左右需相等。

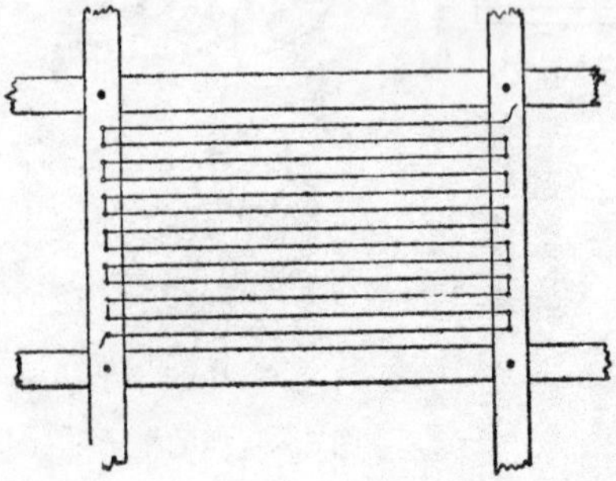

图 6　木制织机

方法——先用粗棉线在钉的两端来回绕上，再用竹针或竹梭穿上，色线来回编织，织成后从钉上取下，就成功了。下面的附图是几种式样，每种式样的底线穿法各不相同，有的地方要两面连着，有的地方要两面分开，看所需要的东西来决定，初步的绕底线的工作幼稚生恐怕不会，可由教师先穿好。小学生也许可以自己试做。

陈氏儿童识字牌[①]

幼稚园应当教儿童识字吗？这个问题已经引起很多人的注意，有的人以为可以教的，有的人以为不适宜教的。

据我的经验，幼稚园大班的儿童（年龄足四岁半的）可以教识字的，但是教法要好。假使专门教几个单字，或者教几本死书，那是不会引起儿童的兴趣的。最好教法有变化，多利用教具，利用游戏，致儿童学习的趣味格外来得浓厚，那么进步也格外来得快了。

陈鹤琴先生有见于此，曾创制了一种儿童识字牌。怎样会引起他的创制动机呢？有一回，他研究玩牌的心理，他问为什么人人都喜欢玩呢？牌是好玩得很，可以比赛争胜利，又有鲜艳夺目的色彩，用手摸上，很光滑，很神秘；把牌打在桌上，声音很清脆，很悦耳。所以玩牌的人在视觉触觉听觉方面，都得到快感。

陈先生就利用这种心理，把赌局改成教具，变为儿童的识字牌，牌上刻了字，字的颜色不同，有的红，有的黄，有的蓝，有的绿；有的一个字分两部分的，就用两种颜色。全副字牌共计 210 字，每个字有同样的两张，合计全副字牌有 420 张。可以向江西教育用品厂购置。

究竟这种字牌怎样教儿童识字的？怎样游戏的？

一、凑对子。

先把全副字牌字面向下，放在桌子中间。每人各拿七张，其中有一个做领袖，可以拿八张。他先打一张出来。谁有相同的字，就可以拿去凑成对子，把不成对的字牌打一张出来放在桌子上。如果没有人

① 原载《活教育》，1941 年第 1 卷第 3 期，第 91 页。

凑去，那右边的一个小朋友，就得中间去换一张，再把不成对子的字牌，打出来放在中间。谁先凑满四对，就满十分；凑满三对的得三分，两对的得两分，无对的零分。若有得到一百分的，这场游戏就算完毕。

这个游戏，可以说是识字游戏。小朋友在凑对子的时候，就能认字。假使有的字小朋友不认识，教师就可以教他。譬如"猫"字，小朋友不认识，教师就指着"猫"字说："这个'猫'字，一只小猫的'猫'字哪个要？哪个有这个'猫'字的，就可以拿去。"这样一来，小朋友就注意这个"猫"字，不久就可以认识了。

二、拼句子。

这个游戏有两种方法可以玩。

1. 先把字牌翻过来，放在桌子中间，小朋友可以一个一个轮流地摸一张打出来。譬如甲摸了一张"鸡"字。既然他是第一个第一次摸，他只可把"鸡"字放在桌上。乙摸了一张"小"字。"小"和"鸡"可以拼成"小鸡"。乙就把这块字牌拿回去，放在自己的面前。他再向桌子中间的字牌摸一张，摸到个"狗"字，他就把狗字放在桌上。丙也去摸一张，假定是一张"牛"字，丁摸了一张"瓶"字，戊摸了一张"花"字，他就可以把"瓶"字拿来。如果丙摸了一张字牌，又可以和乙拿去的字牌拼成句子的，那么乙所拼成的字牌，又归丙所有了。如果打出来的字牌，都没有人可以拼句子的，就放在中间，这样一张一张地摸出来拼句子，直等到中间的字牌都打完了拼完了，就计算个人所拼的句子和字数的多少，来计算所得的分数。

2. 和"凑对子"一样的玩法，每人有十张，领袖有十一张，其余的牌放在中间。领袖打一张字牌出来，各人看了自己的字牌，是否有字牌可以和打出来的拼成句子的，就可以拿去。譬如领袖打一张"黄"字出来，而我却有一张"狗"字，我就把"黄"字拿过来，拼成"黄狗"作为我所有。但是第三个人如果有一张"叫"字，那么他就可以把我的"黄狗"拿去，拼成"黄狗叫"，作为他所有了。但第四个人如果又有一张"大"字，他又可以拿去拼成"黄狗大叫"或"大黄狗叫"作为他所有了。同时谁拿了一张字牌去拼了句子，谁就可以到中间去再补一张，补的字牌如果可以去拼别人的句子的，还可以再补一张，这样连续不断地拼下去，直等到中间没有字牌可以拿了，所有的字牌不能拼成句子了，然后再来计算分数，看谁得分最多。

这两种玩法，对于认识字较多的小朋友较为适宜。他们可以运用所识的字来练习造句，来练习思想，是比较难一点。

下面的字汇，幼稚园和一年级的儿童，可以够用了。

牛、羊、马、狗、猫、兔、猪、象、狮、虎、熊、狼、狐、狸、鸡、鸭、鸟、鹅、雀、燕、鼠、蚂、蚁、蝴、蝶、蜜、蜂、蚊、蝇、黑、白、黄、红、蓝、青、紫、绿、新、旧、长、短、喜、欢、快、乐、慢、先、后、前、生、上、下、左、右、老、大、小、里、外、中、重、轻、活、橘、桃、梨、茶、竹、松、柏、树、花、草、叶、木、美、好、多、少、高、低、一、二、三、四、五、六、七、八、九、十、只、个、在、枝、半、这、那、的、了、把、你、我、他、们、飞、开、要、不、是、有、没、跑、进、出、敲、吃、拉、推、戴、穿、抱、吹、放、咬、想、抢、叫、拿、拍、到、得、着、来、去、做、追、跳、打、写、说、逃、笑、哭、骂、坐、站、走、看、见、头、鼻、子、发、眼、睛、手、脚、腿、背、耳、朵、嘴、身、皮、毛、面、牙、齿、脸、鞋、帽、衣、服、饭、球、糖、刀、枪、石、山、土、天、地、云、雨、雪、田、水、风、太、阳、月、亮、人、姐、妹、弟、哥、妈、爸、孩、玩、很、香、怕、满、公、婆、丽。

小网圈——从六岁到八十岁都喜欢的[1]

"小网圈"是最好玩、最经济、最能持久的一种小团体游戏。

怎样好玩呢？六七岁的儿童喜欢玩，七八十岁的老翁也喜欢玩。强壮的青年固然喜欢玩，柔弱的少女也能够玩。少爷小姐固然能够玩，穷儿孤女也玩得起。

这种游戏怎样经济呢？有三种经济：空间经济、金钱经济、时间经济。

空间怎样经济呢？这种游戏在学校里可玩，在家里也可玩，在户外可玩，在室内也可玩。在操场亦可玩，在天井里也可玩。只要有一块四丈长两丈阔的空地就可玩了。

金钱怎样经济呢？篮球是玩不起的，一副篮球架子，总要花百把块钱。一个篮球也要花五六十块钱。排球比篮球便宜些，但也要花百把块钱，一个网就要几十块钱呢！

网球是更加玩不起了，网拍、网球、网、网地都要花几百块钱呢！钱还不算什么，就是有了钱，网球、篮球、球胎，现在都买不到了。

时间怎样经济呢？因为占地小，玩法简单，随便什么时候都可以玩。不一定天晴才能玩，天下雨在室内也可以玩的。

这种网圈究竟用什么工具呢？一个绳圈、一条网就行了。绳圈有多大？用七八分粗一尺四寸长的一条绳子，做成一个圆圈；一条一丈长的网缚在两根柱子上，网高离地五尺。网阔可多可少，一尺可以，一尺半也可以。若是没有网的话，用一根竹竿代替也可以。

---

① 陈鹤琴、钟昭华合写，原载《活教育》，1942年第2卷第1期，第17～19页。

场地有多大？怎样划分呢？看下面的圈就可以知道了。怎样玩法呢？

一、人数：两人可以玩，四个人也可以玩，两人用内线，四人用外线。

二、发圈：

1. 甲方站在线外发圈，丢在乙方的小方格内。

2. 假如甲方的圈发在乙方的小方格外，那圈就要给乙方发了。

3. 用右手发圈可以，用左手发圈也可以。

4. 发圈的方法很多，横面的发过去可以，往上发过去也可以，但是不能向对方掷下去。在这种游戏之中，只有这样玩法是算犯规的。

5. 圈碰在网的上面而落在小方格内，可以重发。

三、接圈：

1. 乙方接圈，可用左手，也可用右手。不过不能同时用两只手，或用一只接了再交给另一只手。

2. 接着了圈之后，立刻要丢到对方的范围圈内。

3. 假如发圈的人接不到圈，圈就要给对方。假如接圈的人接不到圈，发圈的人继续发下去，直等到发圈的人接不到圈为止。

四、记分：

接圈的人接不到圈，发圈人就赢了一分，谁先满二十一分，谁算得胜。

五、有什么诀窍呢？

圈发进去要使对方接

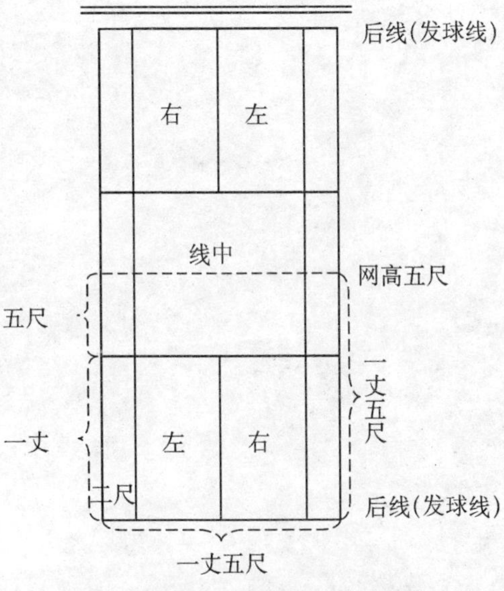

小网圈场地尺寸图

不牢。怎样使他接不牢呢?

1. 把圈往上转下来。

2. 把圈斜面撇过去。

3. 把圈丢在距离对方过远或过近的地方。

4. 把圈很轻快地丢在网的那一面。

从上面看来,这种游戏,很有价值,不论在家庭里,在学校里,在社会里,都可以玩的。

儿歌（十则）[①]

一、小麻雀

小麻雀，麻雀小，不会走路只会跳，不会唱歌只会叫。

二、萤火虫

萤火虫，夜夜红，飞到西，飞到东，好像一盏小灯笼。

三、向日葵

向日葵，排着队，每天每天欢迎太阳来，它们的花儿，总是向着太阳开。

四、小老鼠

小老鼠，上灯台，偷油吃，下不来。叫妈妈，妈不睬，骨碌骨碌滚下来。

五、猫咪咪

猫咪咪，猫咪咪，妈妈叫你来扫地，尾巴短，扫帚长，扫来扫去没有样，打翻了簸箕喊亲娘，咪呜！咪呜！

六、荷花朵朵开

荷花荷花几时开，一月不开二月开，二月不开三月开，三月不开四月开，四月不开五月开，五月不开六月开，六月不开七月荷花朵朵开。

七、月亮儿

月亮儿，照我面，有时圆圆，有时缺半边，有时不见了，谁把你偷掉。

① 原载《妇女》，1946 年第 7 期，第 14 页。

八、小小猫

小小猫，来吃饭，吃完饭，洗洗脸，洗得干净人喜欢，洗不干净人讨厌。

九、跷跷板

跷跷板，板跷跷。跷得高，碰着杨柳梢；跷得低，碰着青草地。跷跷板，板跷跷。

十、小小星

小小星，亮晶晶，你看我，我看你，一夜看到大天明。

傀儡戏——活教具第二种①

民国二五年的夏天，陈鹤琴先生从欧洲考察教育回国。回国不久，就到南京来视察鼓楼幼稚园。他带了一件礼物送给小朋友，什么礼物呢？就是一只小黑猪。

这只小黑猪，只有两条腿，一个头，它会说话，它会走路，它会唱歌，它会讲故事，它会跳舞，会做各种表演。当时小朋友得着极大的快乐、无限的乐趣。这只小黑猪，究竟是什么东西呢？原来是一只布做的傀儡猪而已！

这只傀儡猪确是一种好教具。小朋友学习说明，学习唱歌，学习讲故事，学习画图，学习做手工，而且学习起来，兴趣格外浓厚，进步格外迅速。

每次小朋友一说到表演，就想到傀儡戏，因此各种傀儡逐渐做完成了。什么黄狗、白兔、花猫、猴子、公鸡、花鸭、山羊、老虎，甚至于爹爹妈妈、哥哥姐姐、老公公老婆婆都一一地搬上了戏台。小朋友差不多天天都有新的学习、新的成就，真是兴高采烈，快乐无穷，回想起来，这已经是五年前的事了。

傀儡戏——一名木偶戏，是世界上很流行的一种民间玩意儿。我小时候曾经在家乡看见过这种木人戏。一个演戏的背了一个戏台，走到街头，放下戏台，敲起锣鼓，立刻吸引了许许多多男女老少，那时所看到的是一个一个的木偶，由表演的人把它们从戏台上拉进拉出，演些什么《打鼓骂曹》《王大娘补缸》《火烧红莲寺》这一类东西。它们表

① 原载《活教育》，20世纪40年代初第1卷第2期，第11～12页。

演得很粗俗，配备得很简陋，但是大家都看得津津有味，围着戏台不肯走，就是因它们的神情非常逼真，动作非常滑稽，吹吹打打，说说唱唱，看的人不知不觉被它们吸引着了。这就是我国民间盛行的一种木人戏。

傀儡戏在欧美各国也都盛行的，除了民间有较大的组织外，学校方面早已利用了。他们应用傀儡戏来做设计教学的中心，做联络各课的教材，在中国经陈鹤琴先生的倡导，傀儡也跑进学校里去了，上海有许多小学曾经试验过，都有很好的成绩。但是傀儡多半是由高年级来表演的。

傀儡戏在幼稚园不大多的，恐怕只有在南京鼓楼幼稚园试教过。现在我们在幼师幼稚园又来提倡了。

幼稚园所用的傀儡戏，是很简单的；表演的方法，是很容易的。傀儡只有半身，没有脚的，所以表演的时候，只有半身的动作，脚都是看不见的。

傀儡戏究竟需要什么东西呢？一个戏台，几个傀儡。

一、戏台

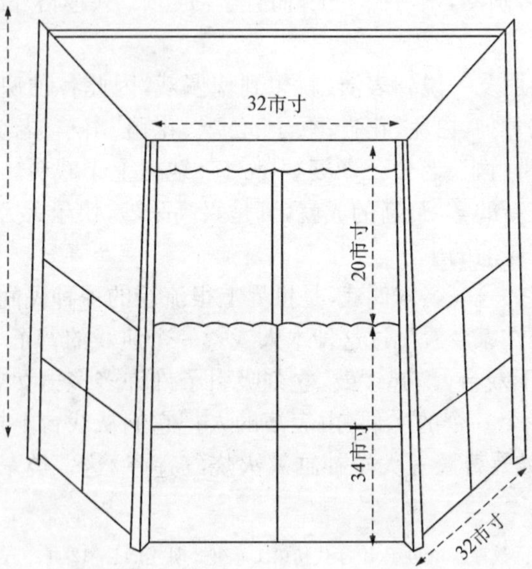

用木条钉成一个可以折叠的架子。中间一截的上半截，是傀儡表演的戏台。下半截是台身，最好用深色的布或纸把它遮起来。左右两扇是戏台的侧面，应当全部遮住。儿童站在中间举手表演，所以中间半截的高度，不得低过于儿童，不然看戏的人都能看得见儿童的头部，而观戏的兴趣就会减少了。戏台上，中有一幅小幕布，以便开关。幕的上面，应加以三寸宽的帷幔，左右两扇木架什么用呢？有了这两扇架子，戏台就很得体了，不但如此，我们可以用一根木条把两扇钩住，而且在木条上可以系挂背景。

这种戏台，非常简便。用的时候，我们可以把它像屏风一般放开，不用的时候，我们可以把它折起来。假使长捆带更便利的话，全部戏台可以用螺钉卸装的。

二、傀儡

幼稚生年龄小，手指短，力气有限，傀儡的大小要适合他们的手指，不然运用起来很困难，表情也不容易逼真了。下面是一只兔子的傀儡，怎么制作的呢？在兔头的中间，做一个硬纸板的指套，身上穿一件两只袖子的衣服。表演时儿童把食指插在指套里，把大指中指套在袖子里。这是一只手表演的傀儡戏。

还有一种用两只手表演的，我们可以在傀儡的头部中间插一根细长的棍木，表演时儿童用左手握木棍做头部的动作，用右手的大指和中指套在两袖内做两臂的动作。这种表演效果更佳。不过幼稚生能力薄弱，还是用一只手表演比较容易些。

还有一点，我们可以利用的。什么呢？现成的玩具。我们只要在玩具上装一个握手就够了。表演的人拿着握手，也可以做出各种动作来的。不过不要给看戏的人看得到握手就是了。

最近我也在幼稚园用傀儡表演了一个故事，几节儿歌，几节歌唱，几节跳舞，几节节奏队。试验的结果，多动作多变化的表演最合适儿童的兴趣，真所谓百玩不厌；节奏队只有一个指挥姿势，就觉得太单调，没有太大的兴趣了。

儿童游戏①

卷头语

儿童游戏教材，在目前是很难找得到的。自从卅年春季起，幼师同学连续不断地到幼稚园来实习。在实习期间，同学们天天向我要游戏教材。因此，一年以来，游戏教材已经收集不少了。我一方面把南京鼓楼幼稚园所用过的材料重行试用，一方面找寻新的材料，加以研究。这本小册子里的70则游戏，就是这样产生的。

儿童所能用的游戏，当然不是只有这几则。为了适应急需，暂时先把它们印出来，一俟将来有暇，再行搜集，再行研究，稍有成就，再行编印，以供同好。

这里有一点要声明的，就是这几则游戏虽然是为幼稚教师选集的，但小学教师也可以试用。我想，小学里的小朋友也都喜欢玩的。

钟昭华于三十一年儿童节

目 次

1. 斗鸡
2. 乌鸦抢窝
3. 猴子变把戏
4. 蝴蝶采花
5. 听口令
6. 躲雨

① 陈鹤琴、钟昭华编，1942年在江西出版，1947年在上海由华华书店再版。本书有游戏70则，这里选了30则。

7. 快活的琴师
8. 开火车
9. 捉兔子
10. 抢椅子
11. 渔翁网鱼
12. 丢手帕
13. 捉鱼
14. 黄鼠狼捉小鸡
15. 猫捉老鼠
16. 种莲子
17. 吃香蕉？吃苹果？
18. 牵牛、牵羊
19. 升旗行礼
20. 游公园
21. 提灯比赛
22. 套藤圈
23. 瞎子摸铃
24. 送花
25. 寻珠子
26. 谁出去了？
27. 换球
28. 盲人捉鸟
29. 盲人打猎
30. 掷炸弹

一、斗 鸡

人数：至少 2 人。

年龄：5 岁以上。

地点：户外或室内。

方法：举两个能力相仿的儿童做“老雄鸡”相斗。教师弹琴（弹独脚跳或双脚跳的曲谱）。做“老雄鸡”的两个儿童，各用一只脚跳（另一只脚缩起），同时各用双手相互推；推一下就缩进，再伸出相推。结果看谁缩起的脚先落地，就算失败。再另举两个人相斗，继续游戏。

注意：

1. 教师应当注意斗鸡者的脚，不论是被推倒或自己落地的，都算失败。

2. 每两个人相斗后胜利的和胜利的可以再相斗，看谁是最后的胜利者。

3. 小的儿童，如果不会用一只脚跳，教师可以在地上画一圆圈，两个儿童可以在圈内相斗（不用脚跳，只用手推），谁先被推出圈就算失败。（圈的大小，约能容立五六个人为度）

二、乌鸦抢窝

人数:10 人以上,50 人以下。

年龄:3 足岁以上。

地点:室内或室外。

方法:每 3 人为一组,每组 2 人对立,两手相牵做窝,1 人立在窝中做“喜鹊”。各组排列成一圆圈,圈中立 1 人做“乌鸦”。教师在旁发口令说:“喜鹊叫;乌鸦笑! 喜鹊有家,乌鸦来抢!”说后,每组窝中的“喜鹊”立刻从两人的手臂下穿出另换一个“窝”。换窝的时候,“乌鸦”可以乘机去抢“窝”,抢时做“窝”人相牵的两手须高高举起,让新“喜鹊”进来。进来后,两手仍牵着放下,两个“窝”同时不能有两只“喜鹊”进来。假如“乌鸦”来进“窝”,也得让他钻进来。谁抢不到“窝”,就站在圈中做“乌鸦”,再依前法游戏。

注意:

1. 做“窝”的人同做“喜鹊”的人得随时调换。

2. 教师的口令不必一定这样讲,吹口笛或喊“一、二、三”都可以的。

三、猴子变把戏

人数:10 人至 40 人。

年龄:4 足岁以上。

地点:室内或室外。

方法:全体儿童站或坐一圆圈,面向圈内。公举一人做“看猴戏的”,先请他出圈到另一室或与全体隔离的地方去。又举一人做“变把戏的”,其他儿童做“学猴戏的”。开始时全体拍手,请“看猴戏的”进来站在圈内,身体可以向四面转动,留心看着,指出谁是“猴子”。做“猴子的”应当做出各种动作来(如摇头、拍腿、抓耳朵或模仿各种动作),其他儿童做“学猴戏的”,一看见“猴子”的动作,就立即学做或更换。“猴子”若被指出,就换做“看猴戏的”,“猴子”再另选过,这样继续游戏。

注意：

1. “猴子”的动作要灵活，要好玩。更换动作时要快，不要间断，不要使“看猴戏的”看出。

2. “学猴戏的”动作要敏捷，目光不要直视“猴子”。

3. “看猴戏的”不能看出“猴子”时或三次猜错时，可请他表演唱歌或跳舞。再另公举一人做“看猴戏的”。

4. 教师也可参加本游戏，若举做“猴子”，那更有趣味。

四、蝴蝶采花

人数：5 人至 40 人。

年龄：3 足岁以上。

地点：室外较宜。

方法：将全体的一半儿童做“花”，蹲在地上（一膝跪地），成一圆圈做“花园”；同时两手心相对，手指弯曲作“花朵”状。另一半儿童做“蝴蝶”，一只“蝴蝶”站在一朵“花”前，面向一方。举一儿童做“采花姑娘”，站在圈中。教师弹琴，全体“蝴蝶”顺着圈子在每一朵“花”间作飞舞状进行。教师琴停，蝴蝶就立即停止飞舞，任意去抢一朵花，蹲在花前，两手与花相搀。同时采花姑娘亦当乘机去抢一朵花，蹲在花前，与花搀手。谁先与花搀手就算谁采到了花。谁没有采到花，就做采花姑娘，接连三次做采花姑娘的，就请他跳舞或唱歌（或做其他动作），以后由采花姑娘另举一人，做“蝴蝶”的就与“花”相换，再如前法相继游戏。

注意：

1. 教师所奏的曲调须文雅柔和，使儿童能自然模仿蝴蝶飞舞的动作。

2. 教师要随时注意花及蝴蝶的动作是否正确，随时矫正。

3. 教师奏琴时间的长短应有变化，以引起儿童之注意。

4. 采花姑娘如不易抢得花时，可与蝴蝶共游花间，其动作可以两手叉腰，两脚轻跑。

5. 这种游戏另有一种玩法，就是每次未得花的蝴蝶，或采花姑娘出圈，看哪一只蝴蝶得到最后一朵花，就赞誉他为“蝴蝶王后”。

五、听口令

人数:20 人以上。

年龄:4 足岁以上。

地点:最好在室内，在户外亦可。

方法:全体儿童各拿一把椅子，坐成圆圈，但需一人面向里，一人面向外，一正一反相间地坐着。面向里坐的就称为里圈，面向外坐的就称为外圈。然后教师发口令:“里圈的人站起来”“外圈的人站起来”或“里圈的人坐下去”“外圈的人坐下去”等。每人须记清自己是哪一圈的人，照着口令做，谁做错了就退出游戏，换一个儿童加入;或者做错的逐次退出，逐次减少一人，结果看谁是最后退出的，谁就算胜利者。

注意:

1. 未做之前，须令儿童认清自己的地位。

2. 教师发口令可以故意说重复的话，使儿童注意力更集中，以养成儿童单独而不受别人牵引的能力。

六、躲　雨

人数:5 人至 30 人。

年龄:3 足岁以上。

地点:室内或室外。

方法:全体儿童坐成一圆圈，举一儿童做雨公公或太阳婆婆，蹲在圈中，由他发口令说:“太阳来了，小朋友出来玩!”或说:“下雨了，小朋友回家。”当说“太阳来了，小朋友出来玩”时，全体儿童须起立在圈中随意走动。待走动些时候，雨公公可续发口令说:“天下雨了。”全体迅速向原位跑去坐下。同时雨公公立刻起立去捉住任何在逃的一人;如捉不着，仍由他做雨公公或太阳婆婆，或另举别人，再继续游戏。

注意：

1. 年幼儿童若被举做雨公公或太阳婆婆，教师可代他发口令，或帮他去捉人。

2. 发口令时，要说得清楚。

3. 说“太阳来了，小朋友出来玩”时，可以故意多说几遍，待小朋友离原来的坐位很远时，再说“天下雨了”。

七、快活的琴师

人数：至多 30 人。

年龄：幼稚生大班及小学低年级为宜。

地点：室内或室外。

方法：全体儿童坐一圆圈，面向中央，举一儿童做琴师，站在圈中，由他发口令说：“小朋友，预备……起！”琴师就在圈中四面跳动，两手在胸前左右荡动作打拍子状，同时全体小朋友伸手作弹琴状。如琴师的动作忽然换作弹琴状，那么全体小朋友应迅速换作打拍子状。谁没有更换动作，或更换得最慢的，如被琴师指出，就换做琴师（或另举琴师），再继续游戏。

注意：

1. 做琴师的在圈中的动作要活泼。

2. 动作时可忽长忽短，务须全体儿童一齐动作。

3. 教师可随时提出做玩另一种乐器的动作（国乐如锣、鼓、笛、箫、胡琴、琵琶等；西乐如钢琴、提琴、喇叭、口琴等）。

八、开火车

人数：至多 50 人。

年龄：3 足岁以上。

地点：室内。

方法：教师弹跑步曲，全体儿童顺一方向，听琴声随时向前跑，表示火车开了。待教师停止弹琴，全体儿童即须蹲下，表示火车到了。

谁是最后蹲下的，就请他退出。教师再弹琴，再依前法继续游戏，结果看谁是最后一人，就算他胜。

注意：

1. 跑时须依音乐的快慢跑。

2. 教师弹琴，须有忽长忽短、忽轻忽重的变化，以引起儿童的注意。

3. 教师所弹的乐曲，不一定是跑步的，可间用进行曲或双脚并跳的乐曲，跑的乐曲表示开特别快车，进行的乐曲表示开快车，双脚并跳的乐曲表示开慢车。这样可以引起儿童动作变化的兴趣，并提示儿童敏捷地更换动作。

九、捉兔子

人数：至多 30 人。

年龄：4 足岁以上。

地点：室内或室外。

方法：在地上画一条界线，全体儿童散立在界线内的各处做兔子，另举一人做猎人，用手帕把他的两只手腕在胸前缚起来。教师可以发口令喊："一、二、三逃！"或者作放枪声："啪！"猎人就任意去捉兔子，兔子就在限定的界线内逃避，如被抓着衣服就算捉住了，请他走出。这样继续地捉，看谁最后被捉，捉完后可另请猎人再捉。

注意：

1. 兔子在一定的界线内逃避，界限的大小可依全体人数多少而定；如人数多，界限可大，人数少，界限可小。

2. 如全体人数太多，可分组游戏，同时请两个猎人。

3. 教师当注意被捉或被捉着衣服的儿童，即刻请他退出游戏。

4. 如全体儿童人数少，年龄又较大，那么另有一种玩法，就是当猎人来捉兔子时，做兔子的可立刻蹲下，猎人不得再捉他，但兔子蹲下的时间不得太长。

十、抢椅子

人数:至多40人。

年龄:4足岁以上。

地点:室内。

方法:全体儿童各拿一椅排成一行,椅子须一正一反,人数要比椅子数多一,教师弹进行曲,儿童在音乐伴奏下绕椅子行进,或跑步。如琴声一停,全体各抢一空椅坐下,如未得坐椅的,就请他退出,同时拿出一把椅子,再继续依前法游戏。结果看谁抢着最后一椅,全体拍手称赞他。

注意:

1. 全体听琴声行进或跑步时,须抬头挺胸,不可弯腰驼背,用手摸椅。

2. 幼稚生做这游戏时,可以排成一个圆圈,儿童可以沿着圈子行进而抢椅子。

3. 教师所弹的琴应当时长时短,并有抑扬顿挫的变化。

4. 这个游戏不用椅子来抢坐位,也可以在地上画×或画圆圈来抢,或写数字来抢,方法与前同。

十一、渔翁网鱼

人数:十人至四五十人。

年龄:3足岁以上。

地点:室内外均可。

方法:举七八人做网,大家牵手,连成一行。其他儿童任意散立在各处做鱼,等教师发口令说"一、二、三"后,做网的人就牵着手跑去围住一人或数人(去围的时候,做网的人不得放手,做鱼的人可在四处逃避)。围着后,做网的人仍须牵成圆圈,算是鱼已被网,不能逃脱,并令他退出,再去网别人。结果看谁最后被网,或者没被网去的算是胜利。另举做网的人,继续游戏。

注意：

1. 做网人的多少要看全体人数的多少而定，大约以全体人数的1/4最相宜。

2. 做鱼的人可逃避的范围须看全体儿童的多少而划定界限。

3. 做网的人去围鱼时，手要牵得牢，不可随意放手。围着后，两端的人仍须牵成圆圈，否则鱼可逃出。

4. 做网的人的能力务须相仿，大的儿童来做网较相宜。

十二、丢手帕

人数：10 人以上。

年龄：3 足岁以上。

地点：室内或室外。

方法：全体儿童站一圆圈面向中央，请一儿童做丢手帕的人，绕圈外跑，跑时将手帕丢在任何一个小朋友的背后，被丢手帕的儿童，发觉有手帕在背后，立刻拾起手帕去追逐丢手帕的人。丢手帕的儿童跑到被丢手帕的人的位子上，被丢手帕的人就不能再捉他了。他拿了手帕再去丢给别人。丢手帕的人倘若被捉到了，那么仍由他去丢给别人，如三次都被人捉到，就要请他唱一支歌，或向大家鞠一躬，再请别人来丢，继续游戏。

注意：

1. 丢手帕的人在开始跑的一圈中间，就应当把手帕丢给别人，不要跑得太久。

2. 圈上的人不得转过头来看丢手帕的丢给何人，应当让被丢的人自己发现。

十三、捉　鱼

人数：5 人至 30 人。

年龄：3 足岁以上。

地点：室内外均可。

方法:在室内或草场中心,用粉笔或石灰画成两条平行线,两线距离约在二尺至三四尺间。两线的长短最好尽教室或草场的两端;视参加游戏人数的多少而定。举二三人或五六人做捉鱼人,分列在界线内。其他儿童随意散立在界线的外边,教师发口令说:“小鱼,小鱼,一……二……三……逃!”说后,散立在一边的儿童,都须经过界线逃到对方去。逃的时候,界线内的捉鱼人可以任意去捉,如被捉就退出游戏(捉鱼人只能在界线内捉)。教师再发口令后,全体做鱼人再由这边逃到那边去。如前法继续游戏,结果看谁最后被捉或没有被捉到。

注意:

1. 教师应当注意做鱼的人,如被捉,立刻令他退出。

2. 做鱼的人,一听见教师发了口令,全体立刻向对方逃去,不得留存。

十四、黄鼠狼捉小鸡

人数:30 人以内。

年龄:3 足岁以上。

地点:户外较宜。

方法:举一儿童做老母鸡,另举一儿童做黄鼠狼,其他儿童都做小鸡,蹲在老母鸡背后成一行(老母鸡亦蹲下)。黄鼠狼一面绕着老母鸡和小鸡走,一面口里说:“笃笃笃!卖糖粥。吃你的肉,还你的壳。”绕了一圈以后,就在老母鸡的身前立定说道:“老母鸡,老母鸡,我要买一只小鸡。”老母鸡说:“小鸡没有孵出来哩。”黄鼠狼再一面念着,一面绕一周,又立在老母鸡面前问道:“老母鸡,老母鸡,我要买一只小鸡。”老母鸡说:“小鸡刚刚孵出来,毛还没有干哩。”黄鼠狼再念着绕一周,说道:“老母鸡,老母鸡,我要买一只小鸡。”老母鸡就站起来说:“小鸡是我的小宝贝,我不卖给你当点心吃。”黄鼠狼就很生气地说道:“哼!你不卖吗?好!你不卖我要来捉了。”老母鸡说:“好!你来捉吧!”说后全体小鸡起立,各用双手抱住前面人的腰或拉住前面人的衣服。等全体预备好了，黄鼠狼就开始向左面或右面跑去捉小鸡，同时老母鸡在前面伸开两手臂向左右跑动去挡住黄鼠狼。小鸡紧跟着老母鸡，亦向左右跑动，逃避黄鼠狼，如被捉到就退出。黄鼠狼可再去捉，捉得三只后，就不得再捉。然后另举老母鸡及黄鼠狼继续游戏。

注意：

1. 小鸡逃避时，双手不得放脱前面人的腰或衣服，全体小鸡必须连成一串，如脱手急须接连，但黄鼠狼可乘机去捉。

2. 老母鸡和黄鼠狼，最好请年龄较大的儿童来做。

3. 不必拘定捉3只小鸡，都捉完也可以，看儿童的兴趣如何来定。

十五、猫捉老鼠

人数：5人以上。

年龄：3足岁以上。

地点：室内。

方法：全体儿童坐一圆圈，面向中央，圈中放一张小桌子，举一儿童做猫，躲在桌子底下，闭起眼睛假装睡觉。教师任意招三四个儿童做老鼠，轻轻地由四面向桌子走来，用手抓桌子做咬木的声音。待教师发口令说："猫捉老鼠。"猫就赶快从桌子下爬出来去捉任何一只老鼠。老鼠立刻跑回洞去（原来的座位上）。如被捉就换做猫，老鼠再另举；如未捉着老鼠，仍继续做猫。三次捉不到，老鼠就另举。这样继续游戏。

注意：

1. 如全体儿童人数过多，可多举几只猫和老鼠。做猫的与做老鼠的人数须为一与三之比。

2. 教师要等老鼠到桌子边抓过桌子后，或抓一会儿后再发口令。

3. 发口令后，老鼠不必一定跑回座位，可以在圈内或圈外逃跑，等到猫儿快要追到的时候，再回原位坐下，这样比较有兴趣些。

十六、种莲子

人数:10 人以上。

年龄:4 足岁以上。

地点:室内或室外。

方法:全体儿童站一圆圈,两手相合做小池塘。举一儿童做下种的人,另举一儿童闭眼站在圈中间做猜的人。下种的儿童拿一粒莲子(或豆子、花生之类),轮流向各人的手里做下种状,同时口里念:"种莲子开荷花,开得个个塘里是白花。白花结乌子,谁家有,谁家没?"念的时候,把种子随意放在哪一个儿童的手里,念完,就请中间闭眼的儿童来猜种子在谁的手里。猜中了,就请被猜有种子的儿童来做下种的人,另请一人做猜的人。如猜不中可以再猜,三次猜不中要向大家唱歌或鞠躬,再举别人来做下种和猜的人,继续游戏。

注意:

1. 站在中间猜的人,不可以偷看。

2. 站在圈上的儿童,每个人的手都要合起来,不论是否被下种,要假装已被下种状。

3. 如人数过多,可以分组下种(每组至多 10 人)。

十七、吃香蕉?吃苹果?

人数:10 人至 40 人。

年龄:3 足岁以上。

地点:室内较宜,室外也可。

方法:举两个儿童做开水果店的人(每人认定一种水果,不让别的儿童知道,譬如甲认定是香蕉,乙认定是苹果)。两人面对面,两手相牵向上举起。其他儿童做买水果的人,大家牵手成一行,听琴声全体儿童一个一个跟着向前跑,穿过开店的两人举起的手臂下,继续不断地穿跑过去。等琴声一停,举手的两个人就放下手将正跑进手臂下的人套住(全体站停),将他带至门后或与大家相离约二三丈外的地方去问他说:“你喜欢吃香蕉呢,还是喜欢吃苹果?”被套的人可任说一样。如说“香蕉”,可请他站在一处,算是甲队的人;然后琴声开始,大家再依前法游戏。当再套住一人,问他喜欢吃什么,如他说“苹果”时,就请他站在另一边,算是乙队的人;如说“香蕉”,算是甲队的人,请他站在甲队的一边。这样继续游戏,直到每个人都套完,每人都问过,结果看吃香蕉的人多,还是吃苹果的人多。哪一边多,就拍手算胜。

注意:

1. 甲乙二人和被套住的人问答的时候,均须小声,勿令其他儿童听见。

2. 甲乙二人所认定的水果,勿令其他儿童觉察,如觉察可另认定其他水果。

3. 甲乙二人须留心琴声,琴声一停,急须套住一人。

4. 最好请较大的儿童做开店的人。

十八、牵牛、牵羊

人数:10 人至 30 人。

年龄:4 足岁以上。

地点:室内或室外。

方法:将全体儿童分为两队,各队横排面对面站着或坐着,各队举一领袖站着,甲队的领袖对乙队的领袖说:“喂! 老伯伯,我要买一头牛。”乙队的领袖说:“好! 你要买什么牛?”甲说:“我要买黄牛。”(或水牛、白牛、黑牛等,可以认定乙队里某一儿童所穿的衣服颜色来随意形容)说后就用手指他所认定的人,并说出他的名字来。乙队的领袖又说:“叫什么人来牵了去呢?”甲就随意选择同队里的儿童(他的年龄和能力要和所认定的人相仿),并说出他的名字。譬如说:“王明生。”说后,牵牛的人和做牛的人同时起立,面对面各用右手相搀,右足在前,左足在后,在二人伸出的右足间,画一条很短的界线,或置一根细竹棒、一根树枝等。等教师发口令“一……二……三……牵了去”后,两人相搀的手就用力相拉,拉时不能用左手帮忙,右足不能出界线,结果谁被拉过界线就算输了;输的人就要到赢的人的队里去。第二次乙队的领袖对甲队领袖说:“某大哥,我要买一只羊。”甲说:“好,你要买什么羊呢?”乙说:“要买山羊。”(或绵羊、白羊、黑羊等,同时认定一甲队的儿童)说后,就用手指出认定的人,并说出他的名字。甲说:“叫什么人来牵了羊去呢?”乙就唤一同队里的儿童来做牵羊人去拉羊。拉法如前。这样继续游戏,结果看哪一队的人已拉完,或哪一队的人多就算胜。

注意:

1. 如人数过多,不一定要将另一队的人拉完的,最好于拉到两队里的人数相等时来结束游戏,或随机应变结束游戏。

2. 选做牛做羊和牵牛牵羊的人,不必一定要领袖选的。各队里的人愿被选的都可随意举手,教师可任意请定。

3. 两人拉手时,可以拉一拉放一放再拉的。

十九、升旗行礼

人数:30 人至 50 人。

年龄:4 足岁以上。

方法:全体儿童分为两队,各队横列成一排,两排面对面(人数须相等)。每排左面的第一人,右手拿一面国旗,教师发口令说:“预备——起!”手拿国旗的急将国旗传与右面人的右手,这样一直传递下去,到最后一人。最后一人一得到国旗就将旗升起。同队的人一看见国旗升起就赶快立正,右手在额右作行礼状。结果看哪一队先升旗行礼算胜。这样可以再比赛几次;但次数成双数的,看哪一队胜的次数多,就算哪一队得到最后的胜利。

注意:

1. 传旗时,须用右手递给右面人的右手,不可以错过一人或错递一手。

2. 传递时,每队的人必须横列成排站好,不得高声乱叫或顿足,以免有碍秩序。

3. 行军礼时须立正表示恭敬。

4. 排队法:直的是一行,横的是一排。

二十、游公园

人数:二三十人。

年龄:幼稚生大班或低年级生。

地点:室内。

方法:在地上画三个圆圈(圈的大小须以至多容五六人的大小为度),以此代表花园。每圈给一园名(如中山公园、临江公园、文江公园等),园名写在各圈中。将全体儿童分为三组,分站在三个圈里,每个圈内的人数必相等。举一人或二人站在圈外,亦作游公园的。教师弹琴(《进行曲》),全体在三个圈外进行,如琴声停,全体可向任何一圈中跑去(如全数是 20 人,那么每圈各立 6 人,如圈中的人数已满,就不再入圈),谁不得入圈的(2 人),就请他们退出。这样再继续游戏。不过每次每圈须减少一人,如第一次每圈人数是 6,那么第二次是 5,到最后未得圈的 3 人,可以同时退出。结果看哪 3 人得到最后各圈的,这 3 人就算胜利。

注意:

1. 圈的大小可依照全体人数而定。

2. 每次每圈所容人数不宜多,最好以五六人为限,以便看出数目。

二十一、提灯比赛

人数:30 人以内。

年龄:4 足岁以上。

地点:室内或室外。

方法:将全体儿童分为两队(人数须相等),各队直排成一行,面向排头,各行须在同一界线内,各行前面,距离 7 尺至 15 尺之间,各放椅子一把,椅子上各缚国旗一面,教师发口令:"预备……起!"各行排头的人右手各提一盏小灯笼，向前跑去绕椅子再回到排头处把灯笼递给第二个人（第一人就跑到本队排尾站队），第二个人照样提着灯向前跑去绕椅子，再回到排头处，把灯递给第三个人。这样相继提去，直到全体都提过，结果看哪一队递得快就算胜（最后提灯较快的人，须把灯高高举起，使大家看见）。这样可以比赛数次，但次数务须成双数的，看哪一队胜的次数多。

注意：

1. 各队提灯绕椅时，全体务须直立成行，交灯后务须站排尾。
2. 递灯时，务须在界限内接灯。
3. 灯内最好点一枝小蜡烛；如果没有灯用小旗代也可。

二十二、套藤圈

人数：至多40人。

年龄：三足岁半至八九岁。

地点：室内或户外。

方法：全体儿童分为两队，各队面向排头成一行（两队人数须相等），各行须同在一界线内，界线外各画一圆圈。各行的前面相距约七八尺之间各放椅子一把，椅子前面各放藤圈三个（藤圈的大小，要小朋友的身体能套得过的）。等老师发口令："一……二……三……"各行排头的第一个人向前跑去拿一个藤圈，再跑回界线外的圈中立着把藤圈从头上套进，从脚下套出，套完一个后再去拿第二个来套，又套第三个。套完第三个藤圈后，把三个藤圈一起拿着带到椅子前的原处放好。自己再跑回排头处用手去拍第二个人的手（拍后就回到排尾站好；全体可向前走一二步。第二个人须留心第一个人跑来，可先将手伸出等他来拍）。第二个人就同样向前跑去，拿藤圈来套，套法如前。这样继续地套下去，一直到每个人都套过，看哪一队先套完。最末的一个人，把藤圈套完放在原处后，急须坐在椅子上。看哪一队的人套得快。这样继续比赛数次。

注意：

1. 如遇年幼的儿童套错了或不会套，教师可在旁教他套，套错了再重套；年幼的儿童玩此游戏，也可只放一个圈，套一个圈。

2. 各行的人务须站成一行，秩序不要乱，也不要乱叫。

3. 各队的人，年龄和能力务须相等的。

4. 第二个人去套藤圈时，必须第一个人来拍过手后，始得跑出界线去套。

5. 界线外所画的圈的大小，可依藤圈的大小而定。

6. 藤圈最好用颜色细布条扎起来，如果没有藤圈，用竹圈也可以。

二十三、瞎子摸铃

人数：三人至三四十人。

年龄：3 足岁以上。

地点：户外室内均可。

方法：全体儿童面向中央，站一圆圈，举一人做瞎子（用布或手巾将眼睛包闭），站在圆圈中间；另举一人拿一小铃做摇铃人，亦站在圆圈中间。待摇铃人摇铃，瞎子就听着铃声去摸铃（就是去捉摇铃的人，铃声可时作时息）；摇铃的人可以在圈内逃避瞎子，但不能逃出圈外，如被捉，就换做瞎子，摇铃的人可另举，这样继续游戏。

注意：

1. 如没有小铃，用木块、小铃、铜锣，或铙钹来敲打也可。

2. 如全体人数多，圆圈大，可玩瞎子摸瞎子的游戏，两人都用布蒙蔽眼睛，玩时两人在圈内一呼一应地来去相摸。

二十四、送　花

人数：10 人至 30 人左右。

年龄：3 足岁以上。

地点：室内。

方法:全体儿童坐圆圈面向中央,令一儿童拿鲜花一朵(如大理花、蔷薇花、玫瑰花、绣球花、菊花、荷花等,如无鲜花,用纸花也可),教师弹琴(或击鼓,或敲锣皆可),拿花的人把花递给右面的人,右面的人又传递过去。如琴声停,鲜花即停止传递,看鲜花落在谁手里,就请他唱歌或跳舞,或做其他的动作(或请他出圈)。教师再弹琴,再依前法传递过去,继续游戏。

注意:

1. 琴声一停,马上停止传递鲜花。

2. 若人数过多,同时可分为两组游戏。

二十五、寻珠子

人数:不论。

年龄:4 足岁以上。

地点:室内或室外。

方法:全体儿童立成一圆圈,面向中央,每人两手相握放在背后,举一儿童做藏珠子的,站在圈内。藏珠子的用两手紧捏着一粒珠子,走到每一儿童的背后停下,做要藏珠子在他手中的样子。藏时可任意把珠子放在某一儿童的手里,同时寻珠子的人要留心察看,看珠子落在谁手里,直到每人都被他藏过为止。藏后,就请寻珠子的人猜,珠子是藏在谁手里,被猜的人不论珠子是否在他手中须将两手伸出来给他看。如猜着了,那人就换做寻珠子的,如三次或数次猜不着,被藏珠子的人就把珠子拿出来给他看。另举人藏珠、寻珠,这样继续游戏。

注意:

1. 藏时务须在每人背后停一下做藏珠子状。

2. 被藏着珠子的人,不要露出已藏着珠子的样子。

3. 藏时全体须很镇静,寻的人要站在圈中留心察看,但不能走近被藏的人身前去看。

4. 如不用珠子,用短蜡笔、小木头、钱币等来藏亦可。

二十六、谁出去了？

人数：10 人至 30 人。

年龄：4 足岁以上。

地点：室内。

方法：全体儿童坐一圆圈，面向中央，举一儿童做点名的人，向全体儿童依次点名一次，然后闭着眼睛，蹲在圈中，头靠在膝上，教师令一儿童轻轻地走出圈外到另一室去。去后，教师请点名的人起立再来点名，点时，应仔细地观看，看出去的是谁。如说得出，就请出去的人进来，换做点名人。如三次或数次说不出，就请他蹲在圈中闭着眼睛，待教师令出去的儿童进来任意坐在某处后（但不要坐在原处），再令点名人细细观看，看回来的人是谁。如仍说不出，教师可以告诉给他听，再另举点名人和出去的人，照样继续游戏。

注意：

1. 当某一儿童未出去之前，可先令点名人向全体儿童细细地观察几遍。

2. 以儿童的班次来分组游戏，比较容易知道姓名并察觉出去的是谁。

二十七、换　球

人数：10 人至 30 人。

年龄：3 足岁以上。

地点：室内或室外。

方法：全体儿童坐一圆圈，面向圈中，圈中地上画一个大“十”字，字上各放皮球 5 个：上、下、左、右放 4 个，中间放 1 个。放好之后，令全体儿童注意一下各球的位置（各球的颜色如红、白、紫、黄、蓝、黑等），请一儿童走出圈外到另一室去，再请一个儿童将球的位置上下左右随意更换一下。更换后请出圈的儿童进来，把各球的位置摆还原状，看他是否能完全摆得对。如摆对了，全体拍手赞许他。再另请一儿童出去，请一儿童更换球的位置，继续游戏。如摆不对，教师可帮他来摆，或请别的儿童来摆，看谁的记忆力好。

注意：

1. 最好请年幼的儿童来更换球的位置，请年长的儿童来摆还原状。

2. 出圈去的儿童，应请他在出去之前注意一下球的位置。

3. 球的做法：把各色绒线用钩针制成绒球，中塞棉花，如不用球，用各色布豆袋或各色木块来摆也可。

二十八、盲人捉鸟

人数：10 人以上。

年龄：3 足岁以上。

地点：室内或室外。

方法：在地板上或草场上画一个界限，举一儿童做捉鸟的，用手帕蒙闭眼睛，其他儿童任意散立在界线内做鸟。教师发放枪口令："啪！"全体儿童臂向左右张开，用脚尖轻轻地在地上跑，做鸟飞状。捉鸟的就任意去捉，鸟就在限定的界线内逃避。假使给捉鸟的碰到衣服，就算捉住了，请他退出。这样一只一只地捉下去，看哪一个留到最后没有给他捉住，算胜。

注意：

1. 做鸟的人一定要在界线内逃避，界限的大小看人数的多少而定。人数多，界线大；人数少，界线小。

2. 做鸟的人，被捉鸟的人碰到衣服就立刻退出游戏。

3. 此游戏人数不宜多，如人数多可分组游戏。

二十九、盲人打猎

人数：10 人至 30 人。

年龄：4 足岁以上。

地点：室内或室外。

方法：全体儿童搀手站一圆圈，举一儿童做猎人手持小棍，双眼蒙闭，搀手的儿童就环行唱歌，待猎人发口令说："停！"全体就停止歌声，并蹲在地上。猎人用小棍指某一儿童，某儿童就握住棍端作兽鸣、牛叫、羊叫、猫叫或狗叫都可以，猎人听他的叫声，要能说出他是谁，猜对的就换做猎人，猜不对的再走再叫再猜。如三次猜不着，就请猎人独唱一支歌，或对大家鞠一个躬。

注意：

1. 环行的儿童唱什么歌，可由他们自己决定。

2. 被猜的儿童做兽叫时，声音须清楚。其他儿童务须肃静，使猎人容易辨别。

三十、掷炸弹

人数：20 人以上。

年龄：3 足岁以上。

地点：室内或户外。

方法：全体儿童搀一圆圈，举一儿童做掷炸弹的（以大皮球当做炸弹），另举五六个儿童做躲炸弹的人，都分散站在圈内。教师发口令喊："一、二、三，砰！"掷炸弹的儿童，就用球向圈内分散站着的人抛去，躲炸弹的人就设法东躲西躲，谁被掷中，就算被炸，就退出游戏。以后，另请一人加入，直到全体都轮到，看谁最后一个被炸，大家拍手赞许。

注意：

1. 皮球来时，要迅速躲避，碰到衣角就算被炸的。

2. 躲炸弹的人不能逃出圈外来躲避。

3. 圈上的人须紧搀着手，不得放松。

介绍一种游戏[①]

名称——青蛙赛跑

用具——1. 硬纸剪成的青蛙。

2. 细麻绳一根，长约二丈，青蛙穿在绳子上。

人数——不限定，两人以上就可比赛，倘人数多而青蛙少，可以轮流玩。

地点——室内室外均可，唯地面需平坦。

玩法——参加的人，都站成一行，相距约一尺。握住绳子的甲端，作为起点，绳子的乙端缚在终点（以凳脚或其他可以缚住绳子的地方，离地约五尺）。青蛙挂在甲端，口令一出，各人拉动绳子，青蛙就好像跳跃似的从绳子上溜过去。谁的青蛙先到达终点，谁就胜利。

注意——拉绳子的时候，用力须平稳，不可操之过急，以青蛙在绳子上能保住一个斜立的姿势为相宜。

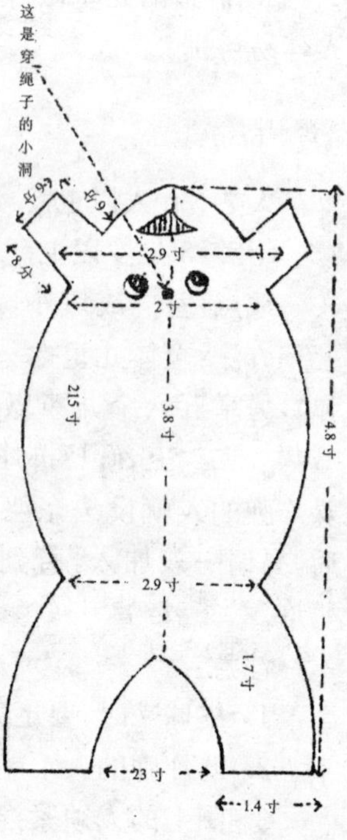

① 原载《活教育》，1941年第1卷第5期，第148页。

幼稚班试教经过[①]

一、绪言

中华儿童教育社第六届年会，今夏在庐山举行，昭等于赴会之余，承江西省教育厅和年会诸先生盛意，邀赴南昌参加年会暑期讲习会幼稚班试教。当时实未敢贸然应允，因一以既称试教，非得与儿童有相当之熟悉和了解不可，今骤然与儿童接触，未免隔膜！一以尽一小时余的时间而欲将幼稚园活动过程整个演出，决非事实可能！疑虑再三，卒未能却讲习会诸先生盛意，只得尽一己之力，勉为其难！试教结果，愧无成就，不过以当时当地的环境之下，能得许多人参加批评，在昭等个人方面，可以说得益不少！这是应得在此附带声明和感谢的。现在把在南昌两天和幼稚生共同生活的情形记录下来，聊作同志们参考，并盼多多指教！

二、试教的第一天

我们在十七日晚到了南昌，十八日和讲习会诸先生接洽，知道试教的地点在南昌省立二中大礼堂，而参加试教的幼稚生，却是江西省会幼稚园的儿童，这两处地点，平时素无关系，相离又约有一二里，知道是一个儿童不习惯场所。同时因为是在放暑假的期间，非先将儿童召集不可，想和儿童作一次初步的认识，就能使儿童不生畏怯。幼稚生非成人，决不能一见如故的。因此当天就到省会幼稚园和该园主任黄菲萝先生接洽，承她极力的帮忙，关于幼稚生的召集，由她负责，暂定二十五名。后来在省会幼稚园想找些适当的材料，可以在试教时应

① 原载《儿童教育》，1937年第7卷第8期，第85～90页。

用,结果未能如意。就在当天添置些自由作业和音乐教学的用具。下午黄先生访遍了二十多名幼稚生的家长,结果很好。第二天早上,就在省立二中大礼堂和二十几个不相识的儿童会见了。试教的地点,是在二中大礼堂的台上,今天就不得不登台试演,因此就有了以下的几段活动。

1. 谈话

和儿童相见,彼此打招呼,认识儿童的始末,认识南京来的老师、为什么这样大热天要请小朋友来上课等。

2. 自由作业

介绍信的作业用具,和怎样玩法,大家见了未见过的东西,个个都想试一试。结果就给儿童一个作业的机会,分成了五六组。因为初次尝试,有几个儿童不很活动,再三地勉励,大家就活动了近三十分钟。接着令儿童学习收拾并整理材料,收拾完了,给大家看作业成绩,引起儿童以后继续学习的兴趣!

3. 静息儿歌

儿童活动了半天,天气又热,大礼堂的地位,是一间四面不通风和空气的庙宇般的屋子,光线黑暗到极点,不能有户外可活动,只能令儿童静息片刻。后来就接着学习了一首蜻蜓儿歌,录如下:一条长尾巴,两个大眼睛,飞去又飞来,好像小飞艇。(详见陈鹤琴编《分年儿童图书诗歌·第一册》)

4. 唱歌

儿童到此时,已和教师熟悉了许多。教师按琴,令儿童坐成两排,随由教师唱《小星星》歌一曲,儿童随即学习。先由教师范唱数遍,后来和儿童合念歌词,几次以后,就跟得上了。其中有几个儿童也能起立独唱。歌词录后:一闪一闪亮晶晶,满天都是小星星,挂在天边放光明,好像千万小眼睛,一闪一闪亮晶晶,满天都是小星星。(歌谱见陈鹤琴编《世界儿童歌曲·第一集》)

5. 节奏

先听琴音拍手,以训练时间,待拍子正确、能分轻重后,就令儿童起立进行,大致无误,即分轻重进行、跑步等几种,结果颇能按琴声动作。

6. 小乐队

儿童听琴声的拍子,已可感觉而有反应了,教师就另奏一曲,预备配乐的击打。关于这一节,可以说对儿童完全是新的感觉。因为乐器都是新置备的,教师令儿童听琴声数遍后,就把乐器渐次敲出,同时并使儿童认识各种乐器的名称,及如何玩法。在每一种乐器的用法得到适当的指示后,就令持乐器按拍击打,等到拍子熟了,再分段合奏地敲击数次。儿童兴趣很浓,差不多每一个有一样乐器,所以在分段的时候,都知道注意自己的乐器,聚精会神,真像是一个小小的乐队了。乐队停止了以后,因为觉得今天的试习,正可以使儿童略得习惯,并且和教师也已有相当的认识了。为了天气的热,不得不停止活动,就和儿童约定明天上午八时再在此地相会,预习方告结束!结果虽然满意,但是照今天的情形,感到有几点困难:(1)儿童活动的场所被限制,因为只能在一个表演的台上;(2)教师的言语是普通话,对生长于南昌的儿童讲话,难免有使儿童不明了的地方,有时儿童的话教师听不懂,要经黄先生解说才明了,这是言语上的隔膜。无可挽回的,总之,今天的活动对儿童都是新的尝试。我们只希望给儿童一次小小的经验,以便第二天的演出能自然些!虽然不能把幼稚园的整个教学情形演出,也算得了几个例子了。

三、几段活动过程

十九日上午八时,二中大礼堂坐满了四五百人,都是参加暑期讲习会的学员,听说当天上午其他讲学都停止,全体都到这里来参观了。儿童到了二十二名,今天和我们相见,已能招呼,比昨天熟悉了许多。八时半开始,先对全体参观人讲了今天要活动的几段过程,并解说了各种活动过程的内容,另外关于教室的布置、材料的准备、教材的内容介绍,以及教学时的须注意事项,和试教与普通幼稚园一般教学的不同情形,详为解说!而后就在台上布置一个自由作业的环境,儿童登台,先整队举行清洁和健康检查,对每个儿童详细诊查有否皮肤病或伤风咳嗽等情，或儿童自身是否清洁、手帕是否随身带来。结果除少数儿童有鼻涕及指甲略长外，无他缺点，当时即为矫正，儿童就自己开始活动了。

1. 自由作业

因为限于地点狭小，和工具的缺少，只能分成以下七组，随各儿童自己愿意参加哪一项工作！

(1) 自由画

桌上放着蜡笔、水彩颜料、画笔和纸张等，儿童选择这项工作的，约有六七人，各随着他们自己的意思，发表图画。关于水彩颜色的调合，有几个儿童不很明了，教师就趁机调给他们看。关于发表图画的意思，教师只从旁加以指导，但不更改他们自己的本旨，结果很有几张有意思的作品。

(2) 胶水图形

桌上放着胶水、画笔、纸、一盆黄沙和一些五色的碎纸屑，用胶水画成各种图形，上面散以黄沙或纸屑就显出了很美的图画了。儿童选择这项工作的，兴趣似乎最好！起初他们不会自己画图样，就由教师帮忙，画成各种动物和小船房屋等图形，渐渐地，儿童自己也能仿画成一只小船、一只蝴蝶了。

(3) 剪贴

桌上放着各种五色纸张、剪刀、糨糊和较大的白纸。儿童喜欢各种美丽的不同颜色的纸张，选择剪贴的也有不少。他们剪成皮球、茶杯、草地、树木、宝塔、房屋、人物等等，再粘在大的白纸上。

(4) 刺工

在预备好的硬纸上面，画着图样，并且刺好了针孔，另外备有穿好线的粗针。有几个女孩子选择了这项工作。拿针线照样穿刺，刺成图形后，又涂上颜色，就成了一张美丽的画片了。

(5) 打印图

这项工作，本来应该预备许多动物木戳，当天因为不及准备，所以就在商场买了两盒橡皮动物印，当然是价钱大而东西少，似乎不大经济，但为了要使儿童尝试这项工作，所以就将这些印子放在桌上，给儿童应用了。他们拿印子印在白纸上，再用蜡笔加上颜色，再画上些旁边的东西，就成了一张美丽的图画了。有的儿童印上许多马，就加画些草，成为马在吃草了；有的儿童印旁的动物形。儿童不能有意思联络时，教师就加以指示，结果玩的儿童就觉得有兴趣了。

(6) 黏土工

因为办不到细的白泥，当天我们就用黄泥，就是颜色不大好看些，黏性倒是还差不多。儿童参加这组的，随意捏塑，做成了娃娃、汽车、宝塔、皮球等件，觉得很有兴味！

(7) 积木

那里没有大的建筑积木，只有几盒小号彩色方木和几盒六面画。两三个年龄较小的儿童，在自己玩着、搭着，因为太小，只能在桌上玩玩，似乎不能引起多数儿童的爱好！

上面这七组儿童，各自干着自己愿意做的工作，尚能注意自己所做的事情。教师轮流在各组间指导，儿童在某项工作上得到一个结果时，教师就拿起来给参观的学员们看，得以明了一切。也有儿童在某项工作得了结果以后，要求尝试另外一项工作的，就随时更换。各人有着各人的事，并且都是少数人成为一组，所以秩序和兴趣都很好。比较昨天的试教，进步了许多，这就表明儿童随时都可以学习的，只要教师能指导得法。这样工作着，约有三十分钟，因限于试教的时间，教师提出要求整理收拾，预备做旁的活动，儿童同意，就各自整理完毕，集合在一起。

2. 批评工作

当儿童集合在一起，注意力全部集中的时候，教师就拿各种工作的成绩，给全体儿童看，请他们共同批评或欣赏，使他们对于各项工作，能更增兴趣。有好些儿童，也能发表意见，对于工作的好坏已有相当的了解。

3. 儿歌

工作批评完毕后，复习昨天所学的儿歌《蜻蜓》，接着又教了一首新的《蝴蝶》及王瑞娴制儿童新年歌曲，讲时并加以表情，儿童各个都能够唱，神飞色舞，好似自己都已变成了美丽的蝴蝶一般！《蝴蝶》的词如下：身穿花花衣，看来真美丽。飞！飞！飞！飞在花堆里！（见陈鹤琴编《分年儿童图画诗歌·第二册》）

4. 唱歌

讲儿歌后，教师就奏昨天所学的《小星星》歌调，儿童都有反应，大家合起来唱了；有的儿童单独唱。复习了一会儿，又教了一首新的歌《五只小鸟》，歌词如下：

（1）一二三四五，五只小鸟同一窝。一二三四五，五只小鸟去上课。一二三四五，五只小鸟来数数。五只小鸟不会数，你看怎么做？

（2）鸟先生来了，小鸟吓得雀雀叫，鸟先生说道："你们坐好听我教，一二三四五，你数好了他来数，五只小鸟都会数。"我说："真不错！"（见陈鹤琴编《世界儿童歌曲·第一集》）

教师范唱了几遍，儿童静听，好似听故事般地把内容听清楚了，然后教师逐句解说和范唱，儿童就跟着逐句地学唱。几分钟后，已能整段地唱，虽不能独唱却能跟着唱出了。再次依着歌词的意义，随儿童的意思表演。这首歌注重于数数，所以他们就更觉得有兴趣！

5. 游戏

儿童在台上一个多钟头的活动，都是坐着或站着的，因限于不能到户外去，就给他们做了一个活动些的游戏调剂一下。所以教师就解释了一个"抢椅子"的游戏给他们听。请全体儿童每人拿一把椅子，排成一正一反的一行，其中有一个儿童不拿椅子。全体听琴声前进，常步或跑步，琴声一止，立刻抢坐一椅。谁坐不到椅子，就算是失败，当退出游戏。看最后谁得胜利。解释完毕，教师按琴，儿童就开始竞赛，兴趣非常浓厚，结果一个得到最后胜利的儿童，受到大家的拍手赞羡！

6. 小乐队[①]

这节活动，因为有过昨天一天的训练，儿童对乐器，约略有些认识，教师先奏“The Little Marionettes”(French Folk Song)一曲二三遍，儿童已能分辨节拍，就把所有的乐器：木鱼、双铃、铙钹、鼙鼓、小锣等二十余件，分派给每个儿童，每人得一乐器，听着琴声击打，有时各项乐器分开来打，有时合并打。儿童对此曲已有了相当的概念，所以打时很正确，无大错误，一个小小的乐队，已有了相当的成功了。约有四五遍的重复奏演，有几个儿童也交换了乐器打几遍。这时已经十点半了，因着天热并时间的限制，我们的试教到此停止，就告结束。向儿童解释不再继续上课的意思，当他们下台时，有几个儿童热烈地问着我们：“明天要来吗，先生?”“我们明天还要来。”我们笑着说：“不必来了。”但实在希望以后还能有机会和这些天真可爱的孩子们再接触呢！

四、尾声

综上两天的试教经过，合计约三小时，在此三小时内儿童已学习到的：1. 能完全唱歌一首，2. 能吟儿歌两则，3. 能做游戏一则，4. 能和琴声合奏乐器，5. 能应用作业用具数种。虽然以江西省会幼稚园的儿童，或许平日已很有训练，但儿童在不同环境的情形之下，和两位素不熟悉的教师共同生活，以及在数百人注目着而凡事感觉新奇的状态里，而能有此结果，我们认为儿童是万能的。所以凡是儿童能够学习的我们务必教他，假使我们错过给儿童学习的机会，这是教师应该负责的。我们试教后，由陈鹤琴先生对全体学员作一次详细解说，现在只提出几点特别须注意的，作为本文的结束。

1. 关于儿童用的桌子和椅子，要适合他们的身段，不能过高或过低，有碍儿童身体上的发展。这次试教用的椅子太低，桌子太少、太高，儿童坐着工作，似乎不很适宜的。

2. 自由作业的材料，要充分地准备，不能限于试教的几种，其他

① 谱见 William：A First Book of Rhythm Band.

还有纸浆工、米粉工、大积木、木工、漆工、缝纫编织、穿线、沙箱、园艺等,并且可以多利用废物,以启发儿童的创造力。作业的用具,不是像试教般限于位置而预先安放在桌子上的,应该把各种工作用具,放在每一个作业场所或教室里,让儿童自己去拿出来应用,或独自工作,或合组分作都可以。

3. 要多利用户外教学,使儿童多和日光与空气接触,教室的构造,也要顾到光线和空气,像试教的地点是不适宜的。

4. 要注意儿童身体的健康,每天必须详细考察儿童身体上有无问题,如发现有何问题,一定要使他和大家隔离。因为健康生活是儿童生活的大部分,有了健康,儿童的生活才得到快乐。

怎样做一个幼稚园的活教师[1]

"三岁看大，七岁看老"，这是句中国各地流传的俗语，从这句话看来，包含了很重要的意义，简括地说，就是说小孩子要从小教起的，三岁到七岁的教养如何，可以决定他到大到老的。

这样看来，三岁到七岁的这一个时期，是儿童教育最重要的一段时期，这一段时期，也就是幼儿教育的时期，所以幼儿教育也就是人生的基础教育。这时期的教育，一方面是儿童在家庭里受父母的教养，另一方面也就是儿童在幼稚园里受教育的指导，两方面所负的责任虽然不同，两方面所负的使命却是同样重大的，对于怎样做一个幼稚教师，怎样做一个幼稚园的活教师，是值得我们注意的。

一、教师对于本身的职务应有的认识

究竟怎样做一个幼稚园的"活教师"呢？我以为应有下列几点的认识：

1. 幼稚园的教师是一个园丁，百余年前幼教鼻祖福禄培尔替幼稚园命名的时候，曾经把幼稚园当做一个花园，他的意思是："儿童是花草，教师是园丁，园丁栽培花草，朝夕保护，谨慎小心，使他开花结果。教师教养儿童，也正像园丁栽植花草般地爱护灌溉，个个得到成长。"我们顾名思义，就知道幼稚教师教养儿童，责任多么重大。园丁栽培花草，晨夕照料，无微不至，等到发芽抽叶，开花结子，其中不知道要经过多少的时间，不知道要费掉多少的精力：不让虫儿来侵蚀，不受无故的砍折，还要施肥浇水，拔草松土，使枝叶荣茂，果实肥壮，那时才

① 原载《活教育》，1942 年第 2 卷第 5～6 期，第 108～110 页。

算是他的收获。幼稚教师教导儿童,就是培养民族的幼苗,要用园丁栽培花草的精神,要用合理的方法,爱护儿童,教养儿童,使儿童身心都得到健全的发展,个个都成为国家民族有力的基柱。将来如果有了收获,也可以说是报效国家民族于万一了。

2. 幼稚园教师是一个慈母,儿童在幼稚园里所过的生活,是刚离开家庭的生活,所以幼稚园的设施,要尽量采取家庭化,幼稚园里的教师,就应当十分像一个慈母了。这里所谓“慈母”,是一个深爱儿童而能予以同情心的慈母,是一个了解儿童心理而能予以协助鼓励的慈母,是有一颗赤诚的心真挚地对待儿童的慈母,是具有丰富的情感而同时能用理智来考核来训练儿童的慈母,是能牺牲,能忍耐,能把自己的生命与儿童融合为一的慈母。不是溺爱的慈母,不是姑息儿童的慈母,不是敷衍塞责的慈母,是一个善于用教育方法来教养儿童的慈母。

3. 幼稚园教师是一个儿童,一个幼稚园教师必须儿童化,才能算是一个“活教师”。怎样算是儿童化呢?就是把你自己变成一个儿童,也可以说你应当忘记自己是成人。你应当像儿童的坦白,像儿童的宽大,像儿童般富于感情,像儿童的纯洁,像儿童的天真,不但如此,你的行动,应当像儿童般活泼,你的举止,应当像儿童般的可爱;你的心田,应当像儿童般的洁白,你的态度,应当像儿童般的光明。陶行知先生曾经说过:“要发现儿童,要了解儿童,要解放儿童,要信仰儿童,才能教导儿童。怎样教导儿童?要变成一个儿童,加入到儿童的队伍里去。”所以幼稚园的“活教师”,要自己变成儿童,才能教导儿童呢!

4. 幼稚园教师是一个护士,幼稚儿童的时期,最易感受疾病,一个儿童伤了风,全园儿童都会伤风的;一个儿童发了麻疹,全园儿童都会传染上的。要对付这些问题,幼稚园教师应该具有护士的常识。知道怎样预防疾病,怎样治疗轻微的病症,怎样施行救急,怎样注射预防针,怎样种牛痘,怎样训练儿童日常的生活习惯,懂得儿童身心发育的顺序,明了儿童起居营养等的适当措施,还要能协助家庭改良家庭卫生。处处为儿童谋福利,要像护士的光,照耀人前,为人信托,为人敬仰,为儿童的保护者,这样才能做一个“活”的幼稚园教师。

5. 幼稚园教师是一个艺术家，爱好艺术，是幼稚园教师应有的嗜好。幼稚园教师不能个个成为名音乐家、名画家、名雕刻家之流，但是幼稚园教师应有鉴别美恶的观念，应有欣赏美感的能力。要在日常的生活中，自己创造出一个艺术境域来，怎样说话，怎样做事，怎样布置环境，怎样选择材料，处处都要有审美的观念与自然的融合，儿童从中得到情感的锻炼，得到心灵的修养，在一个艺术的环境里陶冶，他的生活自然会和谐，他的心灵也自然容易进入美丽的境域了。爱美是儿童的天性，但是假定你不加以适当的指示、合理的引导，也许他会埋没天性，到长大了不知美丑、不明好坏的，所以教师应当是一个艺术家，教师的生活也竭力要艺术化，幼稚园的设备和布置，应该合于艺术的条件。

二、几件随身必带的“法宝”

做幼稚园的活教师，除了对于本身的职务应有以上的几种认识外，还有几件随身必带的法宝，一定要随时随地很得当地应用出来，才能解除困难，获得教学上的成效。

1. 开口常笑。儿童是最富于情感的，你笑嘻嘻地对待儿童时，儿童也会对你笑嘻嘻的。假定你板着脸对待儿童，不但他不愿和你亲近，有时还会远而避之呢！当你早晨进园的时候，看见了儿童笑嘻嘻地说：“小朋友，早！”他们一定也会争着对你招呼：“老师早！”当你要和儿童谈话时，你只要微微一笑说：“我们看哪一个坐得最好。”大家马上会对你聚精会神听你说话了。当你领导儿童唱一首歌曲的时候，也更少不了要有一个笑脸，因为笑脸是“活”的表现。就是儿童之间有了纠纷要你排解时，也要笑眯眯地、和和气气地、公公正正地替他们排解。这个笑是微微的笑，不是狂笑；是沉静的笑，不是轻佻的笑；是和爱的笑，不是讥讽的笑。你的开口常笑，使儿童得到了温暖，使园内充满了活跃，这个笑是多么重要啊！

2. 说话清楚。和儿童说话，一定要浅显明了，简洁文雅，切忌咬文嚼字，拖泥带水；教师的说话，更应当要有肯定的语气，不要似是而非，可得可失。从你的说话中，儿童学习辨别正误，判断是非。譬如说在吃东西以前，你要儿童洗手，你切不可以说："我们去洗手好不好?"你应当说："吃东西以前，我们应当洗手的。"前面的一句话是可洗可不洗的，后面的一句话是一定要洗的。你要儿童在室内走路轻，你千万不可以说："看你能不能走路在房子里轻?"你应该说："哪个在房子里走路，走得最轻?"前面的一句话，含了一点反诘的口气，后面的一句话，儿童听了决定要走轻了。你和儿童讨论一个问题的时候，你要把应该说的话，应该提到的问题，有条不紊地的提示出来，千万不可以东一句西一句的使儿童听不明白，不知所从，更不必枝枝节节地用上许多比喻，应该说得清清楚楚，句句话都不会落空，句句话都有明显的意思，句句话都能开门见山的。

3. 态度和蔼。做幼稚园的活教师，最重要的要算是态度了。态度得当，教起来就感觉容易。怎样的态度算是得当呢？和蔼的态度是少不来的，有了和蔼的态度，才能显出你爱儿童的真诚，有了爱儿童的真诚，才能得到儿童的信任，所以不论遇到什么问题，都要用和蔼的态度来处理。儿童做得好，你总是称赞鼓励；儿童做得不好，不必常常提起或者在大众面前说他的不是；有什么意外，不必大惊小怪，你可以静静地轻轻地和儿童个别解决。这样儿童不必怕你，不必顾虑你，他只有信任你，依赖你，佩服你，你的教法，自然而然会发生效力的。

4. 随机应变。教师是"活"的，儿童也是"活"的，以一个"活"的教师来对待"活"的儿童，教法不可以太呆板了。怎样使教法不呆板，那就要看教师能如何的随机应变。所谓随机应变，就是要顾到儿童的心理，顾到儿童的生理，顾到儿童的兴趣，抓住机会，利用环境，无论说话行动，不错过时机，不放弃材料，以儿童所见到的所想到的为主，以教师所见到的所想到的为助。

今夏幼师松林中，常常有一种黑色的毛虫从树上掉下来，爬得满地，幼稚生陈雨生，天天领了许多小朋友去捉毛虫，捉来就弄死。有一天，我也捉了几条放在一个竹筒里，摆在办公室桌上。雨生跑来问我："这里是什么?"我说："是毛虫。"他说："为什么放在这里?"我说："我要养养看，看它变成什么？你不是最会捉虫吗？我请你帮我来捉。"他高兴极了，马上带了许多小朋友到外面去捡了许多。从此天天捉毛虫不弄死了，把它放在竹筒里，后来老师叫每个小朋友自己做一只纸盒子，每个小朋友养几条，结果毛虫结茧了，毛虫成蛹了，毛虫变了蛾飞出来了，后来蛾又生子了。小朋友都亲眼看见的，大家都感觉非常有趣。我们利用儿童捉毛虫的心理来养毛虫，把儿童残杀毛虫的行动来变为研究毛虫的态度。这就是抓住机会，利用环境。像这种机遇，幼稚园里一定是很多的，我们做老师的应当随时利用它才好。

5. 以身作则。儿童是喜欢模仿的，他的学习过程，可以说大半需经过模仿而成的。他学习说话，学习走路，学习拿东西，学习成人的一切，到了进幼稚园的时期，还脱不了模仿的心理，所以教师在儿童面前的一言一语一举一动，影响于他是很大的。教师怎样说话，怎样走路，怎样对人，怎样处理事物，儿童耳濡目染，无时无刻不受熏陶的。你要儿童走路轻，你自己先要走得轻；你要儿童对人有礼貌，你自己先要有礼貌；你要儿童出入教室关门，你自己应当每次把门关上；你要儿童整理用具和材料，你自己应当和他们一同来整理；你要儿童不抛纸屑在地上，你自己应当随时看见纸屑会拾起来；你要儿童不残杀生物，你自己应当先保护生物；你要儿童爱护花草，你自己应当不随意采折花草；你要儿童勇敢，你自己先要镇定。幼稚园里的事情，凡是教师能够自己做的，都应当自己动手来做。倘若在幼稚园扫一块地、抹一张桌子，都要假手于工友，教师至多是发发命令，总是袖手旁观的，这样不过养成儿童将来做做少爷小姐，而不能运用他的双手的。其他如修理玩具、创制教具、采集饲养，教师都应当事事上前、样样负责才好。这样，教师的言语行动，影响于儿童一定是很大的，而在教学上一定能发生相当的效果的。

三、"活教师"应有的知能

一个幼稚园的教师，对于职务，有了相当的认识，对于教导儿童，有了几件可靠的法宝，而对于自身的知能，却不敷应用，那恐怕仍旧称不起为"活教师"的。幼稚园的"活教师"，究竟应该有些什么知能呢？在《活教育》创刊号《怎样创办一个幼稚园》的一篇文字里，我曾经对于教师的人选约略写了几点，现在再把它来概括地提一提：

1. 要有丰富的常识，能解答各种问题，能满足儿童求知的欲望。

2. 有冷静的头脑，对事物观察周详，不意气用事，不滥用感情。

3. 有研究的态度、创造的精神，处处是教材，时时求进步。

4. 有改造环境的毅力，不怕艰苦困难，能始终不懈地奋斗。

5. 爱好音乐，会弹琴会弹复音，会唱歌，曲调正确，声音悦耳。

6. 爱好美术，会画图，会塑像，除基本的技能外，会用美术来配合其他的活动。

7. 会操流利的国语，讲故事讲得有声有色，听者入神。

8. 会做游戏，会节奏舞蹈，动作灵敏，举止活泼。

9. 会做点心，会烧饭，会煮菜。

10. 会栽花种菜，布置庭园，整齐美观。

11. 会缝纫，能裁剪自己衣服、儿童服装。

12. 会编写儿童故事，歌谣谜语。

13. 会编制预算决算。

14. 会拟工作计划，编订课程大纲。

怎样教导幼稚生[1]

“培养人生的各种基本优良习惯”，是幼稚教育总目标之一，也是幼稚教师应负的重大责任，我们究竟怎样培养幼稚生的优良习惯呢？我们究竟怎样来教导幼稚生的呢？

为什么有的儿童个性倔强，不肯听话？为什么有的儿童有坏习惯，总不易改掉？为什么有的儿童总不爱说话？为什么有的儿童喜欢破坏？为什么有的儿童好哭？为什么有的儿童在幼稚园里很好，一到家里就不同？为什么有的儿童不愿意参加团体的生活？为什么有的儿童有种种古怪的脾气呢？这种种问题，我们做幼稚教师的，一定时常会遇到的，如果我们不明白问题的发生原因，我们不去解决问题的困难，那么我们如何能教导幼稚生呢？要明白问题发生的原因，要解决问题的困难，下面的几个基本原则是必须做到的。

一、开始教得好

我们会经常听到一句西方的格言：“Well begin is half done.”这就是说：“开始做得好，一半做到了。”中国也有一句话，叫“审慎于始”。无论做一件什么事，开始的时候，如果我们能够很谨慎很仔细地去做，一定可以做得好一点，如果开始做得不好，结果大概不会好的。做事如此，教小孩也是一样的。一个小孩子初进幼稚园，就遇到一个新的环境，就要做一些新的事情，看见一些新的人物，过着一种新的生活，做教师的就可以趁此机会，因势利导给小孩子一个很深刻很良好的印象。教师可以从一个新的环境中来指导他怎样做人，使他得着应有的

① 原载《活教育》，1943年第3卷第1期，第28～30页。

态度,来培养他做人的优良习惯。

学成初来的时候,并不怕生,但坏习惯却是不少,他在家里,对于整洁,从来没有注意过,每天到园,总是满面涕痕,头发蓬乱,问他洗了脸梳了头吗?总说:“没有!”因此教师每天替他做整洁的工作,这样做了不久,他觉得应该洗了脸梳了头再来上学的,慢慢地就爱整洁了。现在居然头发梳得光光,自己已知道要常常剪了指甲,回家向妈妈闹着要洗澡了。

幼稚生初来园,往往有许多坏习惯不容易改掉,有许多好习惯没有训练过,所以开始时一定要多多地注意各个儿童的行动。不知自动的要他们自动,不爱整洁的要他们多做整洁活动,不爱招呼人的,和他们天天打招呼,要他们学得好,做得好,学了再做,做了再学,始终不懈地教,时时刻刻地做。

二、养成好习惯

上面所说的开始教得好这句话,好像只注意到开始的时候好就够了。其实开始的时候要好,以后还要好的。我们要把好的地方保持恒久,我们要把好的行动做成习惯。儿童如果有了好习惯,那就不容易变坏了。好习惯究竟怎样养成呢?教师应当明了幼稚园全部课程的组织与重要性,不重在知识的灌输,不重在技能的学习,而重在优良习惯的养成,要把优良习惯综合在全部课程表。

譬如吃东西以前,一定要先洗手,这是幼儿一进幼稚园就开始训练的。有一天,宝中跟着大家念儿歌,念得很起劲,忘记了洗手。教师请小朋友们吃点心的时候,宝中忽然喊起来说:“老师!我还没有洗手呢!不能吃!”这可见得好习惯之重要了。

幼稚生喜欢捉昆虫。在我们幼稚园里,差不多个个小朋友都会捉的。但是起初的时候,他们捉了昆虫就弄死,有时拿来喂鸡吃,有时拿来引蚂蚁。这种残杀性的戏弄,可以说是一种坏习惯。后来教师把捉来的昆虫装订在标本盒里,把标本拿来布置教室。幼儿也就把戏弄变成了研究,把残杀性变成了爱护。这又岂不是一种好习惯?

三、积极的鼓励

要养成好习惯不是一件容易的事，要费相当的时间，要用适宜的方法，教师不能强迫儿童去学，教师也不能强迫儿童去做。儿童怎样才肯去学呢？儿童怎样才肯去做呢？积极的鼓励是最好的方法。在幼稚园里，鼓励儿童的机会是很多的。在作业的时候，鼓励儿童做事勤快，鼓励儿童学习，鼓励儿童爱惜公物。在自由活动的时候，鼓励儿童互相帮助，鼓励儿童先人后己，鼓励大的儿童帮助小的儿童等等。

午会的时候，明珠不来排队，还在玩推车推小宝宝，教师就说："小朋友！今天我来看看哪个排队排得最快。"明珠一听见马上放好小推车放好小宝宝，跑过来了。夕会的时候，国英排队排得最快，老师说："国英今天第一个站好，看看明天哪个得第一！"这样鼓励了多次以后，幼稚生对于排队集合都能很迅速的了。

小班的小朋友志英，有一天在静想的时候，要到整洁室去。她把脚趾颠起轻轻地走出去，教师看见了就称赞她几句。后来别的小朋友走出去也会不知不觉轻轻地走了。

人都是喜欢听好话的，儿童更加如此，幼稚园里凡是可以鼓励儿童向上的，我们一定要抓住机会去鼓励儿童，鼓励可用言语或实物，或者图表，究竟哪一种有效呢？图表不及实物，实物不及言语。

四、与家庭合作

幼稚教育原是辅助家庭教育的不足，幼稚园等于幼儿的第二个家庭。一切生活习惯、做人态度已经有了相当的经验，如果家庭能用合理的方法来教导儿童的，那么进了幼稚园教导起来就不至于感觉十分困难了。如果家里没有顾到儿童的习惯，没有顾到教导的方法，那么进幼稚园后许多困难就会发生的。

兴禄是一个很聪明的孩子，但是他很强横，常常欺侮别人，有一天，小宁被他打得脸上发青，跑来告诉老师，老师就把这种情形告诉他母亲，罚他停学一天，他母亲非常赞同，原来兴禄在家里也常常打他弟弟，他母亲说："如果以后他再打弟弟，我也不让他到幼稚园里来了。"这样经过几次的停学，兴禄的打人习惯，居然改掉了。

小薇在家不肯吃蔬菜，她妈妈来请教老师，想些什么办法使小薇爱吃蔬菜。教师就在幼稚园里特别提出吃蔬菜的好处，还唱了《蔬菜歌》，后来她回家也喜欢吃蔬菜了。

做幼稚教师的一定要明了每个儿童的家庭情形，要和家庭取得联络，要把幼稚园里教导儿童的方法介绍到家庭里去，儿童在家庭里的生活情形，教师也应该时刻注意，如果遇到关于教导儿童方面的困难问题，双方来互相商讨，来彼此改进，这样不至于使儿童过两重人格的生活，不至于使儿童在幼稚园里有所得，而回家后就完全忽略了。

五、要以身作则

这是一句做教师的老生常谈，虽然是老生常谈，但的确是做教师的随身法宝。怎样才能做到以身作则呢？不是发命令，也不是摆老师架子，也不是指责别人，是要忘记自己是一个教师，要参加到儿童的队伍里去，成一个大儿童，要行动多过于说话。让儿童看了你的行动得到暗示，不知不觉会跟你一同学，跟你一同做得好。这样儿童才会信仰你，才会听从你，才会养成好习惯。

午睡的时候，小朋友很安静地睡在小床上，大部分还没有睡着，徐老师同在一间房子里，却大声和别人说话，这样小朋友也就彼此说话了。最好徐老师也能和小朋友一起睡觉，小朋友就容易睡着了。

六、真正爱儿童

昨天我们幼稚园里举行教学演示，坐在我旁边的一个小朋友对我说："我真佩服幼稚园的老师，他们整天的和小朋友为伴，整天都很有兴趣，这真是不容易的。"我就说："喜欢小朋友，就会有兴趣，不喜欢小朋友，当然不会有兴趣的，所以幼稚园教师一定要真心爱儿童的人才能做的。"

幼稚教育可以说全部是爱的教育，幼稚园里如果没有了爱，一定会死气沉沉、毫无乐趣的。爱儿童一定要出之于真诚，爱儿童一定是不矫揉造作的，否则的话，儿童也绝不会爱你，儿童也会对你虚假的。

幼稚园时期的儿童，最易受感化，无论有什么问题，你只要用"爱"来感化他们，一定可以收到效果的，因为这时期他所信仰崇拜的，就是教师，有时候甚至于父母的话不及教师的来得有效，所以教师如出于真诚地要他学好，他一定可以做到。

所谓爱儿童，不是选几个聪明的好看的儿童来爱，不是因为他家里有财有势才来爱，爱儿童是不分智愚、不分阶级的，对于懦弱的、可怜的儿童，应该更加予以同情，给以温暖，这样才能使教师与儿童之间，发生极浓厚真挚的感情，才能使幼稚园成为一个乐园。

怎样来表现爱儿童呢？教师要常常面带笑容，说话和蔼，幼稚生最会看人的脸色，如果你是充满了爱的一副脸色，他们就肯接受你的教导，如果你板着脸，没有一点情感地对待他们，他们一定不肯接受你的教导的。

七、个别的指导

幼稚儿童的个性，各不相同，因此训练的方法也就不能一样了。做得好的时候，不难用鼓励的方法来促进大家的进步；做得不好的时候，我们怎么办呢？我们要避免损害儿童的自尊心，不能在大众面前直接说他的不好。但是我们就听其自然了吗？个别的指导，是很好的方法。幼稚教师是整天和儿童一起生活的，除了团体作业的时候，是指导多数儿童学习外，其他的时间，一定常常参加儿童的自由活动，常常和儿童个别谈话。我们可以问问他家里的情况、生活的情形，再把考查所得，对于某一儿童有什么缺点，就婉转开导，用适合于他的个性的方法来对付他，这样儿童即使有不良的习惯，也自然而然会渐渐改善的。

小珊是一个沉默的小孩子，不大爱说话，她最喜欢画图，连自由活动的时候，也是坐在那里画。有一天，老师检查蜡笔，少了一支，问问小朋友，大家都说没有拿。第二天玉玲一早跑来就告诉老师，说她昨天和小珊一路回去，看见她的工裤袋里有好几支蜡笔，老师心里明白了，等到大家不注意的时候，就和小珊谈话，先请她把图画拿来给老师看，老师大加赞赏说她画得真好，问她家里有蜡笔吗，她说："没有。"老师说："你这样喜欢画图，将来老师一定送你一盒蜡笔做奖品，不过听说昨天你借了幼稚园的几支蜡笔回家去画图，是不是？"小珊用两个眼睛对老师乌溜溜地望着点点头。老师说:“那么下午你把它们拿回来,因为幼稚园的东西是大家玩的,如果大家都拿回去,大家还有东西玩吗?”她说:“没有!”老师说:“对了,那么你下午一定把蜡笔拿回来,好不好?”她说:“好!”到了下午,小珊果然把蜡笔拿来交还老师了。

幼稚生看见了好玩的东西,就想拿来作为自己的。教师只要明白他这种心理,就把利害关系向他说明,他一定会知道怎样做是对、怎样做是不对的。如果教师把他当做偷儿办,在大家面前随便指责损害他的自尊心,那他仍旧会去拿的,或者教师明明知道他拿了而不去个别地指示他,那他会渐渐养成拿东西的习惯了。

最后有一句话我要说的,幼稚生的教导问题,不是幼稚园的单独问题,如果家庭能与幼稚园取得同样的态度、实施同样的教法,小学能继续幼稚园的训导方法,那幼稚生一定可成一个优良的公民的,不然幼稚园与家庭缺乏联系,与小学缺乏衔接,幼稚教师无论怎样尽心力,是没有用处的。

三二年六月十二日写于欧母院

外国现代幼儿教育介绍

文纳特卡制 Winnetka(上)[①]

前 言

文纳特卡(Winnetka)的新教育制度及其方法,早已在抗战前出版的儿童教育月刊上读到过。本年四月一日,曾亲赴该校参观。本来我很想写一篇关于文纳特卡四校的详细情况,但因限于篇幅,不能尽所欲言,兹匆匆择述华卢明博士所著的"Winnetka"关于该校一班情况,大致都讲到一二,以飨读者,聊作参考而已!

文纳特卡是大家熟知的芝加哥城外的一个小市。"文纳特卡"(Winnet-ka)这个名字,是从美洲印第安语得来的,意思是"美丽的地"。它的位置,恰巧靠在密歇根湖(Lake Michigan)边。从前是一个槲树森林。那是一个有美丽住宅的小市,家家户户都有花园草地和树木,有些地方还存有着高大的槲树。所有街道,都以榆树或枫树作界限。那里没有工厂,大家都搬到这里来住家,希望有一个好地方可以让他们的孩子们长成为快乐、整洁和有成就的公民。文纳特卡的男子,大都在芝加哥办公或在工厂做事。他们都是做生意及有职业的人,有较好的进益,可以供给一个小家庭或大住宅的所需,同时还可以经营一些围绕着的空地。

在文纳特卡,也有较清寒的人,虽然只有极少数的人家是贫苦的。

① Carleton Washburne 原著、钟昭华译述,原载《活教育》,1947 年第 4 卷第 55～56 期,第 147～150 页(缺 149 页)。

一个有三千人口的小市，难免没有拾垃圾的、通阴沟的、清道夫、洗衣公司的工人、商店的司账员等等的人。这些人在文纳特卡所住的房子较小，但仍旧可以有一方小小的草地和花园。

所有贫富儿童，都进文纳特卡公立学校读书。

三个是完全小学，为五岁到十一岁的儿童而设。一个是初中，为十二岁至十四岁的儿童而设。儿童在初中毕业后，就继续进市立高中。那是一个为集中文纳特卡及其三个小市（和文纳特卡相似的市镇）的儿童所设的一个普通高级中学。文纳特卡学校的建筑，都是现代的、清洁的，空气流通，光线合宜，既美丽，又适意。每个校舍，四周都有树木和草地，还有枫树林的空场给儿童游戏。室内的设备，都是活动的家具，每间教室，为中低年级所用的，布置都是家庭化的。有盆花，有窗帘，有时还有金鱼和小鸟。现在让我们到每间教室里去看看儿童工作吧！

我们先到幼稚园。这间屋子，向南有极大极低的窗子，靠窗都是窗座。教师正坐在那里讲故事给围着她的儿童听；几张圆的桌子，每张大小足够十二个到十五个儿童应用，放在室内显著的地点。一会儿，儿童都围着圆桌，有的用泥捏做东西，有的用蜡笔画画，另外一部分儿童，在画架上涂画。有的在木工架旁边用锯和锤在做木工。有一个小孩正在钉一只小船，另外一个正在做一架飞机。许多很重的可以拉可以推的玩具，如客车、货车等。有许许多多的种类，应有尽有。

一班五六岁的儿童，正在玩坐船游戏，在地板上用大积木搭出船的形状，小椅子权充座位，一根木棍上系着一块布当做风帆。一个小孩是船长，从他挂在身上的望远镜和头上戴着的帽子可以看得出来，一个小孩是驾船的人，另外的小孩都是乘客。

这里是自由的，是自然的，孩子们可以选择他们自己所爱好的活动，或者由教师很熟识地引起儿童的兴趣，只要每种活动，对每个儿童都有它的价值的。

四十分钟自由活动以后，全体集合唱歌或节奏，或者由教师带领儿童外出散步，寻找一些有关于季候的、有兴趣的自然物。他们也许到附近的商店去参观看怎样买卖；或者他们会到消防队去参观乡村救火车。从一处地方又到一处地方，都是帮助儿童有意义地去认识去发现围绕着他们的世界。

幼稚园设有学术的目标，它在文纳特卡所有的，和美国其他各地的幼稚园一样，是训练儿童熟悉对人的态度，知道如何同人合作，养成卫生良好习惯。给儿童一个创造的机会，一个生活得很愉快很满足的机会。

现在让我们再到一年级的教室里去看看，那里都是满了六足岁的男女儿童。

孩子们却坐在奶油色的小桌旁，桌上铺着蓝色的台布。我们举目向室内看一转，那些生长在窗框上的花草，和每张桌子上的小小盆花会吸引着我们的视线。

一只白兔，一只金鱼缸，一只金丝雀，分享着孩子们的学校家庭化生活。教室前面，铺着一方草绿色的草毯，和一把转动的椅子。这里是为一部分的儿童和教师非正式的谈话所用的。衣帽室的门格上，张贴了儿童的图画，那些都是儿童的代表作，有的是故事画，有的是外出旅行归来时所画的记忆画，有的是想象画。

我们可以看见孩子们都在工作，每个人有他自己的事做：一个孩子在学习句子，另外一个孩子在认字，还有一个在开始应用他所认识的字句读故事。少数的儿童都在做类似的事情。所发现的，是每个儿童能自己教自己，同时还纠正自己的作业。他们专心于作业和彼此停下来纠正作业，真是一片天真。教师在他们中间走来走去，和这个小孩坐一会儿，又鼓励那个小孩一下。有时集合一小组儿童和他们计划工作。整个教室里的空气是非正式的，但是愉快地和认真地工作着。

也许是该喝牛奶的时候了，每人发一瓶，用吸管喝着，教师同时就读故事给他们听。现在是分组活动的时候了。各个儿童述说他们所愿意做的事。有几个孩子要求用那游戏室。这是玩"做人家"，在教室的一隅，用整条的积木割分界限，布满了小娃娃所应有的用物，如卧室家具、厨房用具等。一个做"妈妈"的，在"卧室"内取出所有的衣服忙着为她的小娃娃打扮。一个小邮差，戴着邮帽，背着邮包递送邮信。忽然一个小“送牛奶的人”，提着装满了牛奶瓶的篮子，在厨房门口对那正在忙着预备午饭、烫着衣服和料理家务的人叫着：“牛奶来了！”两个小“妈妈”，推着娃娃的小卧车，引起了我们的注意，她们正在向杂货店（用装橘子的木箱搭出的店台和货品架子）购买东西。——那店员正在忙着接听顾客来的电话，需要送去的东西——两个小“妈妈”，照着账单上开列的东西，一件一件地向店员要着。

我们再回过来看看，那“邮差”到了他的邮局，那里他的同事正在忙着分信和收信，下面是要递送的邮件：

1. 缺席儿童报告给护士的信
2. 教师给校长的信
3. 儿童的自由写作通信
4. 教师给儿童的信——个别书面指示

另外有三四个儿童在这间教室的另一个区域，选择他们今天上午想做的工作，有木工、图画、泥工、小积木，或其他的材料，完全根据儿童们的兴趣所在和他们所喜欢做的去做。不但每个儿童每周在各种不同的游戏中轮流活动着，从那里他们也学习公民生活，渐渐了解如何大家合作，彼此互助。

让我们花一大部分时间在五年级的教室吧！看看十岁左右的孩子们在活动。我们在孩子们未来前就进了教室。

孩子们很随便地进了教室。每个人坐在自己的座位上，打开抽屉开始做他们的工作。当我们在孩子中间巡视一周后，发现其中一大部分的人是做算法，一小部分的人是做别的功课。我们停留在查利的座位旁。他是本地的一个屠夫的儿子，如同别的小孩一样，他有红红的脸，衣服穿得很整洁，态度很自然，毫无拘束。他是一级中年龄较小而较聪明的。他正在做六年级的算法。开始的题目是除法。他看着书上所写容易懂的说明和注解，这说明只引导他前进一步。这是告诉他写下他可能知道的答案，那是他从前已做过的心算单位除法。一共有好几种做法的例子。查利找下每一题，在一张纸上，他试做着。然后把做好的和书上已有的比较。

他试做了一二页，得到了熟练就翻到练习第一页。第一练习是A。他一直做过去，中间偶尔有几次要翻过来看前面的说明，那是因为他觉得有点怀疑。等他做完了练习A的八题或十题，他在这一页的下面看到几个字“答数见第九页”。在第九页上他找到所有已做好的例子。他把自己做的来和它比较。其中有两题做错了。他再翻到第九页看看他做的答案是否对，是否完全了解，这次他做得很好，一门都没做错。所以他就跳过了练习C和练习D，转到第二步，在他的书上第二页。第二步是这样写着：“我们的学校派六年级儿童做96处花园标志，全级共32人，每一人须做若干标志，才能完成此工作？”

倘若求得答数，把96除32，你曾经做过这样的算题吗？在你学的除法……（此处缺页）

这里同样地安排着各步的练习，儿童很快地学会了第一步。也许越过附加的练习而到第二步。要是第一次做错了，再有第二次、第三次或第四次的练习的机会，在第一步完全了解以后，再到第二步。所以我们可以找到儿童们都在做不同的工作。这里有一个儿童，虽然坐在五年级教室里，他已经在做六年级的功课了；那里有一个儿童，还未做完四年级的功课呢！每个人随着自己学习的程度而进展。每个人做完了练习测验，自己来校正，找出自己的弱点，每当他完成一种练习测验，再由教师给他一次诊断测验，这诊断测验，像练习测验的教材一样，是由一群教师共同合作来完成的。他们经过多次的校订和修改以合乎儿童的需要。这些练习的完成，目的不是给儿童分数，是要找出，什么地方是需要帮助儿童的。它们不是令儿童害怕，而是令儿童发问的，测验的方法，是使儿童自己和教师都能证明他可以进展到第二步了。一次的失败，简单地解说，在他的缺点一方面，需要加以练习，但并不阻碍他的进展。每种测验有各种不同的格式，但都是殊途同归，教师也许给这个儿童一种格式，给另一儿童又是一种不同的格式，对于儿童一点小小的疑难，他们必须把测验题顺着次序一题一题地做过去，一问一问地做对，他们知道测验时包括逐步进展的，正和他们做练习题时有同样的要素，是无法作弊的。

现在是游戏的时候了，这教室里的儿童或其他一二间教室里的儿童，都到游戏场上去。一个受过训练的指导员，正在等候他们。他帮助儿童把全体分组，做竞争游戏。当游戏时，他希望儿童带了体育精神和团体的友谊回去。游戏场不仅仅是一个休闲的场所，也不仅是一个发展体育的地方，乃是一个灌输儿童的理想，以学习如何有社交头脑、如何合群游戏和不屈不挠等价值为目的。

游戏的时间过了，这些儿童就回到他们的教室里，那时别级的儿童到游戏场上去了。

儿童们歌唱，不是唱那些特别为教儿童唱而写的歌，他们唱好的民歌，如同德国、俄国、西班牙、英国和各国的著名音乐家所写的。他们是为愉快而唱，不枉费时间来练习 do、re、mi、fa。他们把唱歌集放在前面，教师也许偶然要儿童别注意乐谱上的符号，但是他们并不是来熟悉音符，他们是集中注意于唱歌。他们唱得很好。

现在也许教师对儿童朗声地读一支故事或一首诗，然后他们再一起来讨论。这是一件欣赏的工作，不是专在知识和技能要儿童占优势。这是完全自由的，这是不记分数的，与升级没有关系的。

集合的时间到了，儿童都到会议室去，全体一共有两三百人，昨天的集合是有表演，明天的集合是映幻灯，但是今天的集合却是常务会议。

会议是由一个推举出来的十一岁女孩子做主席的，一个男孩是书记，他宣读上次的会议记录，另外又很清楚地报告了几件例行事件，主席就问大家有什么提议要讨论。我们的朋友查利从五年级的席上站起来。“上次我们教室里的常会，”他说，“我们曾经讨论到在学校里玩水枪的问题，许多人带了水枪来，大家互相洒射，弄得满游戏场和走廊上都是水淋淋的。我们教室里的人，认为不能再允许任何人在学校里玩这玩意儿了。”查利坐下，主席让一个四年级的孩子发言。他就站起来说：“我们在教室里也讨论过这个问题了。我们决定可以带水枪来玩，但只能在指定的游戏场上玩。我想我们不能禁止别人带水枪来，不过是为了少数人不喜欢玩水枪。至少我们并没有看见他们的水枪有伤害别人的地方。”

一个女孩站起来说:“坏孩子用污水灌满了水枪,难免不带有细菌在里面,会害得我们生病,同时把我们的衣服都弄脏了。我想我们不应让他们带水枪到学校里来玩。”

一个男孩子站起来说:“我们请看门的人放清洁的水在桶里,大家立好公约,要玩水枪必须从这桶里灌,不可以到阴沟里或污水潭去灌。假如我们在指定的游戏场上玩,我看不见得有害于大家吧!”

查利又起来说:“假若每个人在桶里灌水,桶里的水还是不能保持清洁的。那些爱玩水枪的人,往往在不爱玩水枪的人后面玩弄,射水还是免不了的,我们这办法仍无济于事。我提议,无论学校里或游戏场上不准玩水枪的。”

这个提议,有人赞同,经过片刻的商讨,就付诸表决。结果多数人反对带水枪来。(从那时起,水枪不再在学校里出现了。——儿童往往服从他们自己所定的公约。)

儿童回家吃午饭了。

(下期续)

文纳特卡制 Winnetka(下)[①]

现在是下午，五年级的儿童，都已到自己的座位上。每个人拿出他的工作簿来。这一节是拼法，让我们来看看我们的朋友查利正在做什么。

他有一本拼法书，里面有的字已经校对过的，我们发现全校的儿童，根据九月份的一次测验，按照各人拼法的能力分成组别。每隔六星期，各组儿童，须拼写出一部分相当难的字，每人将自己所拼错的字校对在他自己的拼法簿上，因此各人有他个人的一页字汇。查利已熟习了昨天校对过的六个字，现在他把这一页字儿交给他的同伴华儿脱——在拼法课时，他已把桌子移近到查利的桌旁。华儿脱读出查利昨天所学习的六个字，查利就把字拼写下来。然后查利同样地读出华儿脱昨天所学习的字，让他也拼写出来，这两个孩子，互相帮助，校正他们自己的作业，然后再开始学习一些生字，预备明天来拼写。他们两个人在拼法簿上所校对的字并不一样，因为他们在上次测验时所错的字，并不相同。当他们正在学习的时候，教师就在他们中间，指示他们学习正确的拼法，鼓励他们，帮助他们。每到星期五，各人须将所学习的字，加以总温习。到了星期一，各人由同伴相助，互相默写，然后再由教师校正他们所默写的字，同时将每人在一星期的复习中已无错误的字，在每人的拼法书上加以记号。如果我们到星期一再来参观此教室，我们可以发现所有的儿童将有一次总复习，默写一星期来所写

① Carlton Washburne原著、钟昭华译述，原载《活教育》，1948年第5卷第1期，第26～30页。

的生字。

现在是读法的时候了，每个孩子正在读他自己的课本，孩子们的阅读能力都经过测验的，没有一个孩子的课本是太难的，也没有两个孩子有相同的书。每人读他个别的书，教师又在他们中间了。她让每人读一次给她听，但他们只对教师一人读得很响，却并不是读给班上其他的儿童听。教师给一些工作给那些需要帮助的一小组儿童，大部分的儿童，不需要帮助。查利已做完他的工作，正在书上写一篇作文——一篇读书报告。那是有双重目的的，一方面使教师明了查利了解他所读的书到何种程度，一方面可以练习英文作文。另外一个孩子，自己读完了他的书，教师正在对他做一次简要的口试测验，教师有一张测验卡片，这张卡片，是极其便利于测验的。第三个小孩子正在书签上写出他已读过的书，这小孩并不知道哪一本书需要测验。照事实讲，教师已看见他读了这些书而且吸收了书中的一切，她指导测验并不一定需要。

现在是社会科的时候了。

让我们走进六年级教室，看看这些十一岁的孩子工作。

在社会科上，我们发现所有的儿童在同一的标题下工作，这个既使团体有了讨论，又从课本材料中予以有兴味的事实而增加了补充的材料。六年级儿童，全体在研究中古时代，这是包括历史和地理的，因为我们如果要了解任何一种人，我们必须了解他们的物质和文化的条件如何。在文纳特卡全校，历史和地理是合并为一科并不分开来的。人类生活着一定得生活在什么地方，要了解他们的生活，必定得包括地理和历史的。

我们看到他们所用的材料，写得极其简单，但很生动很有兴味。我们又看到各时代各种开化不同的生活画片，画得非常生动活泼，令儿童体会一切。

当我们参观这一群的时候，他们正在忙着研究十字军，每一儿童读课本中的故事和几本补充的参考书。他们研究地图，什么地方是十字军住的地方，关于那地方的地方志，以及十字军的路程，怎样到达巴勒斯坦等等。当孩子研究时，他用一张空白的地图，可以填进图去，或涂上颜色。这是供给他练习地理的材料。当孩子完成了他的学习，他要有一次练习测验以校对他对于此科所得的知识，经过了练习，他知道了重要的事实，认为对他自己满意了，他可以请教师给他一次真正的测验，这是完全的和诊断的测验，是一种个别的科目测验。

但是社会科——历史和地理——不是一种精密的个别科目。它也不仅仅是一大堆的事实，重要的是使儿童了解某一些基本的事实，更重要的是使儿童在社会生活中得到生活经验，他们彼此激励，创造生活。在社会科时可能用此方法，即儿童并不一定个别地在一个标题上前进。假使某一儿童较同伴先完成他的作业——如填地图、涂色等，他可以利用多余下来的时间做算法或习语言，做拼法或习读法。若是他愿意的话，他可以在同一个标题上，加些额外的工作做做。有些孩子，偶然迟缓于克服主题上的作业，可以利用他个别学习时多下来的时间来补充他未了的作业，这样他就不至于完全落在人后了。事实上所有知识科除社会科外，都可能的，完全个别学习社会科是在不妨碍个别学习的原则下，使全体儿童在同一个方向的标题下学习。让我们来看看这六年级的一群。

我们已经讲过，他们正在研究十字军，决定表演一出“儿童的十字军”的戏。孩子们背着旗帜和十字架在教室内表演着，那面有光亮金星的大红旗帜是圣·但尼斯的神圣标志。好几个儿童，正在做一扇教堂的门，教堂前面，是一个法国乡村的布景。艺术指导员有时走进教堂来予以指示和帮助。另外有几个孩子，正在做几个售货摊，好给那些表演商人的在教堂前面做买卖。两个男孩正在做一套盔甲，给一个回来的“十字军”穿着。一群女孩子，正在整理和修补服装。在另外的一角，少数儿童正在商讨他们想要插入表演里的插话，他们计划着练习着写下这插话，等他们认为满意，再交全体儿童表决通过，再正式用在表演里。音乐指导员为适合儿童的兴趣起见，教儿童学习十字军赞美诗和一支中古时代的歌曲，也许在表演时，用得着这些歌曲的。

像这样的一种活动，在初步的和宽裕的创造范围内予以广大的学习机会，鼓励着每个孩子从同伴处学习改变态度，发表和创造他自己的意见和思想。同时他们利用各人的特别兴趣所在和能力所及而使团体的事业获得进益。

“儿童十字军”的表演，目的不是专教儿童讨论十字军。花了时间单单在一种计划上学习的结果，和那从表演里得到有价值的知识的结果是不平均的。儿童阅读关于十字军的事实，其效果只知其事实而已。实际地来做，可以精通其事实。单单阅读了事实，会限制了儿童的学习，而且所学习的都成为类同。有很多学习要比从直接学习读和写来得经济，不但学习读和写，而且还可能发生思想和行动。这些在整个表演里都得到了。这是给儿童创造的表现和在团体中合作的基础。

每间教室里，有一本参考书的纲要，教师从那里得到种种的帮助，如活动的方式、教师和儿童阅读的资料，以及其他关于音乐、艺术、游戏场和社会科的各种活动等，都可从中获得协助。这个纲要，仅仅是协助而已，每个教师和每组儿童各有他们自己的团体作业和创造活动。

一天的生活过得很快，当孩子们离开学校的时候，他们还热烈地讨论着他们的计划。

最后，让我们来参观初级中学吧！这里有许多地方很像小学校。这里的儿童，同样地有个别工作的时间。那时间是每个孩子努力获胜于某种知识或技能的时间，没有一个孩子离开他的工作，除非他已完成了工作。也没有一个孩子已经熟练了工作而仍旧留在那里的。我们看到为儿童预备的一种诊断测验，内容非常详细，各种作业都有联系的，我们发现儿童都能独立自恃，我们再看到一张全体儿童演讲和吟诵的缺席表。我们再看到随着较自由的教育而来的各种自发和自然的活动。

但是在初级中学里，工作是分类的。儿童从这位教师处学习算法，从那位教师处学习英语，从一位教师处学习开商店，从另一位教师处学习社会。我们看到初中的设备，有关于绘画的、艺术的、冶金术的和手艺的，有关于木工和旋盘细工的，有关于陶器工的和其他各种工作的材料和器具。我们看到一个图书馆，是由儿童自己管理的，当然我们又看到一个大礼堂和一个健身房和一个大的游戏场。另外还有烹饪室、缝纫堂、普通科学实验室以及其他各式各样的教室。在全美国的初级中学校舍中，这里可以说是最完备的一个了。孩子们从这间教室移动到那间教室，川流不息！

在这许多教室的中间，有一间教室，应该使走过的人特别注意的，这是生理室，包括学习和欣赏。关于地面上的有生物，从阿米巴一直到人类，孩子们用大部分的时间，注意到人类的生理方面。他们从这样一个完全坦白的方法中，学习人类如何生殖和长成。学习关于生殖机构的官能和注意，同时给儿童机会，很自由地提出各种要想问的问题，这里没有推脱之辞，也没有绕圈儿的话，整个教室的空气是坦白的、公开的、科学化的。

这是理想主义的教学，关于性知识的教授，不但是关于生理上的作用问题，同时还讨论到人格和社交方面，各项问题的指示，大家自由地讨论，伦理和生理，竟成为同样的重要。

所有七年级的儿童，都必须上此课，男孩和女孩，每天在不同的时间内上课，父母假使认为不妥当，可以个别地向学校请求，不让他的孩子上此课，临时请假，而在家里由父母教授。——但是绝少有此事发生——这可能表明假使父母禁止儿童来上此课，反而激起儿童的好奇心，大部分的父母都很热烈地同意有此课的。

用此方法来上生理课的结果——已实行了十五年了——非常满意。从儿童的一部分坦白的行为和纯正的思想上很显明地表示出来。

全体大多数儿童，依照时间表听着钟声，从此室到那室地活动着。但是有的儿童，并不如此。他们在钟声响后仍旧留在教室里，或仍旧在商店继续工作，不去上课。我们一问，才知道儿童分成自恃和监察两组。凡是监察组的儿童，必须随着每时日课表上课，除非他们从教师那里得到特别的允许才可以做旁的事。自恃组的儿童，他们可以支配自己的时间，如同施行道尔顿制一样。

怎样才算是自恃组的儿童呢？儿童要加入自恃组，首先须填一张表，说明为什么他相信自由而且会用得得当。这张说明表须经过他所有的教师，他的社会科、学生自治会，以及所有已列入为自恃组的儿童的核准通过。怎样通过呢？既不是讨论关于加入者的好与坏，也不用投票来表决。那些已在自恃组的儿童，每人把对于申请儿童的表决意见和理由写下来，然后要看大家的意见如何再来决定。如果反对的居多数，可以把反对的理由提出来，让申请的孩子单独地去见校长，好让他改正别人所指出的关于他的缺点。假若他真的还想加入自恃组，不久的将来，他可以再申请，也许他可以达到成功的目的。大部分的孩子，都很想加入自恃组，因为这是一种标准较高，而且是经过了较大的责任心而获得的自由。

许多自恃组的儿童，随着自己的每天日课表工作，简单来说，他们觉得时间很适当，而发展很平均，谁若愿意修改他的时间，尽可以自由修改。

在初级中学里，有些科目是社会化的，假使某一社会课需要讨论，自恃和监察两组的儿童必得出席讨论。没有一个自恃组的儿童，如果他必须出席的话，可以随意缺席而妨碍别人；儿童如需缺席，必须于事先向教师请假，这样才能避免种种困难。对于算法、文法，个别的社会作业、烹饪、缝纫或商店、艺术或绘画等课，自恃组的儿童，每天做他自己的功课，他们都是自己教自己。

如果我们特别找一个孩子来看看，我们发现他用半天的时间在教室里研究他所获得的知识和技能，另外半天的时间，用在所选的特别科目上，也许那些科目是包含社会经验的。我们看见他参加游戏场上的竞赛游戏，他加入军乐队、从乐队或歌咏队；我们发现他正在做几件创造的工作，他可以从二十五到三十种可选择的特别科目中拣选他觉得需要和有兴趣的科目。同时他可加入有几科为全体儿童所设的科，那是关于普通的重要的知识科和技能科。有的功课，他必须熟练一步，然后才能前进一步；有的功课，是按照每一儿童个别的学习而后才能进展的。

假使我们停下来询问教师关于保存记录片的事，我们发现全校从小学到初中极其简单。每一教师有一本记录的册子，列入每一儿童所有的测验，包括知识和技能两项所必须通过的，这些都写在她的记录簿的上端，旁边写着儿童的姓名。如果儿童通过一种测验，没有错误，就在某项测验的下面、姓名的后面，记上一个日期，这个记录，就作为儿童的书面报告单的根据。有的孩子，在名字后面，写上一长列的日期，有的一短列的日期就够了。有的孩子，须经过长时期的测验，有的孩子，短时期就够了。教师从这一瞥之间，就能够告诉你班上每一儿童进展的程度。

另外，全体儿童，各人有他自己的目标卡片，他们可从那里看到自己的进展。

在小学里所用的目标卡片的后面是“态度一览表”。每次由教师和孩子彼此叙谈后，就记录下来，关于此表再说明于后。

集体精神	第一时期	第二时期	第三时期	第四时期	第五时期	第六时期
喜欢和别人一同工作，使团体获益。从来不规避团体活动，全校所有的各项活动都很有兴趣地参加。						
与别人工作、游戏愿意合作。除自己教室外愿意帮助外面的团体劳动做事。						
常常参与自己教室内的团体工作和游戏。						
和自己教室内的团体工作或游戏合作迟缓，有时规避团体活动，宜于帮助小组或特别的朋友。						
与团体工作或游戏不肯合作，自私心重。						

假使儿童和教师，同意于中间的一段项目说明，近乎描写儿童对

团体生活的精神，那在儿童入学后的第六星期，就画一条水平线在那段说明的后面。假使再过六星期，他们同意态度已有进步，但儿童的造诣还不够达到最高一段的说明，只得把水平线再画高一步在中间的一段说明旁边。现在让我们再来解释，假定到了第三期的六星期之间，但也许到了第四期的六星期之间，教师和儿童同意于对团体精神有的地方显示退步——或许是儿童自以为满足而停止了他的努力——那么仍只留于第三期的说明，而水平线也只得随着下降下来了。因此在一年中间，我们得到了儿童的态度书面记录，这里是一种格式片段。

还有类似的项目说明列入表内，如同儿童的自恃程度、开始的工作精神、有秩序有礼貌等等。

这张"态度一览表"的目的，第一，是使儿童预先有某一种态度的理想，渐渐培养成为良好习惯，以达到每一时期有近于这理想的获得。第二，是使儿童和父母知道发展态度的重要，也是学校工作的一种，并不亚于各种知识科目的所得。

这张目标卡片的价值，一面是表示作业的完成，另一面是表示生活的态度和行为，这是报告单的基础。

这张报告单，看去和一般学校的报告单无多大分别，其实是绝对不相同的。每一儿童的整个作业，是根据了他对于各科的智力和能力发展，很周密地为他计划每六星期一个阶段的个别学习。假使他的作业完成，能符合他所预定的计划，那在他的报告单上就记上 S(Satisfactory，表示满意的符号)；假若他不能达到他所可能做到的目标，那在他的报告单上就记着——每科的问题症结所在。像这样的报告单，可以免除非所愿的竞争。迟钝的儿童，照样有机会像聪敏的儿童般得到满意的结果。既防止了父母对于不用功的儿童的过度压迫，又鼓励聪敏的孩子按照他的能力前进。

没有一个学校能获得长久的成功，假使没有父母的协助。因此文纳特卡学校的父母，经常和学校很接近的——一方面由于学校发给家庭的报告单，一方面由于鼓励家长到学校里来参观，另外一方面由于学校的出版物，但是大半也许由于一个组织周密、很活跃的父母教师会。

这个父母教师会，负责父母和教师的会议，以及父母和学校当局的会议，即使在乡村间的学校，也完全一样的。在这些会议中，可能有最大的机会，提出问题来讨论。

父母对于学校的批评，颇受欢迎，父母对教养儿童有特殊困难问题的，可预先很仔细地研究一番，然后将研究所得写成报告，以便大家研讨。他们所提出来批评的，有的是一般的问题，有的是关于标准或者是关于课程内容的问题，都是有科学的学习和研究的态度的，假使研究有所得和鉴定得得当，学校当局可以依照它来改变的；假使要问研究的进度如何，事实可以来证明的。

这个政策——事实是儿童在学校里都很快乐，而毕业后往往做到超过一般中学生的工作——是经常保持了大部分文纳特卡父母对于学校的诚意。当然，偶尔也有不一致的家长，但是那是极少数的。在过去的十六年中间，学校选举董事会，只有过一次争执。学校并不预闻董事会的政策，所有的董事们，都是具有才能和目光远大的先生或女士们，大家都为公共服务，学校董事，极少干涉关于教学上的专门问题——他们把这件事交给学校辅导员和教师们，让他们自由地发挥，使成为好的学校，而使孩子们得到适当的学习和发展。

让我们总括在文纳特卡学校参观所得，包括从教室内的活动直到个别学习的制度。文纳特卡学校，究竟是怎样组织成功的呢？

第一是关于课程，那是有两种区别的。一种是包括知识和技能，我们尽量使儿童乐于接受；另一种是包括机会和鼓励，在社会生活的环境之下，让儿童创造性地工作。

我们要全体儿童的拼法都拼得对。我们要全体儿童做加法得到同样的答案。我们要全体儿童对于法国巴黎的所在有同样的一种概念。当我们提到哥伦布的时候，我们要全体儿童对他有同样的想象。但我们应该知道每一孩子对于事实和技术的领会，能力相差得很远，这里我们必须展开一种方法，就是让每一孩子在他自己的定率上领会一切，这个方法包括下列三种步骤：

1. 目标是必须澄清的，以极远大的研究作基础，看他们在社会生活中真正的需要来决定教材教法。研究并观察每一孩子在他各种阶段中，如何发展到克服困难的结果而来组织教材教法。在每一儿童正常的——每人对每科的目标，必须达到百分之百的成就而来完成教材教法。对于低能的儿童，有修改过的课程，这是经过教育翻译委员会仔细研究每一儿童个别的情形而来改定的课程。对于所有的儿童，都希望他们能达到每科的目标。

2. 教学的材料，都是预备自教自改的。儿童在学习中，可能得到极大的伸展，每次他教自己一步，就前进一步。他必需完全了解第一步，才能进展到第二步，他不必等候他人，他每天改正自己的作业和练习测验。

（三）准备了各种格式不同的完全诊断测验，当中有二三种是和他所用的教科书上的材料相仿的，他可能诊断他自己的困难所在，然后以备保证他自己去做真正的测验。另外的测验，由教师来主持，来校正，但是那里面的材料，仍旧与他做过的练习测验相仿。练习测验和真正测验，都是用同样的方法，给儿童以补充练习，启示儿童克服一切困难。这些练习，却只有一个例子可模仿，儿童必须依导指示做完必须做的练习，才能得到最后的成功。如果儿童做错了，如例题所指示的同样测验，他必得重做一种另式样的同类测验。

上下午的各一半时间，都用在知识和技能两方面的个别学习，这里升级的问题，是随着科目而继续着学习的，并不改换教室。儿童在哪一间教室上课，大部分根据了他的社会年龄——不论上下午的各一半时间的个别学习，或余下来的时间的团体自由作业或创造活动，都和他很相宜，因为那里的儿童，正适合于他的年龄。

那些集体的创造活动，大多数是以儿童的社会学或文学来做中心的，同时包括音乐的欣赏、艺术和文学、自治会会议、游戏场活动、经营商店和抄写、编辑、插图、印刷、学校新闻等。这《新闻》是一个富于广泛的激励性的刊物，引起儿童的创造精神，又发展儿童的社会意识。

集体的创作活动,目的永不会是伦理的,这里也不会从各项活动中试图教以各项学科,虽然儿童的社会生活和个别作业,经常必须发生联系,但这联系的存在,是机会性的,并不是强迫而来的。

儿童直接从同伴处受到不一致的激励而创造作业,和普通与同伴共同获得知识和技术而做的工作,完全相反。也许慢慢地会变成有用或被激励着,但发展首重变化。过去的学校,对于各个儿童因性质之差异而需要各有不同,并未充分予以时间和加以注意,在文纳特卡学校里,经过创造的作业从那里激励儿童达到有变化、有创造以及有进取之心。

虽然如此,我们如果太注重个别教学,会使团体远离中心而伸展至破裂的。现代社会发展之所需,尊重社会意识。因此儿童在创造作业中,可以发展到一个极远大的社会方向中。在那里每个孩子尽其特别所能与所长,为团体的成功谋福利——表演、讨论、游戏以及各项的集体活动的计划都趋向于社会意识。

我们记得在文纳特卡学校参观了所有的教室以后,我们找不出背诵,很少看到班级教学,班级教学已被自我教学所摒弃了。背诵也已经被打倒,代替它的一方面是用完全诊断测验,另一方面是集体的创造活动。

文纳特卡学校并未完成他的事业,他们只是一个教育实验室而已,在那里新的教育方法正在试验中并注意估量其结果,在各项活动中连续不断地用科学的方法来试验,从孩子们愿意做的事中间,发现他们在知识和技能上或态度上所获得的结果。详细的进展,须待年年月月的变化才能达到我们对于教育的生长的科学了解。

文纳特卡学校的教育科学化的缘由,是由于两个主脑的良好组织和有优美条件的机构:一是研究部,一是教育翻译部。

研究部分是由毛而赛脱(Mabel V. Morphett)主持其事。主要的工作是研究普通一般学校的教学问题——课程怎样实施,儿童在什么阶段的发展才能学习得最好和较多的东西,什么方法最有效,等等。这些问题,差不多都是在级会时由各教师提出来的,常常被教师所驳斥。这研究部分尽了解答各项问题的责任，还做了研究并推敲方法的工作。

教育翻译部分，是由裴而林博士(Dr. Jemple Burling)来主持的，这是一个儿童指导诊疗室，那里面的研究所得，都是适合于个别儿童的。精神病专家、心理学专家、儿科专家、学校校长、学校辅导员等，将他们的共同研究所得，和推荐的办法，使每一孩子从本部得到公正的取决。

这两部分是学校系统的主要部分。以这两部分使学校继续不断地改变并详细地实施。

经过所有的试验，文纳特卡学校是根据下列的原则来教导儿童的：

1. 每一儿童有权利来熟习各项知识和技能，这知识和技能，也许正是他一生所用着的。

2. 每一儿童有权利生活在自然的、快乐的、满足的像一个儿童的环境中。

3. 人类的进展，是依照各人所有的能力个别地发展的。

4. 人类社会的福利，有赖于每个人的有生命的社会意识和发展。

这是适合呢或是不适合，在那“美丽的地”的文纳特卡，应该让那里的孩子们生活得很快乐，那里他们可以自由创造、自由地生活在社会团体中，自由发展他们自己，和用完全科学的方法来协助他们参与四周围绕着他们的生命？

(全文完)

游旧金山①

小朋友！从今天起，我想把在国外所得的见闻，随时向大家通讯报告。我怎么会有如此动机呢？第一，因为我看见《儿童故事》创刊号上中国小朋友同美国小朋友的一封信，大家很希望知道美国的一些实际情形。第二，因为上次我去参观了一个学校，那天那校里的六年级小朋友在研究“中国”。他们看见我是一个中国人，喜出望外，大家围着我，问长问短。后来我应了校长的要求，在他们班上和他们讲了一个多钟点关于中国的一些大概情形。他们学习写中国字，读中国字，弄得我都忘了在对美国的孩子说话了。全级共有四十几个小孩，年龄都是在十二三岁左右。求知心的恳切、态度的真诚，使我非常感动。每次我看到美国学校里的小孩子，每次都联想到祖国的孩子们。我们祖国的孩子们又何尝不可爱？何尝不可以胜过别人？当时我就觉得应该把在美国的见闻——从实际得来的经验，从实际所看到的东西，报告给国内的小朋友听听，希望小朋友能够多得点知识，能够觉得有兴趣，那我是多么快慰呢！

旧金山这个名字，大家一定都很熟悉的。大家都知道它是美国西海岸的一个最大的港口，从东半球到西半球的船只，大都在此停泊的。

我们如果研究美国的历史，拿它来和中国的历史一比较，那美国的历史真浅极了。这是因为美国是欧洲来的移民的新兴国家。一处一处的城市，一地一地的兴革，全国所有的城市的建设，都是不同期的。

① 原载《儿童教育》，1947年第7期，第20～23页。

一七七六年，旧金山还是被西班牙军队驻扎着。到了十九世纪的早期，墨西哥叛乱，他们的新国旗，竟一直插到了旧金山。一直到一八四八年，两件事把旧金山改变了命运。一件是马歇尔（James Marshall）冲进了旧金山，发现旧金山有金矿。另一件事是蒙哥马利里将军（Cortain Monlgomery）驾船到海边，把旧金山改属美国所有。那年七月，旧金山还是一个熟睡的小城，一个西班牙移民城市，在美洲的一个部落，人口只有八百二十名。一年之内，人口忽然增加到五万，全世界都闻名了。

从那时起，旧金山一天一天地发育生长。直到现在旧金山竟拥有人口一百二十五万，是西太平洋海岸最大的港口，是美国西部的银行和保险业的中心。这是一个国际性的城市，居住了全世界的人种——黄、白、黑、棕、红所有都齐备了，是美丽的，是友爱的，是愉快的，是热情的，是美国西部的一个最大的城市。

当船驶进了港口，就望见一顶美丽壮观的大桥，这就是全世界闻名的金门大桥（Golden Gate Bridge）。船一经过桥下，就望得见旧金山的街道了。旧金山的地势，不是平坦的，有的地方高，有的地方低，因此街道也有高低了。

城里的交通工具，有公共汽车、电车（走在平坦马路上的）、有缆车（专走在山坡的马路的）。有的房屋，很旧很旧，是用木头做的；有的房屋，很新很新，是最新式的。望过去不免有点儿不调和。

旧金山还有一座大桥叫奥克兰桥（Oakland Bridge），是通到奥克兰和另一个岛上的，要经过一个海湾。桥长七里，分数层，一层专走蒸汽火车，一层走汽车，旁边有人行道。我曾经在夜间去坐过一趟，专为欣赏这桥的风味。火车在桥上足足走了三刻钟，方才到达奥克兰，工程伟大极了。桥上的电光罗列着，好像一条珠带。远望旧金山市区，好像一座珠光山，美丽极了。车上灯光照耀如同白昼，眼睛都几乎睁不开了。当我经过那大桥的时候，我坐在车上，默念着祖国的大桥：东三省有松花江大桥，杭州有钱塘江大桥，还有黄河大铁桥……津浦铁桥，不是陈旧，就是被战争破坏了，我们真应该好好地把它们修建起来才对呢！

旧金山有世界闻名的大公园——金门公园(Golden Gate Park)。园大有一七三英亩，它的长度有四里。园内有小河，有树林，有喷泉，有花园，又有游戏场、运动场，还有千千万万种动植矿物的标本模型的博物院。还有音乐馆、艺术馆。还有水族馆，里面有各种奇形怪状的水族动物。我曾在国内参观过青岛的水族馆，但没有这个大。这个水族馆，馆内有十个池子，馆外有五个池子，看得我眼也花了。这个水族馆是加利福尼亚州科学研究所创设的，真是伟大极了。

我在旧金山，常常跑到中国街(China Town)去。所谓中国街，是我们的侨胞集中居住和经商的几条街。这里的中国街，是全世界最大的中国街，占有十几条马路，有华侨一万人。全美国共有华侨十万人，旧金山是华侨最多的所在地了。那些华侨，有的从来不曾回国过，有的小时候回祖国来，大了又返美国。这次和我同船回美国的，就有四百多人。他们大半是经商的。如果家在美国，有钱的就进美国学校念书。他们多半是两广人，有的英文讲得很好，有的除了粤语，国语多半不会讲。穷苦的就只做做劳役——洗衣、堂倌或其他之类。他们有很多派别。他们好像居住在世界的另一角，对于祖国，果然隔膜，而对于自身，还有不少很守旧的人。我曾到过一家华侨的家里，他们的用具完全是中国的，他们的家庭布置，完全中国式的。一问他们来美国的年代，远在三代了。但是他们绝不和美国人同化，而且他们多半是刻苦耐劳、勤奋可爱。可惜和祖国缺少联系，是使他们最难受的一件事。

旧金山有一所华侨学校，还有华侨出版的报纸，听说有的报纸，还是保皇党所支持的呢！那里还有中国男女青年会。最奇怪的还有一个关帝庙，我也去看了一周，完全是一个庙宇的建筑，而且香火很盛，听说这庙已有七十几年的历史了。

旧金山的气候，冬天不太冷，夏天不太热，是很好的旅行目的地。那里一年四季，都不断地有人来来往往地游憩着。旅馆、商店，因此相当发达，我到旧金山的第二天晚上，知道一个从前在重庆会过面的朋友，正在圣乔治旅馆候船回国。那天早上，他来看我，恰我不在宿舍内(我是寄居在女青年会的宿舍里的)，所以他留下字条，约我晚上去吃晚饭。哪知那天我直到晚上才回来，回来看见了字条，很过意不去，就到旅馆里去回看他。一出门我自以为方向很对，不料走错了路，找不到那旅馆了。我在路上，连问了三个人，那旅馆在哪一个方向，他们都回答我说："抱歉得很，不能相告，我是新来此地的。"原来他们都是外来的旅客。后来还是我自己去找到的。由此可见，旧金山外客之多了。

小朋友！也许将来你会游历到旧金山来，也许你所看到的会比我多得多呢，因为我在旧金山只留了三天。下次我想再报告些别的事情了，今天就此结束吧。

一个美国托儿学校①

我到美国来，有一个极大的志愿，就是除了在学校里上课以充实自己外，遇有机会，很想多看几个学校，尤其是对于幼稚园、小学或托儿所。现在我把在美国华盛顿附近所参观的一个托儿学校的情形，报告给读者，以供关心幼儿幸福者做参考。

三十五年十二月二十一日，应友人相邀，得去华盛顿过圣诞。本来我很想趁机会多看几个学校，所以不惜从密歇根跑到华盛顿，结果学校大半因圣诞而放假。圣诞后幸得一友人之介绍，得赴华盛顿附近苏脱兰(Suitland)去参观了陶儿赛黛儿托儿学校(Dorothy Dale Nursery School)。该校距华盛顿十余里，附近有几个大工厂。托儿的母亲，多半是在工厂里做工的，因此托儿的家庭环境，都是在中产阶级以下。

该校校址，原为工厂所设托儿所。战时该工厂等均改为军需制造厂，女工人数剧增，厂方为便利母亲工作，特设此托儿学校。战事结束后，工厂改组，女工人数减少，厂方遂将托儿所出售。经赫斯商夫人(Mrs. Dorothy Hussong)出资购得全部托儿所房屋及资产，继续开办。赫夫人为一大学毕业生(University of maryland)，对托儿学校特别感觉有兴趣。自接办托儿所后，即经营布置，不遗余力。每日除工作外，尚须入校读书，其精神之佳，令人佩服之至！

该校现有儿童四十名，每晨七时开放至午后六时始完毕。其年龄自两足岁至六足岁，共分三组，自二岁至三岁半，自三岁半至四岁，自

① 原载《活教育》，1947年第4卷第2期，第70～71页。

四岁至六岁，各为一组，每组有一教师领导。其课程无限定。二岁至四岁之两组，较为活动自由，如我国之婴儿园。四岁至六岁之一组，做新年日历大为忙碌。儿童每日由父亲或母亲陪同进所后，即挂好衣帽，自由活动，自由游玩。室内有各种玩具、积木、剪贴、图画娃娃、娃娃用具等，因每组至多十余人，教师虽只一人，尚易指导。十时半进橘子汁及饼干少些。点心后户外活动。场外有各种运动器具及玩具等，教师寸步不离，与儿童同游同息。

除教师三人以外，尚有一人专负饮事之职。助手一人，专事整理及布置。十二时午饭，是日承赫夫人相邀，请我与儿童同进午膳。午饭菜甚丰富，有火鸡、卷心菜、豌豆、萝卜丁、蛋糕。

午饭后即午睡，共分四室睡眠，儿童均自动上床就寝，一切生活习惯，似已训练有素，并不全凭成人相助。

三时余儿童陆续醒来，盥洗后即饮牛奶，外出游玩，直至父母来所领回。赫夫人一身兼主任及教师职，上下来去，忙碌不已，知该校全由彼私人经营，政府无分文之津贴。彼每日在所整整工作十一小时，六时后即为自己之子女及丈夫预备晚饭。（中午大家不在家吃饭，美国任何机关或大中小学校，均有自助餐室(Cofeteria)，赫夫人之子女及丈夫，不必因午饭回家）之后再赴学校上课二小时，专为研究托儿事业而学习。彼自承对托儿事业尚少经验，故得多多学习。我深深地为她的精神所感动。我觉得有一点值得我们学习的，就是赫夫人不以自己为满足，时时求进步。不像我们做了几年事，就以为自己是万能，永远不肯求进步，连一本新书都懒得看了。

该校人数为所址所限，不能扩充，因此儿童欲入所者必先数月来所登记，并经医生证明无疾病及经母亲服务之机关开证明其母亲确为有职业者，方可收容。每星期缴费七元五角，每月分两次缴纳。儿童入所后，每日由教师填写报告表，使家中明了儿童每日在所之情况。

该校有一特点，即教室、厨房、寝室各处，均装有紫外光线灯，该灯光有杀菌之功，致儿童来所者，极少患病。室内又装有空气调节器，温度空气，调剂得当，儿童即使整日在室内活动，不患无新鲜空气可吸收。这一点事情，又不得不羡慕美国的科学发达，一切都科学化了。

像这样的托儿所，我觉得我们应该效尤的！

第一是人的问题。就是主持人的热心谦虚，我们大可效法。

第二是儿童的来源问题，就是来所的儿童，多半是有职业的母亲的子女，而且大半是在中产阶级以下的。我们不必为有钱人办托儿所，他们有的是钱和老妈子。像那些在工厂服务的母亲，正应该需要我们替她们效劳的。

第三是经济的问题。像这样的托儿所，并不太花钱，而且实实惠惠，小孩子在所吃了一天又住了一天，玩了一天，睡了半天，从小孩子的本身来看，是可以算得经济，至少没有像我们中国办托儿所那样，用上一大堆工友和保姆，而小孩子仍无多大益处。

第四是做事的精神问题。主办人赫夫人不去说她了，就是那几位老师，都是认真做事，所有教室布置的画图，都是教师亲手画的，画得非常美丽动人。他们都得在七时前来所，若不把此事看为值得去做，哪能做得到呢！

一个美国小学的设施①

一九四七年一月十七日，我得到一个很好的机会，前往 Battle creek——密歇根省的一小城，参观安琪凯洛基学校(Ann J. Kelloggy school)。这是一所公立的学校，为该城的儿童所设。全校经费，百分之六十六，为市政府所拨税款，其他百分之三十为省款，另百分之四为 W. K. Kelloggy 先生所捐于该校的基金。凯洛基先生为纪念其母亲 Ann J. Kelloggy 为蜜省 Battle creek 城的第一任小学教师，遂以其母亲之名命名该校，以留纪念。

全校共有儿童八百五十二名，教职员四十二人。其他工作人员计七十人左右，包括农场、工厂、司机等职员。

该校有一特殊点，为全校儿童，除普通教育之设施外，另有特殊教育之设施。参观后不觉感想重重，心念祖国儿童健全者尚无机会入学，枉论残废及低能。

学校共分三部：

1. 一般的男女儿童——自幼稚园至初中一年级。

2. 残废儿童——盲童、跛童、口吃、结舌或口齿不清之儿童、聋哑儿童，及视力较差之儿童。

3. 特殊儿童——(1) 天才儿童——有专长或特殊之智慧者

(2) 低能儿童——IQ 在 65 以下者

(3) 个性怪戾不易教诲不易就范者

设施一斑：全校儿童，虽有普通、残废、特殊之别，但大半活动不分

① 原载《活教育》，1947 年第 4 卷第 3～4 期，第 108 页。

界限。残废及特殊儿童，均与普通儿童同受教育。唯有时须特殊之训练或教学时，另有教师指导，在特殊教室内活动。

学校又设普通教室与特殊教室。

1. 普通教室

(1) 各年级有一教室，室内布置，为分区活动，如阅读区布置图书，史地区布置图表，音乐区布置乐器如无线电钢琴，美术区布置图画工作用具等。

(2) 各教室不以年级为别，而以教师之名命名各室。譬如该室为白女士所负责指导者，即名 Miss White's Room(白女士室)。打破年级之名称，儿童每月时有测验，如有更动，不与年级相干，自此室转至彼室而已。

(3) 幼稚园与一年级，所用材料类似，而设备完全一样，而教室建筑连在一起，中间有一室，系二层楼，两方面可以公用，楼上为游戏室，楼下为整洁室及工作室。有工作台及各种材料，颇适合儿童所需。教室内有各种材料设备，有大金鱼池，有泥工柜，有玩偶家具全套。另各种轻便积木，及画架桌椅书柜等。幼稚园分上下午两班，只一教师，上午班年龄较小，下午班年龄较大，共约五十名。教师用琴声集合儿童，甚有训练。是日儿童对我表示欢迎，唱了不少歌给我听，声音柔和可爱，非常活泼，自始至终，未见教师对儿童大声说过一句话。儿童画大幅图画后，教师即为张贴壁间。图画之成绩甚佳！一年级和幼稚园完全一样设施，只是上下午均来校并多一读法而已！

2. 特殊教室

(1) 美术室——室内有画图、雕刻、塑像、壁画、简单木工、制作玩具等设施，有不等之儿童，在室内活动，有一口吃儿童也在工作。一低能儿童在室内看他人工作，颇有兴趣！

(2) 编制室——室内布置各种大小编制木架，另有缝衣数架，女工缝制衣服及玩具等，为低年儿童服务，赠作礼物。

(3) 为盲童所设立教室——室内布置教具，各种凹凸字形之书本，及打字机。另备小木块，上有小圆珠，以示各种不等之符号，儿童探手木珠，拼列成字句。纯熟后再用打字机打出各种凸凹字形之文字于纸板上。学习虽较缓，但所得可谓与常人无异。另有一木盘，有用纸浆出之凹凸形地图，儿童可以将之拼成地图。

Merrill-Palmer 学校[①]

前　　言

Merrill Palmer 学校，在美国密歇根省 Detroit 城，已有数十年的历史。一九四七年五月，曾由友人介绍，得前往参观并学习一星期。为时虽短，得益良多，亟愿将个人参观所得，向国人介绍，以供关心儿童学前教育及从事托儿事业者之参考。本文系根据该校概况一览及个人之参观记录写成，难免有遗漏或疏忽之处，祈读者谅之。

当我走进 M. P. 学校的时候，一抬头就看到一个纪念匾，高高地挂在会客室的正中。这是一张表扬创办人李瑞夫人（Lizzie Merrill Palmer）的纪念物，匾的两旁雕刻着孩子和母亲以及孩子和教师的图，中间写着："我深深地感觉任何社会福利事业是高超的，而同时必须依赖于母性的品格、家庭的精神和性质。"

从这几句话中，我们可以看出该校是一个什么性质的学校。该校的目的是使学生明了人类的生长发展及其影响所在，好的家庭环境可使儿童得到正常的发展，同时家庭是社会、经济、政治的主要部分。

该校的教法是讨论重于讲授，按各种主题，分组学习，帮助学生找出人类生活间的相互关系。将知识与经验综合起来，使学生的思想和行动合作而达到生活的满足，随时供给学生以知识及技术之所需。他们互相交换知识、思想与经验，从团体讨论的集体思想中得到真正的价值。

---

① 原载《活教育》，1948 年第 5 卷第 2 期，第 65～67 页。

兹将该校详情报道于后：

一、成立的经过

这是一个专门研究家庭教育和家庭生活的学校。为了增加人们对于成人及幼年的基础教育的认识，儿童身心的发展和人类间的关系，便被认为是最重要的一部分。李瑞夫人为了要训练一辈年青的主妇们和母亲们关于管理家庭、教养儿童及其他有关家庭的一切问题指示等，就在一九二〇年，大胆地试验了一种初创的事业——一个方法和研究并重的学校。从这试验中指示出欲研究儿童必须从学前儿童教育开始，关于这时期的儿童在家庭中的生活以及父母问题等等，经该校研究实验，达到有效的指导。

二、托儿所的建立

一九二二年一月，主任白女士(Edna Noble White)向校务委员会提议附设一个托儿所，收容二十至三十名的三岁到五岁的儿童，作为学生实验关于儿童保育的实验室，经商决通过，并认为这是学校主要目标之一——训练学生实验儿童保育。

当时英国的托儿所教育，标榜着一个特殊的目标——就是专教育学前的贫苦儿童以增进他们的健康——M. P. 学校从他们那里得到不少的指示。早在一九二一年曾由主任白女士前往英国参观了不少的托儿所。

三、教职员

为了帮助父母和学生学习得更有效，该校会罗致各方面的专门人才，如心理学家、医学专家、营养学专家及家庭工作者多人加入教职员行列。一九二一年下学期，该校曾由英国请来托儿所专家，主持托儿所行政，胡兰博士(Dr. Helen T. Wooley)是有名的心理学家，大家都知道她是专研究儿童问题的，曾任该校托儿所行政指导及新生入学指导等职。直到现在为止，该校还是照样的人才济济。

四、最初的学生

一九二一年三月，密歇根省立大学校长及该校家政系主任，为了要做一种试验，送六个大学四年级女生来该校学习半年，专攻家政及儿童保育，学生除在教室讨论外，同时并接触社会服务团体，这样对教导儿童的知识更深远了一层。学生们在该校所攻读过的科目,仍可从密省省立大学得到应得的学分。——这六个最初的学生开始在M.P.校工作的时候,正是该校托儿所创办的那一年。

五、计划的进展

一九二三年十二月,洛氏纪念会负责人愿助经费,要求该校开班讲授“母亲的训练”。该校就请各校保送学生前来学习,当时就有七个大学的学生来校学习此科。到了一九二四年,洛氏纪念会再助款项开班讲授“儿童发展教育及研究”。经过这次的创导,儿童发展教育及研究的运动,大为成功。该纪念会同时在各著名大学开设此科,同时又成立各研究中心站,又在中央研究会议的儿童发展委员会捐助巨款,作为学生学习此科的奖学金。

不到四年的工夫,儿童发展教育及研究展开于各校,M.P.学校被选为中心站之一,根据中央研究会议的规定,做进一步的工作,凡大学毕业后要做研究儿童工作的,可以向洛氏纪念会请求奖学金,并由中央研究会议许可得在该校工作,承认研究所得的学分。这些奖学金一直供给到一九三〇年。

一九二五年,中央研究会议的父母教育委员会也得到洛氏纪念会拨助奖学金,很多学生经中央研究会议指定,凡读“父母教育”一科的得在学校攻读,该奖学金也供给到一九三〇年。

从洛氏纪念会给以极大的推动力,使儿童的发展教育及父母教育的运动,在各大学校及中心站得到极大的成就,研究的中心,包括研究实验托儿所教育,及父母和学生的指导。M.P.校从各方面来说,都和各大学及中心站取到联系,如供给教职员、交换教职员、交换学生及学分等。

该校为使学生了解儿童起见,不仅在一九二二年开办了一个托儿所,供给父母学生、教职员学习儿童的学前期教育,同时并增加了好几个服务计划,使他们进一步地得到机会来观察并学习儿童的发展教育。下面各项的设施,是该校学习研究的对象:

1. 婴儿服务　一九二七年,体格发展系的教职员,提议设立婴儿服务所,专为一辈有婴孩的母亲们服务。指导她们,教育她们来如何教养儿童。这是学校主要工作之一，属于父母教育一方面的，使学生学习儿童如何生长，从初生到幼年。所有经常来所的父母和婴儿的记录，都可备作学生参考的资料，又可在实验室实地观察婴儿的生长及其发展。

2. 托儿所　托儿所设立于一九二二年，为学生实习及观察的中心，这里聚合了一岁半到五岁的三十个儿童，给以极普通的极快乐的团体生活。从上午八时半到下午三时为止，托儿所的工作，是使儿童的家庭生活和父母教育的课程都联合起来打成一片，才是真正的托儿所课程。儿童的发展是多方面的。凡儿童的体格发展、家庭生活及心理发展等等，都得与初期教育一科合作。托儿所就这样循着方向实施一切的。

儿童的个别记录都很仔细地保存着。每个个别的儿童，也许得观察一个很长的时期。这些记录，有的是学生或教职员在研究儿童发展时随时记录的结果，有的是父母送来的关于儿童生长及生活的报告。

所有学生都得在托儿所观察。那些志愿在托儿所服务的，都得在托儿所实习。许多年来该校托儿所是一个很好的示范场所。凡是外面的团体和个人都被欢迎前往参观，不过事先需与该校注册处接洽而已。（关于托儿所的详情，拟另文报道）

3. 休闲俱乐部　该校为继续研究儿童自离托儿所后之身心发展情形，设有休闲俱乐部，专收五岁到十七岁的儿童约一百名，共分六组：五岁至七岁组，七岁至九岁组，九岁至十二岁组，十二岁至十四岁组，十四岁组至十七岁组。各组于不同之日来校活动，时间为每日各中小学校课后三时至六时。来校儿童均得在该校晚饭，凡儿童曾进该校婴儿服务室及托儿所者，有优先加入之机会，其他儿童可直接向该部请求加入。其目的是在使儿童于课后得一休闲之所，利用余暇发展其创作才能，并学习社交及团体之生活，由各专门人员任指导之职。该部设备齐全，儿童得利用余暇来所活动，自必较居家得益更多。但以屋小人多，每一儿童，每周只轮值一次，似觉美中不足。自一九二九年开办以来，已离托儿所之儿童得继续来校，以备学生利用机会与学校儿童接近并研究其所得。

4. 儿童营　自一九三〇年以来，该校为男女儿童设有儿童营于郊外，在勃洛克湖(Brooks Lake)旁，离地城约四十里近 Dryden 村，为一多树林及山丘之乡间。营内职员，由 M.P. 校重要教职员充任之，另有实习学生及其他教育机构之男女熟练人员担任职务。该校休闲俱乐部学生，一年中得于夏季前往住宿营六星期，其他时间，各校学生得前往住宿，期以两星期。M.P. 校学生被派往任指导。儿童营生活可供给学生与儿童生活及工作于户外环境中，同时并研究每个儿童之个别发展。

5. 儿童医院行为诊疗所　一九三一年，该校设此机构于儿童医院内，专为儿童保育及医学生实习之用，凡儿童发展有阻碍、习惯须纠正，或家庭及学校认为儿童对社会及情感的发展有不满意时，只要是属于心理方面或生理方面的，都可送到该所诊疗。学生在该所实习，从探问父母、观察儿童、智力测验及个别谈话中得以增进明了对于儿童生长及发展的种种原因。

儿童在院诊疗时，每天下午一时半至四时，父母得来所访问，在此时间内，学生前往实习及观察，每日午后四时，在院举行个别谈话。学生之学习儿童行为诊察一科者，每日得前往参加个别谈话之工作。

如儿童行为诊察方面，发觉系与父母教育及营养有关者，学生得作家庭及学校之访问。医科大学生三四年级护士学生，经指定须在该校之儿童医院之行为诊察一科观察。

6. 父母教育　该校的父母教育工作包括经常的和临时的两种。经常的工作是由三组的父母来计划执行的——一是托儿所儿童的父母，一是婴儿服务登记过的婴儿的父母，一是休闲俱乐部儿童的父母。他们的工作，计有个别指导、演讲、讨论、分组学习、图书服务、学校参观，以及学校及家庭间相互的报告等。

临时的工作，是学校随时与城内其他社会团体合作，以增进家庭间及家庭生活的教育效率。

该校的工作人员和父母非常接近，使父母们明了儿童是家庭的一分子，学校从家庭得到的记录和了解，使学生从这合作的关系中，得到机会学习儿童如何在家庭及学校的环境中生长。父母教育工作的伸展，其重要性也就是在供给学生以机会，从这里得到观察和学习。

7. 指导服务　从一九三二年起，该校设有指导服务，以应各大学妇女教育的需要，指导她们关于个人的、家庭的以及职业生活的种种须知。自一九三七年起，该项研究工作业已停止，不过一小部分的家庭指导服务仍继续着，这是因为适应一辈未婚夫妇及年轻夫妇的需要，他们从这里获得孩子未来及孩子生下后的种种知识。

六、学生的类别

该校为一研究及服务的学术机构，和普通一般的学校性质不同。因此学生之来校者，无年级之分，但有下列各项不同之性质。

1. 大学学生　凡与该校合作之各大学学生，视该生在其本校学习情形之需要，得来 M. P. 校实习三月或一学期，经肄业学校之证明介绍入学者，该校可予以学分。

2. 大学研究院学生　与大学学生同，得学分后可仍转回原校，或在学校研究期满而再来 M. P. 校攻读若干时以至结束。

3. 外国学生　凡外国学生愿来此学习者，可同样由学术机构或学校介绍，得许可入学。

4. 参观学生　学生愿长期或短期来校参观学习者，可由学术机构或学校介绍，前来入学，其工作由校方指定，或参观或上课或在 D 城作各种参观（指与该校有关系者），其费用视各种不同情形而定；倘该校无空额时，得拒绝该项学生入学。

七、合作之学校

该校自成立以来，成绩卓著，研究儿童身心之发展，颇具独到之处，而尤以为儿童教育服务尽量予外界人士以方便及指示、所得材料全美国各大学均认为难能可贵。是以历年以来，颇多大学与之合作，选送大学四年级学生及研究院学生前往该校实习，缘以该校积二十余年之经验，对美国儿童教育颇多贡献。我国也有人经常在此学习，凡有志于托儿所事业及儿童身心发展之研究者，来美后千万勿错过前往该校学习之机。

现全美共有三十个大学与之合作，其中有十三个大学是有研究院的，著名的如芝加哥大学（University of Chicago）、哥伦比亚大学（Columbia University)、密歇根大学(University of Michigan)、康奈尔大学(Cornell University)、明尼苏达大学(University of Minnesota)、耶鲁大学(Yale University)、乔治亚大学(University of Georgia)、省立爱荷华大学(State University of Iowa)、托朗度大学(University of Toronto)以及加利福尼亚大学(University of California)等各大学，经常有学生在该校攻读，直至博士学位。另有医院两处，也在合作之列。

八、其他合作的机构

M. P. 校为供给学生观察及实习起见，与D城各教育学术机构、社会团体、娱乐中心站、医院及诊疗所等取得合作和联系，这些机构，给学校颇多方便及经验。该校把学校和社会打成一片，学生单单从学校的儿童及家庭方面所得的经验是有限的，和社会各机构取得联系后，他们可以接触许多背景不同的儿童，增加他们的经验和知识，发展他们的同情心，以便了解如何来帮助各个不同儿童的需要。

学校从这方面，得到许多社会团体的合作，根据学生的需要和兴趣所在，参加到各社会团体中去以获得更丰富的知识，学生所参加的合作机构：

1. 公共的或私人的卫生健康机构：如同各医院，护士服务及诊疗室等。

2. D城的公立中小学及许多类似的机构，如特殊教育的机构——儿童智力上或体力上有缺点的，以及公共的或私人的成人教育机构。

3. 社会服务机构，如法庭、诊疗室、指导服务处，及收留无家可归、犯罪儿童等各机构。

4. 娱乐机构、交际中心站、公共图书馆等。

5. 公共的或私立的托儿所，从日间的儿童保育扩充到其他儿童的保育服务。

6. 政府的服务机构：如房屋的设计、职业的指导及儿童的保护等等。

（完）

学龄前的学校(苏联)①

一、从初生到三四岁

这个阶段的儿童是受卫生部的保护的,但是在这个阶段中,教育同卫生一样地重要,而且为这个阶段儿童所创立的各种机构,在实质上是富有养育性的。

学龄前的各种设施,最引人注意的,就是对于生长的合理基础。作为有意义的和科学的认识,对于所有婴儿园和幼稚园工作人员,继续不断地,并以必需的医药指导。在学龄前的学校里,所有的教育的和心理的方法,以及所有的设备,与西欧和美国最好的教育机构中所用很相像。在幼稚园阶段所用的,有几种方法,曾经从婴儿园采取来的。

部长会议,一再颁布法令,责成各工厂、行政机关及集体农场要对职工的儿童负责,设立婴儿园(托儿所)。此次的战争使这种设施成为格外迫切的执行,差不多所有苏联妇女都跨出家庭,从事各种工作,所以对于儿童的幸福自须有适当的办法。看护有职业母亲在工作时的小孩子,是婴儿园存在的主要原因。此外,却是一个心理的和教育的问题。简单地说来:婴儿园或托儿所,为儿童创造的适合身体、情绪、智力、道德发展的各种设备与环境,在最近的将来,决非家庭所能办得到的——这并不是说对于三岁以下或任何年龄儿童的教养,可以忽视家庭的作用。除非等到每一个未来的母亲对于儿童教养都有很好的训练,每一个家庭都拥有必需的设备;而同时个人或国家的经济条件

① 原载《活教育》,1949年第5卷第7期,第153~155页。

用不着有婴儿的母亲再去做工——婴儿园还是必需的设施。即使所有上述的条件全备,一天有几小时的婴儿园,还是一个很大的教育力量。

婴儿园是任何人民团体都可以自由创办的,所以常常在一所公寓中,房屋委员会为房客办一个婴儿园。新的住宅区,常常对于这样必需的特别设备预为设计准备的。婴儿园的经费是由工厂或其他机构在经常费中拨给的。而最后的责任,还是由工厂所属的工业部担负的,父母须缴付儿童的膳食费。收费的多少,要看家庭的收入以及孩子的多少而定,一家有四个孩子以上的,就可以免费。

迄一九四一年,在乡村区,每到夏季,母亲们在田里工作,就有一种农忙婴儿园,有的是固定的,有的是流动的。在冬天,孩子就可以同母亲在一起,自无需婴儿园的照顾了。自从大战以后,有许多妇女终年在集体农场工作。要使得这些妇女在离家工作时,对于她们的孩子不必担心,而且要使这些乡村婴儿,得到同城市婴儿同样的重视与保护,所以在乡村婴儿园的床位,在一九四七年增加到386000个。这些乡村婴儿园的经费是由集体农场负责的。

城市婴儿园,每所平均收婴孩四十到六十人,最多的也有收九十人的。一个大的工业机构,可以设立四个婴儿园之多。为了母亲喂奶的方便,同时要达到卫生条件,婴儿园总是设立在母亲们工作场所靠近的地方。

职员的人数是各园不同的,通常总有一个受过专业训练的主任,一个医生,一个或两个医药护士,每一个婴儿园护士负责照顾一组孩子。还有一两个教师负责教育工作。此外有出纳、厨子、女佣,常常还有一个做杂务的人。

婴儿园开放的时间,与母亲工作的时间同样长,有的婴儿园,如果母亲们白天做工,晚上读书,儿童就可以寄留在那里,直到很迟的时间。有全周寄宿婴儿园,专门为做夜工的母亲设立的。事务员一天工作八小时,教师只工作六小时。每天早晨,护士在接待室里对送入的婴儿作医药检查:检查喉咙、皮肤及体温。

设备也是各园不同的，有很简单的，也有很讲究的。这完全要看当地的兴趣和财力而定。园中婴孩，依年龄分组。每组最多有十七个孩子(但是达到这个数目的很少)。每组有他们自己的房间，而且常常有一个为午睡用的特建的阳台。

园中有各种设备，专用以训练感觉、身体，尤其是美感与节奏。也有特别的教育玩具同普通的儿童玩具。所用的家具，通常做得相当讲究；像柜子的抽屉，做得使两岁大的孩子，也能容易地开闭。

习惯的训练，很早就开始，大概是在十八个月的时候。一个孩子不能单独玩的玩具，像大的轻的积木，就鼓励他与别的孩子一同玩，这样可以培养友爱与互助。医生依照儿童的年龄，设计各种身体的运动，帮助孩子的生长，发展他们的身体。这种办法，是根据一个前提，就是自然地发展，可以从很早予以人为的帮助。

与其他教育机关相同，各园设有教职员会议，在会议中事务员也出席的，为要使所有同孩子接触的工作人员，都有相同的观点和一致的态度。而且婴儿园是父母教育的中心，所以经常与父母举行讨论会，个别的或集体的，也是婴儿园工作中的经常节目。

儿童不同阶段生活的衔接，是在愉快的气氛中安排好的。婴儿从婴儿园升入幼稚园，通常由婴儿园的教师带了去，并且教师留在幼稚园中二三天，甚至一个星期。幼稚园的教师，也常常在学期开始前访问家庭，会见她们未来的学生。

二、幼稚园

为便利从事工作的母亲们起见，幼稚园也由工业、经济、行政或农业机关附设，其他则由教育部负责办理。校舍、设备也是由各负责机关筹建的，父母们对于经常费也负担一部分。如果家庭的收入，依家庭人数分摊，则缴纳幼稚园费用的最大数目，是等于每个人所得的百分之四十。但是通常不会达到这个数目的；凡是家庭有四个孩子以上或者没有正式结婚的母亲，同那些领取残废抚恤金或因战争残废的，都可以免费送孩子进幼稚园。

各地的教育当局，委派幼稚园主任，同时有主任所推荐的工作人员，幼稚园对于健康仍然是很重视的。在这阶段中，生活教育的准备，比较形式教育尤为重要。

幼年时代是可塑性最大的时代，所以各种设备应相当充分。一个好的幼稚园，每班必须要有一间游戏工作室、一个作午睡用的露天阳台、一二间餐室、一间会堂。除了事务室、衣帽室之外，主任还可以设计其他特别的房间，作为特殊的用处。为年幼的班次、有动作感觉的(幼儿添置)训练设备以及种类繁多的教具。房屋的装潢相当富丽，常常是出于当地人民的贡献。自然的爱好，也是从很早时候就培养的。在每间教室中，辟出一角地位，作为自然角置放蓄鱼缸、植物箱，饲养刺猬或豚鼠等。更将游戏场的一部分辟为花园。

除主任之外，每二十五个小孩子，就有一个教师。每班另有一个医生，一个护士，一个保姆，还有一个音乐舞蹈教师。也有其他事务员，如会计、出纳、厨子和工友。

在婴儿园同幼稚园里，每天的程序与饮食须与医生商讨，作最后的决定。这些儿童的医生须受特别医学院儿科医学院的训练，他们所读的功课必须包含儿童心理学。中央儿科医学院有教育和儿童发展部。关于婴儿园和幼稚园组织的指导，大部分是从这个医学院发出来的。这是卫生与教育合作的很成功的方法。幼稚园的日常生活，包括团体游戏、休息与自由游戏，三者互相交替，组织性的团体活动由教师领导，户外活动与睡眠是由医生规定的。

美术音乐，尤其是舞蹈，占很重要的地位。对于语言的发展及字汇的增进，也很注意。儿童故事的作者及儿童诗歌的作者，也时常来参观幼稚园，对儿童讲述他们所写的故事，朗诵他们所写的诗歌。户外活动经教师深思熟虑地计划和准备，使孩子得到新的印象和经验。回到了幼稚园，教师将儿童分为小组，每五六人成为一组，共同讨论他们所得到的印象。

房间宽大，设备充分，便利儿童分为极小的组，使他们可以得到个别的指导，当一位儿童和教师在一起工作或研究时，其他儿童可以在房间里的其他部分从事自由游戏。形式教育，就是读、写、算的正式教学，现在要从七岁才开始。但是从游戏材料中，可以供给儿童读、写、算的初步学习的机会。

在幼稚园和在婴儿园相同，教师和职员经常举行会议，讨论儿童训练问题，以保证双方意见与态度的一致。性格的培养、习惯的训练，在苏联的幼稚园中，和别国一样也非常重视。儿童的独立性格，是由各种方法予以鼓励。凡是儿童自己的事情，务使他们能够自己做，而且喜欢这样做。与儿童发展阶段相适应的责任心，很早即予以培养。我们可以看到三岁或四岁大的小孩子，怎样先尽他们的责任，如管理衣帽、侍应进餐、当心自然角等等。

用有计划的活动和特制的玩具训练儿童，使儿童能合作地生活，也能独立地生活。苏联的教育家认为，在托儿所和幼稚园中，必须充满着爱的气氛。一天中有许多的时间，教师必须担负母亲的责任。教师必须使儿童产生一种感觉，仿佛在家里和母亲在一起时所得到的感觉相同。有许多行为问题在幼稚园里发生，尤其在第一年进园的时候。只有以忍耐、慈爱，与个别处理的方法，教师才会知道怎样解决这些问题。了解儿童家庭状况，以及儿童同父母的关系，很能帮助教师解决这些问题的。

在一九四三年，人民教育委员的学前教育部，发表一篇建议式的指导文告，文字中说："幼稚园新生入园时最好不在同一天中，可以分成三天至五天，每天只接待若干人。这样可使每一个儿童得到教师个别的注意……新生入园，应受温和与亲切的欢迎，使他们觉得幼稚园是一个快乐有趣的地方。"又说："必须使儿童对共同游戏与集体活动，感觉兴趣与快乐。小孩子各自孤立起来，每人给以若干玩具，免得吵闹，这种方法，决不会使小孩子养成合群性的……"幼小的儿童，他在家里的时候，人们总是对他个别地讲话或招呼，所以不是常常能够了解教师的话。因为教师总是对集体的儿童讲话，而把他仅作集体的一分子啊！所以我们在对集体儿童作命令语之后，有时还须对小孩子个别讲话；小孩子个别的游戏，个别与教师的关系，应当在幼小儿童生活中占着一个主要的地位。"幼稚园也是父母教育的中心。像托儿所一样，幼稚园开放时间，视母亲的方便而定，也有全周寄宿的办法。

一九四三年底苏联有三万所幼稚园，可以容纳一百三十万四千个小孩子，战时德国人毁灭了许多幼稚园，战后不久，却有更多的幼稚园重建与新建起来。自从一九四五年，幼稚园的经费预算是二十亿四千五百万卢布，比一九四四年多出六亿。除了永久性的幼稚园以外，还有暑期的露天幼稚园。这种幼稚园几乎可以容纳二百万儿童。

城市幼稚园与城市婴儿园相同，在一年中最炎热的六月七月八月都搬到乡下去。在那里大部分的时间从事户外活动，使小孩子也有机会和自然界相接触。

陈鹤琴教育思想研究

陈鹤琴与南京鼓楼幼稚园[①]

为了编写中国学前教育史，查阅了二十世纪二十年代的我国教育史资料，觉得应该对陈鹤琴先生的教育实践活动进行研究。陈鹤琴是我国知名的幼儿教育专家。一九一四年赴美留学，一九一九年回国，任南京东南大学教育科儿童心理学教授。他热爱儿童教育事业，精心研究家庭教育和儿童心理，著有《家庭教育》(1925年商务印书馆版)和《儿童心理之研究》(1925年商务印书馆版)。一九二三年，他创办了一所幼稚园，设在自己的家里，对幼儿教育做了一系列的实验研究，探讨幼儿教育理论。一九二八年在南京市创办了五个实验学校和幼稚园，后来又在上海租界创办了七所小学和幼稚园。抗日战争时期，一九四〇年在江西创办了我国第一所公立实验幼稚师范学校和国立幼稚师范专科学校。陈鹤琴的幼稚教育主张，对我国在二十年代至四十年代的幼稚教育有很大的影响。现将他创办鼓楼幼稚园的史料做一简单介绍，供关心幼儿教育和研究中国学前教育史的同志参考。

一、鼓楼幼稚园的创办

陈鹤琴创办鼓楼幼稚园，是同他研究家庭教育和儿童心理有联系的。他认为幼稚教育是幼稚园教育和家庭教育的总和，幼稚教育可以说是国民教育的基础。他认为“从初生到七岁是人生最重要的一个时期。儿童的习惯、语言、技能、思想、态度、情绪等，都要在此时期打好基础，如果基础打得不稳固，那健全的人格就不易造就了”。[②] 在“儿童

① 原载《南京师院学报：社科版》，1979年，第四期。

② 陈鹤琴：《家庭教育》，1925年，商务印书馆。

必须从初生到六岁加强教育”①的思想指导下，他于一九二三年春在自己家里办了幼稚园。这是他创办鼓楼幼稚园的动机之一。本世纪二十年代，幼稚教育在我国还处于萌芽状态，在学制上尚无地位。少数几个幼教机构，不是慈善事业性质的，就是由教会办的。有些幼教机构的教育内容和方法，不是抄袭福禄培尔、蒙台梭利的一套，就是灌输宗教迷信的东西。面对这种情况，陈鹤琴想通过自己办幼稚园，建立中国化的幼稚教育，并推动家庭教育。

陈鹤琴的这个主张，得到东南大学教育科人力上的支持和经济上的资助。鼓楼幼稚园成立之初，是以“东南大学教育科实验幼稚园”的名义出现的。当时，聘请了东南大学讲师美国人洛林斯（Helen M. Rawlings）为顾问、留美回国在东大附中教音乐的甘梦丹为教师，入园儿童只有十多名。一九二五年，鼓楼幼稚园正式成立董事会，由东南大学教授十一人组成，发起募捐。在陈鹤琴住宅贴邻购地三亩，为幼稚园建成园舍，并利用空地开辟游戏场和草坪，布置小花园、小菜园、小动物园等设施。陈鹤琴自任园长，又增聘了老师。园舍落成，鼓楼幼稚园就正式诞生。同年聘请了东南大学教育科毕业生张宗麟任该园研究员，协助陈鹤琴进行一系列的教育实验工作。

二、鼓楼幼稚园的教育实验

为了研究幼稚园教育中的问题，鼓楼幼稚园积极开展教育实验，取得不少成果。

（一）幼稚园的课程实验

这是一九二五年到一九二八年内完成的。这项实验，涉及到应当选取什么教材、采用什么方式方法对幼儿进行教育。实验分三期进行。

第一期是散漫期——实验的特点是：无固定的教育计划，对儿童也不作限制，听凭儿童自由活动，教师只布置环境和从旁指导，但得从儿童的兴趣和经验出发。实验之初，设想这样做可以使儿童的个性得

① 陈鹤琴：《中国幼稚教育之路》，原载《活教育》，1948 年第 4 卷，7～8 期合刊。

到充分的自由发展，是适合儿童需要的，不料效果适得其反。这样的课程，使对儿童的教育活动无法进展，反而养成儿童许多不良的习惯，如注意力不集中、忽东忽西地自由活动，产生了无所作为、倔强、不听话等现象。教师辛辛苦苦地布置了环境，儿童常置之不顾；而当儿童临时发生了什么兴趣，出现了什么活动时，教师因未做事先准备又无法应付。这种一味追随儿童的兴趣的课程，教材不可能有系统，当然是不可取的。于是改变了方法，进入第二期实验。

第二期是论理组织期——实验的特点是：教师把幼稚园的课程事先编订好，按计划的有系统地进行的课程。这种课程的编订，是根据一年中的时令、季节、各种自然现象和社会生活，从中选取教材，循序渐进。实验的结果，虽然完成了课程预订的计划，但忽视了儿童对偶发事项的兴趣，不能照顾儿童的需要。由于课程安排太呆板、无变化、不灵活，儿童完全置于被动的地位，变成注入式的教育，因此也是不恰当的。于是又进入了第三期的实验。

第三期是中心制期——中心制实验的特点是：课程的内容是按时令季节，从儿童生活中所直接接触到的自然、社会的事物中选取教材，预定一周或者几天为一个中心，通过常识、故事、儿歌、音乐、游戏和工作等各项活动进行教育。这样既可以围绕一个中心把各项活动联系起来取材，又可以将各项活动独立取材自成系统，使课程既有其计划性，又可以有一定的灵活性。如遇偶发事项也可以改变活动内容，以照顾和满足儿童的特殊需要与兴趣。编订中心制课程，由于包括的活动多，必须事先考虑儿童的能力、经验、兴趣以及与实际生活有关的内容。这全赖于教师必须十分熟悉儿童发展的特点，了解儿童生活的周围环境，才能准备得恰到好处，使各项活动易于着手。①

鼓楼幼稚园的课程实验经过，于一九二七年发表在《幼稚教育》月刊第一期上，尽管当时所研究的还有不够成熟之处，但影响所及，确实为中国化的幼稚教育开辟了一条新的途径，对幼稚教育起了改进与推

① 张宗麟：《幼稚教育概论》，1928年中华书局版。

动作用。[①]

（二）幼稚园读法的实验

幼稚园的读法实验，是由于当时社会和家庭都争论要不要教幼儿识字问题而引起的。为了探讨这个问题，鼓楼幼稚园进行了实验。陈鹤琴认为识字一事，应当成为使儿童快乐而不是痛苦的事。他在实验中采取多种多样的方式方法，如采用识字教具（创制了用骨牌刻字、在小圆球上写字、用得赏盘识字等），通过游戏的方式、竞赛的方法进行，儿童感到很快乐，也容易记得。此外，还试验了用歌谣、儿歌、故事等方式方法，使儿童逐渐熟悉字和字句。随时施教和让儿童自己发表意见而记录下来的方法，也是十分吸引幼儿识字的方式。在实验中，陈鹤琴曾为幼儿编了一本《幼稚园课本》。这是一本具有综合性内容的教材，不仅包括简短的儿歌、故事、歌谣等，还有进行练习的附件，让幼儿从多种活动中，逐渐熟悉了字和字句。这本课本儿童十分喜爱，识字的效果也比较好。

陈鹤琴通过实验，提出了幼稚园可以进行读法的理由：

首先，他从儿童感觉发展的需要来说明，认为儿童学识字和学语言相类似。语言是人的听觉与发音器官同时起作用，识字又加上一个视觉的作用。如听了“猫”的故事，给儿童看一个“猫”字、一张“猫”的图画，儿童不但听故事兴趣更高，对“猫”字也会产生印象。[②]

其次，他认为读法与图画手工等一样，都属于儿童发表意见的活动。“字”不是神秘的东西，写字识字都是儿童发表自己意见的方式。

第三，他认为教幼儿读法，必须采用游戏的方式方法，因幼儿最爱游戏。教儿童读法就是教儿童游戏。不但有静坐的游戏，还可以进行活动的游戏，这对幼儿发展愉快的情绪、增进身心的健康，都能起到良好的作用。

第四，读法不是要幼儿死记符号。幼稚园的读法是为了适应幼儿

---

① 陈鹤琴编写:《中国学前教育史》讲义。

② 《读法》，幼稚教育丛书，1928 年鼓楼幼稚园出版。

的兴趣和需要而教的，绝对不是强制幼儿去学才教的。虽然家庭和社会对幼儿识字并不十分苛求，但仍必须注意到“读法不是符号的熟记”。[①] 陈鹤琴经过对幼儿读法的实验，曾编订出一份“幼儿读法字汇表”，计二百五十三个字，[②]供各地幼稚园参考。

（三）幼稚园设备的研究

为什么幼稚园要有必要的设备？陈鹤琴认为：首先，设备是为了刺激儿童，使他们得到适当的反应能力。给儿童一个适宜的环境和一定的设备，才能促进儿童的适应能力。其次，是为了强健儿童的身体。游戏是幼儿最重要的活动，要游戏，设备是不可少的。[③] 第三，为了便于教学，没有设备是无法进行的。自然和社会现象虽然很丰富，但往往不易为教师所支配、利用，所以“教师一方面利用自然界和社会状况指导幼儿游戏，进行各方面的教育活动，另一方面就非得要有相应的设备不可”。[④] 陈鹤琴重视设备对教育儿童的重要意义，针对有的幼稚园把玩具作为装饰品，锁在橱里，有的幼稚园选购玩具缺乏标准，未能考虑教育作用，他对幼稚园的设备进行了研究，并提出了自己的意见：

1. 购置幼稚园设备的标准：“(1)儿童化，合乎儿童需要的。(2)坚固耐用不易摔破的。(3)合乎卫生，如皮毛制的不能洗，就不合适，又如桌椅高矮要符合儿童身体的高矮才合适。(4)有艺术意味的，色彩图画都要引起儿童欣赏为原则。(5)本地风光，以当地能制作的为宜，别地产的好玩具也可以仿制。(6)注意安全，玩具不能有棱角，不要用铁皮制作，过小的容易吞下肚子，更不能是易于爆炸的东西。(7)多样化的，许多玩具是固定的东西，如果只能看看而不能让儿童自己玩的话，倒不如有些竹片、木头，多几个皮球、多几张桌椅更有意义”。[⑤] 陈鹤琴曾设计制成了符合上述标准的玩具设备等，不仅有游戏类，还

① 《读法》，幼稚教育丛书，1928年鼓楼幼稚园出版。

② 同①。

③ 《设备》，幼稚教育丛书，1928年鼓楼幼稚园出版。

④ 同③。

⑤ 同③。

有用具类、音乐类、识数类、读法类等各种设备，在他的创导下，在各幼稚园试用。

2. 设备的运用方法。幼稚园如何运用设备？陈鹤琴认为应当根据幼稚园的大小来定。对规模较大、设备较全的幼稚园，可分类陈列，把设备分为七类，如手工、画图、积木、认字、识数、游戏、音乐故事、自然常识等，分别在七处陈列，使儿童在一定时间内自由选择、运用，教师从旁指导。对规模较小的幼稚园，可用设计陈列法，将有关教育中心内容所需的玩具教具陈列出来，以供儿童使用。

陈鹤琴认为教师对于设备的最大责任，就是要达到"使设备和儿童发生关系的目的"。[①] 教师在设备问题上应特别注意的：一是发挥教师的指导作用，从而更好地运用设备达到教育目的；二是教育儿童自己管理设备。这是养成良好习惯的一个途径，如用过的东西必须放还原处，对设备材料要爱护、要节约等等，都是不可忽视的。[②]

陈鹤琴在鼓楼幼稚园研究设备时，极力提倡设备应自己设计和利用废物自制。他认为竹头木片、旧布破袜都可以用来自制玩具增加设备。在实验过程中，他善于仿制或改制设备乃至于创制设备。如读法中的教具"得赏盘"，是根据民间出售的"转糖人盘"改制的；利用民间出售的米粉人作为儿童手工的材料（后改为泥工）；从外国友人处得到一张摇马制作图，他就加以仿造；从国外带回一个手指动物木偶，他就指导幼稚园的教师仿制成各种人物形象的手指木偶。这样就大大丰富了教育内容，发挥了教育作用。总之，陈鹤琴关于幼稚园设备的研究是富有创造性的。在他所主持的许多幼稚园里，基本上都采用他所研究过的设备，并且取得了显著效果。

三、陈鹤琴对幼稚园教育理论的研究

在"儿童必须从小教起"，"幼稚教育必须适应中国国情"的思想指导下，陈鹤琴在鼓楼幼稚园经过了几年实验研究，一九二七年提出了

---

① 《设备》，幼稚教育丛书，1928 年鼓楼幼稚园出版。

② 同①。

他的幼稚教育理论，写了题为《我们的主张》一文。他在文章开端说："我们的主张"是从办幼稚园中总结出来的。我们现在办这个幼稚园已有几年的历史了。我们在办园之初，是先有了研究，根据儿童心理、教育原理和社会现状确定了下面的主张，然后照此去做的。"现将《我们的主张》[①]的要点简述如下：

(1) 幼稚园要适应国情——这是由于当时中国的幼稚园，不是抄袭外国的就是由教会来办的，从玩具到教具，从教材到教法，离不开抄袭外国。陈鹤琴并不反对使用外国的教材教法，但认为外国和中国的国情不同，在外国是很好的教材教法，在中国用起来不一定适当。因此，他强调幼稚园的设施必须以适应中国国情为主体，可以采用世界性的材料，但以不违反我国国情为条件。这样，我国的幼稚教育，才可以取得事半功倍的效果，得以充分适应我国社会的需要。

(2) 儿童教育是幼稚园与家庭共同的责任——陈鹤琴认为，教育儿童必须由幼稚园和家庭合作，幼稚园与家庭必须一致地对待儿童教育。鼓楼幼稚园总结出来的几种行之有效的联系家庭的方法是：1. 开恳亲会，使家长看到幼儿的成绩，了解儿童在园的情况。2. 讨论会，这是针对幼儿教育中发生的问题，由各班召开家长会讨论。3. 发儿童报告单，把幼儿在园的生活、学习、习惯、品德等情况向家长作详细报告，作为家庭教育的借鉴。4. 探访家庭，了解幼儿在家庭中的情况，同时增进双方感情，解决幼儿所发生的问题。

(3) 凡儿童能学的而又应当学的，我们都应当教他们——这是由于当时社会上对幼稚园的作用认识不一致而提出来的。有的人认为幼稚园不过是儿童玩玩的地方，有的人却认为幼稚园应当有系统地教儿童识字、计算、常识等。究竟幼儿应当学什么？有什么标准？通过实验，陈鹤琴提出：1. 凡是儿童能学的东西，都可以用作教材。如识字，幼儿已能识字了，就应教他，但学多少字要有一定的限度。2. 教给幼儿的教材，必须以儿童经验为依据，否则学了不懂就失去了教育意

① 《我们的主张》，《幼稚教育》月刊，1927 年第 1 期，幼稚教育出版社。

义。3. 为幼儿选取教材，要考虑对他们现在与未来的生活发生良好的影响。

（4）幼稚园的课程应以了解周围的自然和社会为中心——儿童能学的事很多，陈鹤琴主张要考虑从生活中能接触的自然环境和社会环境中去取材，避免漫无限制和毫无系统。

（5）幼稚园的课程既须预定但又要机动——陈鹤琴认为中心制课程比较合适（参见前述“幼稚园课程研究”），后来发展成为“单元教学”，曾被幼稚园广泛采用。

（6）幼稚园必须首先注意儿童的健康——陈鹤琴有感于中国当时被人称为“东亚病夫”，认为要强国必须先强种，要强种必须先强身，要强身必须从幼儿开始。他还认为幼儿智力的发展、行为品德的培养都同身体健康有关。因此鼓楼幼稚园很重视卫生保健工作，不仅做好预防接种，还定期为儿童检查健康状况，特别重视晨间卫生检查，尽量给幼儿以充分的户外活动时间。

（7）幼稚园必须养成儿童良好的习惯——人类的动作十之八九是习惯，而习惯又大部分是在幼年养成的。习惯有好有坏，好的习惯终身受益，坏的习惯终身受累。一个人在幼儿阶段养成的良好习惯，可以成为一生的良好习惯的基础。如果幼儿染上了坏的习惯，再教育就要费很大的功夫。

（8）幼稚园应特别注意音乐——儿童喜欢音乐，到三四岁时，唱歌的能力发展特别快。陈鹤琴认为音乐可以陶冶人的性格和感情，可以鼓舞人的进取精神。因此幼稚园应有音乐的环境，使幼儿具有欣赏音乐的能力、唱歌的技能，进而发展他们的音乐才能和兴趣。

（9）幼稚园应当有充分而适当的设备——教育幼儿是为了使他们获得充分的经验。经验的来源，一是与人的接触，另一是与物的接触。幼儿获得经验的多少，与设备是否充分有关系。如缺少设备，即使把许多儿童聚合在一起，也做不出有意义的事来。研究与实验设备问题，考虑设备的数量和是否合适的问题，目的是使设备起到教育幼儿的作用。

(10) 幼稚园应当采取游戏式的教学法——游戏是儿童最喜欢的活动,用游戏的方法教育幼儿,幼儿不但学得快、效果好,而且印象更深刻。陈鹤琴实验幼儿读法就是采用游戏的方式方法进行的。

(11) 幼稚生的活动应多利用户外生活——“幼稚园”这个名称,是德国幼稚教育家福禄培尔所起的,原文 kindergarten,是“儿童的花园”的意思,即要让幼儿在花园里自由活动,随意游玩,吸取新鲜的空气,享受自然的美景,决不能让幼儿整天坐在一间教室里。陈鹤琴认为,让幼儿到户外活动,不但可以从接触的许多自然实物中获得知识,还有新鲜的空气、充足的阳光,可以增进儿童的健康。

(12) 幼稚园应采用小团体进行教学——幼稚园儿童的年龄是不齐的,他们的智力和体力的发展水平也有区别,因此应按儿童年龄分小团体教学,才能有较好的效果。鼓楼幼稚园初办时,儿童人数较少,合为一班,后改为分小团体教学,效果较好。

(13) 幼稚园的教师应是儿童的朋友——幼稚园教师要做到使幼儿不要害怕,肯接近,这样教与学都会感到容易。陈鹤琴认为关键在于教师具有热爱儿童的深厚感情,与幼儿亲密无间,同游玩,共生活,充分了解每一儿童发展的特点与需要。

(14) 幼稚园的教师应当有充分的训练——小孩子是不容易教的,幼稚园的教师也是不容易做的。既要具有各种教学技能,还要有丰富的自然和社会的科学知识;并且要掌握儿童心理发展的规律和教育原理。幼稚园的儿童们,虽然年龄相差不过几岁,但他们之间的差异却很大,既有同年龄儿童发展的不同情况,又有不同年龄儿童之间的差别。只有受过专业训练的教师,才能得心应手地采取适当的方法进行教育。

(15) 幼稚园应当有各种标准以考查儿童的成绩——儿童在幼稚园学到什么程度可升入小学?根据什么标准来决定?为了解答这些问题,非得有种种标准不可。儿童应养成什么品德、行为与习惯?应得到什么知识和技能?陈鹤琴都一一进行了研究,并定出了相应的标准。这些研究成果,都是在平时对幼儿不断观察、不断调查,经过日积月累的长期考察后确定下来的。一九二三年，鼓楼幼稚园已研究出一套完整的标准，曾发表在鼓楼幼稚园十周年纪念刊物上。①

陈鹤琴所提出的这些主张，是他在鼓楼幼稚园的教育实验中得出来的理论。这个系统的幼稚教育理论，比起完全抄袭外国的东西，比起封建主义的东西，的确前进了一大步，也比较符合幼儿的教育的实际需要，因而是十分可贵的。

陈鹤琴先生是我国知名的幼儿教育专家。他在鼓楼幼稚园进行的实验，他的幼稚教育理论与实施，对我国二十到四十年代的幼稚教育的影响很大，对我国幼儿教育事业的发展是有一定贡献的。我们认为应当重视陈鹤琴幼教理论和实践的研究，从中吸取有益的东西。从总的方面来说，至少有两点是值得学习的。一是陈鹤琴热心幼儿教育的事业心，以及为此而献出毕生精力的创业精神。其集中表现，就是他要建立中国的幼儿教育理论，发展适合中国国情的幼儿教育事业。二是陈鹤琴研究幼教事业的科学态度。他创办鼓楼幼稚园，亲自进行实验研究，从各个方面探讨幼儿教育的理论与实践中的问题，进而提出系统的理论和主张。由于受历史条件限制，同许多去欧美求学的老一辈知识分子一样，陈先生曾受到西方资产阶级教育思想的熏陶和影响。对于这些，我们今天虽然不应苛求，但仍应以马克思主义观点进行分析，以利批判继承。

① 《我们的主张》，《幼稚教育》月刊，1927年第1期，幼稚教育出版社。

陈鹤琴教育思想与江西实验幼师

——中国学前教育史研究之二①

1979年我在《学报》第四期发表了《陈鹤琴与南京鼓楼幼稚园》一文，介绍了陈鹤琴创办南京鼓楼幼稚园的史料。现将他在江西创办的我国第一所公立实验幼稚师范学校和国立幼稚师范专科学校的史料，再作简单介绍，供研究中国学前教育史的同志参考。

一、陈鹤琴创办江西实验幼师的动机

培养幼教师资是陈鹤琴的夙愿。抗日战争的第三年(1939年)，他毅然放弃到重庆"做官"的机会，决定到江西办幼师。他在《回忆创办幼师的动机和经过》一文中曾说："中国幼稚教育运动已有数十年的历史，但幼稚教育师资的训练，却未引起国人的注意。国内所有培养幼教师资的学校，例如：福建协和、苏州景海，杭州弘道都是教会办的学校。又如在南京女子师范、上海大夏大学、北平师范大学虽然也附有幼教师资培养的机构，但他们都只是设科或设班而已。真正由政府公立的幼稚师范学校，要以江西省立实验幼稚师范学校的创立，才开其端。"这些话说明，他去江西创办幼师是想为中国人自己办幼师开拓途径。这与他当年创办南京鼓楼幼稚园的动机是一致的，为的是要建设中国化的幼稚教育。要达到这个目的，首先必须使幼教师资中国化，由中国人自己来培训师资。

同时，由于陈鹤琴长期从事教育工作，积累了丰富的教育经验，使他深刻地感到要使我国的教育能跟上时代的需要，必须来一次革新。在这个思想指导之下，他逐渐形成一种教育思想，这就是他主张的"活

① 原载《南京师范学院学报》，1981年第2期。

教育”。创办幼师，为他实验研究“活教育”提供了有利条件。所谓“活”的教育，就是指如何用合理的教育去教育儿童。儿童的命运，将来的前途，都操纵在教他的成人手中。因此，改革旧教育，教师把书教活，儿童把书学活，这是一件关系十分重大的事。

二、江西幼师的实验研究

1940 年，抗日战争已进入中期，当时的江西省省会已从南昌迁往泰和。省会拨地三百亩，将幼师设在距城三里的大岭山上。那里是一片松林，仅仅是一座无人居住的荒山。省会拨的经费极为有限，对于创办一所新的学校来说是十分困难的。抗战期间，一切因陋而简，从 1940 年二季度开始，江西幼师先筹建了几幢泥壁草顶的宿舍和教室。是年秋季正式开学。在以后的两三年时间内，陆续建成了供全校的教学、生活、办公室等所需的房屋，并建成了实验园地，如婴儿园、幼儿园、小学、农场、工艺室、练琴室等约计二十多幢简陋的房屋。这些建筑全部是陈鹤琴自己设计的。陈鹤琴亲自参加一切工作，如全校用水，是他率领职工在大岭山顶找到了泉水水源，又用毛竹制成水管引水下山。他还率领师生辟山筑路，编草盖屋，用双手创造环境。

学生生源，是江西省各县保送来的成绩优良的初中毕业生。全部免费入学。开学后的第一学期招了两班学生，计八十名，是二年制的。从 1943 年起，由省立改为国立，并附设了幼稚师范专修科。陈鹤琴曾设想，“为了幼儿教育的普及需要多设幼师，为培养幼师师资及幼教骨干，必须要有幼教专修科”，这时总算实现了。

幼师改为国立后，学生来源不限于江西，其他各省如江苏、浙江、安徽、福建、广东、湖南、湖北、河北、山东及南京市等十二个省市，都曾有保送来的学生。在幼稚教育这块荒芜的园地上，在培养幼教师资方面，陈鹤琴做了哪些垦荒工作呢？

陈鹤琴在幼师实验研究了“活教育”。现分两方面介绍如下：

（一）幼师的教学实施

1. 课程：参照当时教育部 1935 年颁布的幼师二年制及三年制课

程，重行拟定了一份适于幼儿师范的教学计划和试用的课程。[1] 大约在1944年前后，提出了把全部课程改为“五指”活动——健康活动、社会活动、科学活动、艺术活动和文学活动。当时着重在幼师附小实验过，以后在上海市立幼师附小也进行了实验。这个实验有以下几个特点：

(1) 课程内容分为精神训练、基本训练与专业训练三项，各科课程范围都重视婴儿园、幼儿园和小学的实验资料，如体育科包括儿童游戏韵律活动的教材教法；卫生科重视妇婴卫生；国语科加入儿童文学；社会科由历史、地理合编单元，与小学的社会、幼儿园的常识相呼应；自然科与小学、幼稚园教材相呼应。

一般学校的科目，内容各自独立，不相联系，其教学只注重基本训练，至于在小学、幼稚园各科应用什么教材、采用什么方法，不予以研究，全由教材教法一科去负责。教材教法一科包罗万象，教而不详，既不作深切的讨论，又缺少实际资料。而幼师修改后的课程，在教材教法这个科目上，尽量做到与各科相联系，师范教育和小学、幼儿园教育相联系。

(2) “人生心理”，是幼师加进去的新科目，目的是根据青年期的心理特点对学生进行伦理教育，指导学生运用正确的理智处理日常生活。

2. 活的教材：陈鹤琴提倡“活教育”的主要原因，是向以书本为本位的“死教材”挑战，主张采用“活”的教材，应用“活”的方法，把人教“活”。他所谓活的教材，是他早年创办鼓楼幼稚园时就提出的“追问大自然、改造大社会”，“大自然大社会都是活教材”。那时幼师所用的教材，都是本着这个原则编选的。它的特点是：

(1) 不限于书本上的死知识——幼师的各科教材，不限于一两本

① 袁昂，《松林中的省立实验幼师》，《活教育》月刊四卷合订本，华华书店发行，1947年第1期《活教育运动在江西特辑》，第207页。

② 陈鹤琴：《活教育的教育原则》。

固定的教科书。国内原来就没有为幼师编过教科书。当时的教学，如自然科，即以某一自然现象为教材，利用它随时教学；如社会科，当时是在战争年代里，发现某地区某种现象，就研究它的地理环境、历史背景。除书本外，还从各种报章杂志、图表画片等方面找材料。这些就成了幼师的活教材。又如儿童心理与幼稚教育等学科，更不是只限于书本知识的传授，而是以婴儿园、幼儿园为教室，把那些天真活泼的儿童作为幼师学生的活书本、活教材。

(2) 活用书——不限于书本的知识。不是绝对不要书本和绝对不读书，而是不把书本作为唯一的教学工具，要求把多种的图书作为参考研究的资料。例如：对学生进行幼稚教育、儿童心理等科目的教学，先去婴儿园或幼儿园观察儿童的表现，然后整理观察记录，参考有关的图书资料，再经过大家共同研究讨论，结果就成为大家研究所得的活的教材。

3. 教学方法——口号是"做中教，做中学，做中求进步"，就是教与学都以"做"为中心，并在做中精益求精。

陈鹤琴根据多年的实验研究，在教学方法上还提出了十七条原则。现根据陈鹤琴当时的教育主张的理想，介绍下列几方面的特点：

(1) 在学习方面——幼师学生的学习是采取分组讨论和共同研究的方式。一般学校学生以个人学习为主，陈鹤琴认为这可能形成个人竞争的流弊，甚至发生考试作弊取巧的行为，因此，他对幼师学生学习方面，不重视个人竞争，而重视共同进步。幼师学生学习时，以分组研究、共同讨论为主，能力强的帮助能力弱的学习，以整个小组的学习来判断学习成绩的好坏。幼师为了便于学生学习和讨论起见，所用的课桌是采用八人合用一张长方桌。这种学习方式上的特点，陈鹤琴认为既可便于分组学习和讨论，又可便于面对面地各抒己见集思广益。

(2) 在教的方面——幼师所采用的是集体教学的方法。这不仅是各献其长、分工合作，而且是互学互教。例如：各科教材教法这门学科，决不是某一个教师所能胜任的，必须发挥各科教师的专长。以国语科来讲，除国语科本身的教材外，还得包括儿童文学（故事、儿歌及写作等)，由该科教师讲授自己所擅长的部分。有的擅长文学，有的擅长写作，有的善于编写儿童故事、诗歌、童话等，他们虽然在某一方面是专家，但不一定是幼师最理想的教师。幼师把教国语科的教师组织起来，共同拟定教材的纲要，然后按每一教师的擅长分组教学。彼此互相听课，课后相互讨论，共同研究，以求改进，收到了很好的教学效果。

(3) 在教学步骤上——陈鹤琴不主张教学仅仅由教师讲学生听，反对灌输死知识的注入式的讲演法。因此幼师的教学过程，基本上采用四个步骤进行。一是观察实验。一切让学生去实地观察，去动手做，以加深实际经验。二是参考阅读。让学生自己去找参考书，以系统地吸取人类已积累的经验。三是发表创作。让学生把自己所获得的知识技能用创作表达出来，并通过绘画、表演或写作等方法，培养学生的独立工作能力。四是批评研究。将学生所发表的创作，让大家共同订正，求得进一步提高。除了一些特殊学科，如体育、音乐外，基本上是按照这四个步骤进行教学的。这种教学步骤与陈鹤琴主张的“活教育”的方法“做中教，做中学，做中求进步”的精神是一致的。

(4) 成绩考查——幼师反对学生为分数读书，反对教师以分数为武器。学生成绩考查，一是从平时在教学过程中了解学生学习成绩；二是采用考试来检查，但不同于一般学校的考试。幼师的考试，称为“荣誉考试制”，即没有教师监考的考试制度。这曾引起人们的反对，认为是不可能的事。实验结果出乎人们意料之外，考试的秩序与纪律是良好的。这种荣誉考试制度当时只是在年级较高的班级实行。

总之，幼师的课程实验，分四期进行。每期以一年为度。第一，开创期：试用活教材活教法；第二，实验开始期：整理已用活教材及教法，拟定实验方案；第三，实验修订期：修订上期结果，作精密的实验；第四，实验完成期：继续修订完成实验课程。

(二) 幼师的训导实施

幼师的训导目标，着重培养学生对专业的热爱，使学生具有敬业、乐业与创业的精神，使学生懂得幼教这个专业与国家民族存亡的关系,从而懂得怎样做一个现代的中国人。陈鹤琴"反对那种只凭主观的情绪、态度、利害、好恶去判断或处理训育问题的作风"。因此,陈鹤琴在创办幼师的过程中,为贯彻活教育的主张,曾陆续提出过十三条训导原则,作为各级导师对学生的指导方针。(十三条原则在《活教育的理论与实施》一书中有详细说明)幼师在训导方面的组织,除与一般学校相同的有学生自治会外,还成立了"醒狮团"。这是陈鹤琴为幼师学生设想出来的创举。陈鹤琴设计了以狮子的形象作为幼师的校徽,象征性地把学生说成是小狮子。取名"醒狮团"是要求每个学生成为一只睡醒的狮子。当时抗日战争还正在艰苦奋战,民族处于危急存亡之际。陈鹤琴组织"醒狮团",是要使学生对沉睡的中国有所醒悟的意图。当时该团有三条信念:1. 不但要做品德端正的学生,还要做复兴民族的干部。2. 除接受导师的训育指导外,还要在同学之间互相切磋,以求上进。3. 用"醒狮团"的力量来推动自己表现积极从公,消极从私。当时学生为爱国主义思想所驱使,亟愿加入这个组织,因此对学生起过鼓舞与鞭策作用。

此外,幼师在体育竞赛、生活锻炼等方面,也都有过出色的成绩。以生活锻炼来讲,本着"活教育"的教学原则第一条(凡是自己能做到的事都由自己来做)的精神,在幼师开办时就实行"路要自己筑","屋顶盖的草要自己编","自己吃的粮要自己种","自己吃的饭要自己烧"等等,使学生入学的第一天起就得到这方面的熏陶。1944 年,学校开始过流亡生活,但仍保持这种劳动服务的优良作风。每到一地(1944 年到赣州,1945 年到宁都、广昌、饶家堡)都以自己的汗水做出成绩:把借用的破旧祠堂、庙宇变成校舍,就地种菜、砍柴,多次博得人们的好评。

1945 年幼师归并到南昌女子师范成立了幼师科,幼专部分迁到上海,成立为国立幼稚师范专科学校。1946 年,江西实验幼师无形取消。经过一番努力,一所独立的幼稚师范专科学校诞生了。

三、国立幼专简况

国立幼专是国立江西幼师附设的专修科。办起幼专,使当时的幼教工作者受到鼓舞。虽然这仅仅是附设在幼师的一个专修科，但毕竟使中国幼稚教育形成了一个从初等教育到高等教育的完整体系，并且影响中国幼稚教育的学术研究、确立制度以及师资培训等各方面。1945年国立幼稚师范专科学校在上海成立。从1946到1949年，经过三年艰苦创业，幼专才逐步走上轨道。与一般专科学校比较起来，国立幼专是“先天既不足后天营养也不良”的一个高等学校。陈鹤琴在创办幼专时，拟定了三年制的教育计划和课程设施。总的教育目标有四条：1. 培养学生能和谐地生活，有创新的朝气。2. 培养学生有办理幼儿教育各阶段（如托儿所、幼儿园）的能力。3. 培养学生有办理幼儿师范的能力。4. 培养学生能胜任幼师的专业科目及普师的教育科目的能力。

在三年国内解放战争的岁月里，幼专同学活跃在上海郊区农村，曾在大场镇办过三所托儿所；在市区工厂，也有幼专学生协助办的工厂托儿所、幼儿园。1948年，陈鹤琴曾在幼专第四届毕业生纪念册上题过下列临别赠言：

“我们同学应自许是中国幼稚教育的播种者。”

“我们学生应自信是活教育运动的开拓者。”

“我们学生应自勉要永远作一个教育工作者。”

“最后我愿以‘教不倦，学不厌’的两句话与同学共勉。”①

解放前的半年中，幼专学生在上海的地下党领导下，曾积极参加迎接上海解放的工作。当时这所学校被誉为民主的堡垒。上海解放后，许多学生纷纷南下。今天虽然解放三十多年，但在福建、广东等地，仍有幼专学生活跃在幼教工作岗位上，继续为幼教事业服务。全国解放以后，幼专并入南京大学师范学院，成立幼教系。从幼专创办到并入南京大学师范学院幼教系的六年中，共毕业五届六班学生，计一百五十三人。极大部分毕业生对幼教有坚定的信念，勤勤恳恳地终身不渝地为幼教事业努力工作。这是和陈鹤琴为幼教的耕耘分不开的。

---

① 《国立幼专第四届毕业生纪念册》序，1948年6月。

四、陈鹤琴提出的"活教育"的理论体系

江西实验幼师，是在抗日战争年代中，由陈鹤琴创办起来的中国唯一的公立幼儿师范学校。这个学校为时仅六年之久，共毕业了七届八班学生计二百十三人。毕业生工作地区遍及全国十二个省市，这是陈鹤琴为培养我国幼教师资作出的贡献。

虽然陈鹤琴的"活教育"是在创办江西幼师过程中提出的，但当初并没有完整的理论体系，而是从教育活动中创造理论、实践理论的。陈鹤琴本人所受的教育，对他产生"活教育"的思想也有一定的影响。从受国外的影响来讲，美国教育家杜威提出的"教育即生活"、"从做中学习"，对陈鹤琴是有很大影响的。杜威来华讲学之际，正值我国的五四运动时代，提倡科学与民主的口号，促使陈鹤琴产生了要改革旧教育的设想。从国内来讲，陶行知的教育主张，特别是陶行知批判旧教育的警句："教死书、死教书、教书死；读死书、死读书、读书死"，对陈鹤琴产生"活教育"思想影响最大。陈鹤琴认为把"死"字改为"活"字，可以起死回生，因此提出了"活教育"的口号，试图改革中国的传统旧教育。

1947年，他在上海初步整理出"活教育"的理论体系，即所谓"活教育"的三大纲领——目的论、方法论和课程论，都是针对旧中国的传统教育的弊病提出来的。他认为旧中国的教育制度抄袭外国，空谈理论，教与学不分，不知怎样教，也不知怎样学，更不知怎样求进步，死读书，读死书，与生活无联系，书本至上，造成孤陋寡闻。

"活教育"的第一个目标——目的论："做人，做中国人，做现代中国人"。这是说明现代生活的意义和生活的方法的。教育的对象是"人"，所以"做人"是教育最起码的任务。就是要研究"人是什么？""人的活动是什么？""人与人的关系是什么？""人与自然、人与社会的关系是什么？"以此来达到人生的意义和目的。为什么提"做中国人"，说明人还是受遗传和环境的限制的。中国人既然生长在中国，生活在中国，接触的是中国，希望的也是中国。教育是一种适应，一种改变，对中国人进行教育就不能脱离中国。"做现代的中国人"，是说明了一个

时代的需要。现代是指二十世纪科学与民主的时代，所以要培养中国人，成为有科学的头脑、有民主思想的人。陈鹤琴在实验研究中，一再提出并提倡要从儿童与学生的需要出发，不脱离一个人的实际需要，从而谋求教育上的改进。在幼师课程中增加“人生心理”一科，幼专的课程中，提出了人生科目：文化与人生、自然与人生、社会与人生等，以及对学生的生活锻炼、行为品德的培养，实现师生共同管理生活等，都体现了“活教育”在实施过程中的教育与人生的关系。学校与生活结合，发扬科学与民主的思想，为的是达到做一个现代中国人的目标。

“活教育”的第二个目标——方法论：“做中教，做中学，做中求进步”。那是承袭了杜威的“从做中学”和陶行知的“教学做合一”的原理。陈鹤琴不仅承袭了而且发展了他们的提法，提出了“做中求进步”。“做”是行知合一及行中有知的表现。只有做了才有经验。理论与实践的距离是要通过做而使之缩短，使知识与技能在做中取得联结。“做中教”是使教不会落空，“做中学”是使学更有兴趣。只有做与学取得密切联系，才能取得实际的效果。教是提供情况，学是获得反应，都要从实际行动中体现出来。教的进步也是学的进步，所以称为“做中求进步”。这个目标体现在前面介绍过的四个教学步骤上最为显著。“活教育”的教学实施，不是单凭空洞的原则或抽象的概论，而是要从实际事物的现象中去认识，去了解，去做。所以观察实验是实施“活教育”的第一个教学步骤。

在做中发现了问题，就要去解决问题。怎样解决？这里就需要书本知识，从人类经验积累中找出现在所需要的材料。这里也说明了“活教育”并不否定书本，也不否定文字知识。在做中要求进步，仍有赖于文字的参考。所以阅读参考成为实施“活教育”的第二个教学步骤。

在“做”中积累的一些经验需要保留，就得运用文字或图画来记录或发表创作，使他成为辅助“做”的工具。所以发表创作成为实施“活教育”的第三个教学步骤。

做了以后，究竟对不对，合理不合理，需要有一个判断。做中要获得进步,需要得到别人的批评。知道所做的优劣所在,就能格外鼓舞学习的兴趣,推动进一步加以研究,从而才能继续有所发展,所以批评研究就成为实施"活教育"的第四个教学步骤。

"活教育"的第三个目标——课程论,就是"大自然大社会都是活教材"。陈鹤琴针对死读书的无益,把教育扩大到整个生活所能接触的自然和社会中去,他认为任何人的生活既不能离开自然,也不能离开社会,人们向大自然取得生活的物质资料,从自然社会的现象到与人的关系以及他们的特征规律等,都可作为教育人的教材,都可以成为取之不尽的资料。既然书本知识是人类经验的积累,那么活生生的资料就应当直接取之于生活中的大自然、大社会。

陈鹤琴在这三大目标的理论基础上,提出实施活教育的教学原则和训导原则,在江西幼师进行了初步的实验研究,后来在上海市立幼师及附小也进行过一些实验。这就是陈鹤琴从四十年代起,为改革旧教育所做的实验研究,对当时的旧教育确实是一种抨击,因此应该给与确当的历史评价。

参考资料:

1.《活教育》月刊四卷合订本,华华书店发行,1947 年第 1 期《活教育运动在江西特辑》。

(1) 陈鹤琴:《创办幼师的动机和经过》,第 197 页。

(2) 陈鹤琴:《什么叫做活教育》,第 202 页。

(3) 袁昂:《松林中的省立实验幼师》,第 207 页。

(4) 刘于良:《前进的幼师》,第 214 页。

(5) 雷震清:《幼专初期》,第 215 页。

(6) 张文郁:《国立幼专的前途和希望》,第 222 页。

(7) 张文郁、李名英:《大场农村托儿所》,第 242 页。

2.《活教育的创造·理论与实施》,华华书店,1947 年 12 月版。

(1) 张文郁:《活教育的理论体系》,第 10 页。

(2) 张文郁:《活教育与杜威实验教育》,第 32 页。

(3) 余之介:《活教育的开拓》,第 145 页。

陈鹤琴先生对我国幼儿教育的贡献①

陈鹤琴先生(1892－1982年)是我国著名的教育家,从本世纪二十年代起,悉心研究儿童心理、家庭教育、幼儿教育、小学教育和师范教育。他通过亲身的教育实践积累了丰富的教育经验,并提出许多独创的教育主张。

一九一九年,陈先生从美国留学归来。他深感国内的幼儿教育不符合国情,更不符合幼儿心理发展特点,于是,他在一九二三年创办了南京鼓楼幼稚园。陈先生通过一系列的实验研究,探索出一套适应我国国情及符合幼儿身心发展特点的幼儿教育的理论体系。

陈先生当时曾对我国幼稚园的课程、设备等项目作了精心的实验和研究。他研究幼稚园课程究竟应当如何编制,应当教什么以及如何教;研究幼稚园究竟应具有哪些设备才能达到教育目的;研究幼稚园里为什么要对幼儿讲故事,应当讲些什么故事才适合教育要求与符合幼儿年龄特点;研究幼儿应当不应当从小就识字,识哪些字,怎样教才能取得效果,等等。

他主张幼稚园的课程应以大自然、大社会为中心。他指出:"这两种环境是幼儿天天接触的。"选定自然和社会为中心教材,才不致于与幼儿生活脱离,才是幼儿所能接受的,这样的课程,会使幼儿的知识与各方面的能力随之增长,身心得到更好的发展。当时陈先生把这种课程教学法,称之为"整个教学法"。这是他根据教育原理、幼儿的生活和身心发展特点的需要,并经过他的实验研究所作出的科学结论。为

① 南京师范学院副教授钟昭华著,原载《光明日报》,1983年第3.25卷,第3页。

便于使人理解，他后来把“整个教学法”改称为“单元教学”。“单元教学”对当时的幼儿园起过重大的影响和作用。在本世纪三十年代政府颁布的幼稚园课程内容，所根据的就是南京鼓楼幼稚园的实验结果。至于幼稚园的课程标准和幼儿行为习惯培养的标准，那是根据鼓楼幼稚园、晓庄幼稚园和燕子矶幼稚园试验的结果公布的。这是具有划时代的历史意义的。我国的幼儿教育从那时起逐渐从刻板的、单调的、整齐划一、缺乏生气的情况下解脱出来。幼稚园的儿童，从只有一间游戏室和只能在地板上画好的圆圈上走走坐坐等束缚中解放出来，幼稚园的教育内容，也开始摆脱了全部抄袭外国宗教的、迷信的思想。早期的幼儿园，设备非常简陋，除了几块积木、几个皮球、几支蜡笔、几把剪刀和几张纸外就别无他物了。即使有的幼稚园，有那么几件玩具，也被放在玻璃橱内，加上一把锁，作为装饰品，孩子们得不到玩具玩，实际上就是得不到教育。陈先生看到这种情况，深有感触地说：“这哪里是玩具，只能说是‘看具’！”陈先生从创办鼓楼幼稚园起，就几十年如一日地从事幼稚园设备的研究工作。在初办时，他就为幼儿设计了玩具、用具、游戏器具等。这些东西十分吸引幼儿的喜爱。同时他还根据幼稚园范围的大小和必须具备的设备，列出了设备标准，使大家知道应当如何根据不同条件来选取设备。这个标准，即使在今天，还在作为我们幼儿园选取设备的参考和借鉴。

有一次，陈先生考察了欧洲十一个国家的教育情况，回国时，特地从捷克买来一个猪头像的手套木偶，作为送给鼓楼幼稚园幼儿的礼物。当时他曾语重心长地希望老师们仿做一些，并配合故事给孩子们表演木偶戏。从此以后，孩子们生活中增添了不少兴趣和欢乐。开始老师演，后来大班幼儿也学会演，不爱说话的孩子也大胆地说话了，这说明木偶戏表演不仅充实了幼儿园的生活内容，而且对于幼儿语言的发展起了很大的作用。鼓楼幼稚园当时规定每周六下午为木偶戏表演时间，孩子们都欢欣鼓舞地参加这项活动。陈先生还向民间艺人学会了调制各种彩色米粉的方法，并教老师们用彩色米粉做手工。

此外，陈先生注意就地取材制作幼稚园的设备。为了丰富幼儿的音乐活动，他利用民间乐器，如小鼓、小锣、小木鱼、小磬、小铙钹等，帮助幼稚园组成了小乐队，幼儿用这些小乐器，配上相应的乐曲进行演奏。这不但培养了幼儿的节奏感，而且增强了幼儿欣赏音乐的能力。南京鼓楼幼稚园小乐队的成立，在当时是一个创举。

陈先生从三十年代起，就主编了不少有关幼儿教育的书籍。如《幼稚园课本》《我的工作簿》《一年中的幼稚园的教学单元》《儿童故事》《儿童游戏》《儿童唱歌》《儿童节奏》《儿童生活写真》等。他还为中小学少年儿童编了《历史故事》丛书、《自然故事》丛书，又为小学生编了《国语教科书》、《英语教科书》等。即使在他八十四岁高龄时，还亲自为幼儿编了《水珠儿》《石油室》和《好孩子》等图画故事，他的一生确实是为儿童造福一生。

一九四〇年，陈先生实现了多年的宿愿：在江西，他创办了我国第一所公立的幼儿师范学校。他一贯主张幼稚园的教师应当有充分的训练，并认为“幼稚园的教师应当是幼儿的朋友”，幼儿园教师不仅要掌握幼儿的身心发展规律，还必须具有丰富的自然与社会的广博知识，还要有熟练的技能、技巧。

陈先生为实现其办学宗旨，对幼儿师范的学生提出了具体要求，并采取了相应的措施。首先，陈先生从实际出发，要求学生自己去创造生活、料理生活，使自己成为生活的主人，而不做要别人伺候的贵人。学生从入学起，就要接受劳动教育，要学会烧饭、种菜等等，当时，校内的一切生活和一部分基建工作，全由学生参加和负责处理。他要求学生懂得，将来为幼儿教育服务，就是为祖国培养新的一代人。其次，学生必须充分了解和熟悉幼儿。陈先生一再教育学生，“必须从小给幼儿以正确的教育。如果教育不正确，长大了再教育要废九牛二虎之力也不易改正”。这是因为“幼稚时期是孩子的‘可塑期’‘可教期’，一般人往往以为小孩子太小，也没有教育的必要”，事实上，“教育愈早，孩子潜在的能力就愈能显现和发展起来。教育得晚，孩子的智力发展，就要受到影响”。他要求每个学生认定一个幼儿作为研究、观察的对象，然后让全班学生互相交流观察和研究的结果。学生用这种方式学会了解与认识幼儿的特点，同时使学生能在与幼儿的接触中逐渐培养对幼儿的情感。第三，幼师学生必须掌握幼儿园的教育与教学技巧。当时学校也是采取理论与实践相结合的办法来教学，在讲述各科教学法的理论同时，要求学生接受实际的技能技巧的训练，如唱歌、绘画、跳舞、讲故事、编写故事、儿歌、制作玩具、种菜、种花等等，还要求学生一律讲普通话。第四，重视学生的体格锻炼和知识积累。陈先生一再教导学生，只有从书本里，又从实际生活中去学习，才能积累广博的知识。

陈先生热爱共产党，热爱社会主义祖国。解放后，他刻苦学习马列主义、毛泽东著作，大力提倡和推动新中国的幼儿教育和师范教育以及文字改革工作，致力于教育科学的研究和调查。他关心广大的农村妇女和儿童，在广泛调查研究的基础上，提出了“幼教工作要全面规划、加强领导”等许多正确的主张，并一如既往地热心从事幼儿教育工作。陈先生为幼教事业贡献了整整一生。在他九旬高龄、两腿已失去功能时，每逢节日，他还是与鼓楼幼儿园的小朋友联欢。不是他坐轮椅到鼓楼幼稚园去，就是鼓楼幼儿园的小朋友到他家里欢聚。他有着一颗热爱儿童、热爱青年和热爱幼教事业的“赤子之心”。我们要学习他为幼教事业奋斗不懈的精神，还要学习他热爱党、热爱社会主义、热爱祖国的可贵品质，为开创我国的幼儿教育事业的新局面而努力奋斗。

我国幼儿园中心制课程的创建[①]

幼儿园的中心制课程，简称“单元教学”，是编制课程的一种方式，是指幼儿在园一天的所有活动，包括教育与教学的各种教材内容、范围及方法等的安排运用。在我国幼教史上最早悉心研究幼儿园课程并创建单元教学的是著名的幼儿教育专家陈鹤琴先生。

二十世纪二十年代初，陈先生目睹中国幼儿教育抄袭日本与西方，对幼儿灌输宗教迷信和殖民地思想之现状，出于民族的责任感，为建立中国化的幼儿教育理论，创办了南京鼓楼幼儿园，进行了一系列的科学实验研究工作，幼儿园的课程便是实验研究的内容之一。

从一九二五年起，陈先生和他的学生张宗麟协作，对幼儿园的课程试验研究了三年。研究过程大致为三个阶段：自由散漫期。幼儿完全自由，没有任何限制，教师不预定计划，不干涉幼儿的行动自由，只是布置环境，从旁指导。设想这样做可使幼儿的个性得到充分的发展，结果适得其反，给幼儿良好行为培养、教师教育指导带来种种困难。半年后改为伦理组织试验期。从自然现象和社会生活中取材，根据一年的时令、季节，预订课程计划。经试验，这一课程忽视了幼儿对生活中偶发事件的兴趣，活动安排呆板、无变化，内容繁琐深奥，幼儿不易接受，教法陷于注入式，幼儿处于被动地位。第三个阶段即为中心制课程试验期。在前两期试验的基础上，以教育的计划性、整体性、灵活性三者结合的“整个教学法”为指导思想，从幼儿的认识水平、能力、经验、兴趣出发，在他们所直接接触到的自然与社会环境中选取中

① 南京师范大学教育系钟昭华著，原载《幼儿教育（南京）》，1985年第12期，第7页。

心，各科（常识、音乐、故事、图画、手工等）围绕中心选取教材，把各科的教育内容自然地结合起来，以取得横向联系。这样，幼儿所接受的不是仅仅限于一科一科各不相干的教育，而是一个整体，在认识和感知某一事物时，还能复习、巩固已学的知识。陈先生认为，幼儿园孩子能学的东西很多，但不能漫无系统地去教，必须围绕一个中心。因为中心选自幼儿天天看得到、听得见、摸得着的自然环境和社会环境，幼儿可在取得直接经验的基础上接受知识。把各科教育内容相互联系起来，使之发生关系，这既符合幼儿认识事物的规律，又体现了教育与教学的整体性。

同时，各科在围绕中心单元取材时，必须根据各班幼儿不同年龄的特点，由浅入深，由近及远，由易到难，由简到繁，选取不同程度的教材，确定不同的方法，实施的时间长短，视教学内容的多少而定，以取得纵向的联系。中心单元之间，也有内在联系，如实施“秋天到了”的主题，即可引申出“秋天的水果”“秋天的收割”“秋天的树叶”等有关中心主题，但每一中心主题仍有其独立性。通过横向联系与纵向联系，达到教育内容的整体性与系统性。

中心制单元教学还有其灵活性。强迫幼儿对有兴趣的事熟视无睹是不可能的，过分抑制幼儿的兴趣，不符合幼儿的心理发展特点，不利于幼儿的发展。因此，陈先生指出，在执行计划时，“如临时发生一件有趣的事，也不妨给幼儿以适时的满足”。

我曾参加了南京鼓楼幼稚园中心制课程的实践，共五年。下面举一实例。

南京鼓楼幼稚园大班单元教学大纲

中心单元：秋天的水果

时　　间：1935 年 9 月 19 日～9 月 22 日

大纲要目：

一、常识

（一）研究

1. 秋天有什么水果——苹果、香蕉、葡萄、柿子、柚子、枣子等。

2. 认识秋天的水果名称、形状、颜色等。

3. 这些水果是长在哪里的?

4. 我们园里有什么果树?

5. 水果对人的益处。

(二) 观察

1. 解剖各种水果,观察形态,研究内部。

2. 到园里去识别几种水果树,再到邻居家(王志洁小朋友家)去观察柿子树。

二、图画

1. 在各种水果图形上,涂适当的颜色。

2. 画水果——水彩画。

三、手工

1. 泥工:做水果。

2. 纸工:做水果盘、剪各种水果图形,把纸做的水果放在水果盘内。

3. 刺工:根据硬纸上的刺孔,用针线按孔连成水果图形。

四、音乐

(一) 唱歌:1.《大苹果》。2.《卖水果》。

(二) 节奏:挑担的律动。

五、故事、谜语

(一) 故事:1.《孔融让梨》。2.《刺猬拾水果》。3.《爱美的肚子痛了》。

(二) 谜语:猜柿子与香蕉。

六、游戏

(一) 模拟游戏——"开水果店"。

(二) 竞赛游戏:1. 运水果。2. 吃香蕉,吃苹果。

七、读法

认识秋天的水果名字。

八、数法

“卖水果”游戏。

上述实例(不包括复习内容),各科围绕中心主题“秋天的水果”选取新选材,教育内容与要求联成一个整体,是横向联系的结果,是“整个教学法”的体现。同时,各年龄班可有相同的活动,但得根据各自的不同特点,在内容与方法上有深浅之别,还要由各班教师另订本班的教学要求,比如小班着重点在认识秋天的水果名称、形状、颜色,并知道这些水果生长在树上。中班要在小班的基础上,增加认识水果的益处,不一定要像大班那样去解剖水果,区分几种水果的不同核心。三班的内容深浅的不同,体现了教育的系统性,各科本身的教学内容与要求的系统,是通过纵向联系实现的。

幼儿园的中心制课程一经鼓楼幼稚园实施,便受到一般幼儿园的欢迎,当时的南京市实验学校幼儿园和燕子矶、晓庄乡村幼儿园均试用了这一课程。张宗麟、张雪门两位幼教专家曾根据我们北方及长江中下游地区的不同情况,拟定出可选用的中心单元主题,供幼儿园开展单元教学参考。陈先生的这一实验成果逐渐推广到全国各地,打开了我国幼儿教育的新局面。

陈先生虽受过西方的教育思想影响,但他始终立足于本国国情,立足于亲身实践。在他和他的合作者的努力下,我国幼儿园课程从无到有,建立了初步的体系,这种坚忍不拔的拓荒精神,是极其难能可贵的。他为中国幼教奋斗终生,贡献是卓著的。

在纪念陈鹤琴逝世三周年之际,我又一次学习了陈先生的教育思想,应江苏《幼儿教育》编辑部之约,从“整个教学法”来研究单元教学的指导思想,草就此文,意在向同志们提供一点史料,作为当前我国幼儿教育改革参考之用。

回忆陈鹤琴①

陈鹤琴先生是我国著名的教育家、幼儿教育家。三十年代我曾在他创办的南京鼓楼幼稚园工作多年。这位可敬的学者和长辈留给我深刻的印象。今天，在他逝世三周年的前夕，我写下点滴的记忆，以表示对他的深切怀念。

初识陈鹤琴先生是在二十年代。一九二二年冬，陈先生在家里创办了幼稚园，我由甘梦丹老师介绍去该园工作，当了甘老师的助手。那时我是一个师范毕业不久的年轻老师。陈先生当时在南京高等师范学校担任儿童心理学校教授，同时对自己的子女进行心理与教育的研究。他整天忙于观察、记录与摄影，在研究孩子心理、生理发展的同时，探索父母教育孩子的规律，从而提出科学的教育原则。我在陈先生领导下工作的一年中，从未看到他打骂孩子，或对孩子大声叫嚷训斥。当发生问题时，他总是用积极的诱导，或间接的鼓励，或暗示的方法，使问题妥善解决。诚如陶行知先生在陈先生所著《家庭教育》一书序言中讲的，"他是以科学的头脑、母亲的心肠来对待孩子的。他的研究，可以使孩子少流几滴眼泪"。陈先生热爱儿童、重视儿童教育的言行深深地感染了我，使我不期而然地产生了热爱幼儿的感情，同时也使我了解幼儿教育的重要，为我以后所走的道路奠定了基础。

一九三二年春，我在上海任教，"一·二八事变"后学校停办，陈鹤琴先生要我担任鼓楼幼稚园主任。我为能再一次在他领导下工作而高兴，但同时也因该园是全国闻名的实验幼儿园而担心不能胜任。陈

① 南京师范大学副教授钟昭华，原载《师范教育》，1985年12期。

先生首先肯定我有能力把该园办好，这是他对我的鼓励与信任，然后又向我提出整顿幼儿园的任务。陈先生之所谓整顿，就是要我根据他的主张，在幼儿园不断实践，使已经取得的成绩进一步提高。想到陈先生十多年来为了这个幼儿园尽心竭力地操劳，一切为幼儿，一切为幼教事业，我就担起了园主任的职务。

陈鹤琴先生主张实施中国化的幼儿教育，做到适应中国国情。他不抄袭外国的幼稚园形式，更排斥宗教迷信神魔鬼怪等内容。从教育的目的到教育内容，他主张应教育幼儿从小懂得自己是一个中国人，教育幼儿爱护国旗，天天升旗听国歌。他认为，要从幼儿所处的周围环境中取材来编定课程，以大自然、大社会为编定教材的中心。他提出幼儿来园一整天的生活都要由教师全面负责，做到课内与课外并重。有时两者相结合，在户外与室内交替活动，教师有计划的教育与幼儿的个别爱好的活动并重。他要求根据儿童的特点，如好问、好奇、好游戏、好合群、好野外生活、好成功、好鼓励等，充分发展幼儿自己的爱好。遇到问题发生，他指出要从积极方面去设法处理，不滥用消极的制裁，以免挫伤幼儿的主动性和积极性。他经常提到的几条教育原则，就是“凡是儿童能够学而喜欢学的，应当让自己做”，“凡是儿童自己想的，应当让他自己想”。陈先生是主张给幼儿以更多的主动性与自由的。根据他的教导，我们做到在课内按教师预定的计划教育幼儿，而在自由活动时幼儿能各取所需，各选其能与所好，做自己喜欢做的事，既可游戏表演，又可饲养动物、收集花种或落叶，也可在木工工具室制作玩具并油漆加工。女孩子爱为娃娃织围巾，男孩子更多喜欢用大型积木造房屋。在课内教学的集体活动，遵照教师的教育要求，安心上课，但在课外可以按照自己的爱好和需要进行活动，使幼儿能达到自己学、自己做的目的。当时有人来参观我们的幼稚园，深感惊异的是“孩子在幼儿园的课外活动安排，已成习惯”。而每个幼儿各得其所地做自己爱做、爱学的事，全是在教师指导下实现的。教师对每一个幼儿的情况了解得十分清楚，才能使幼儿在活动时井井有条。在自己学、做、想的过程中，由于得到教师的引导，效果是比较好的，幼儿由此得到多方面的发展。

陈先生主张幼稚园应当有充分的设备。他不但提出主张，而且亲身实践。从幼稚园创办起，他就从事玩具、教具的研究。鼓楼幼稚园极其丰富的设备，基本上是他设计研究制成的。

陈鹤琴先生对幼儿园的业务指导是既具体又实际的。他一向重视实践，鼓励教师创新。他思想活跃，从来不墨守陈规。每次来园，他都要观察教师上课，领导课外活动，还要检查教育记录。由于他深入下去，能了解每一个教师的专长，并给以专门任务，做到深入一班，逐渐了解全面，共同指导幼儿户外游戏活动。他每次来园总是谆谆教导，要求我们多读书报，兼及外文幼教杂志，他认为，“我们应当了解国内外的幼教情况，否则就没有比较，也就不会有进步”。他还认为，“应当通过学习才能充实自己的知识”；“学习外国的不是去抄袭，而是要从中有所取舍，为我所用，使之成为中国化的东西。要随时代前进，才能扩大我们的视野，充实我们的知识”。他是希望幼儿园的教师有广博的知识的。在他几年的指导下，我们同心协力，定期学习，编写并出版了有关幼儿教育的丛书多种，如故事、歌曲、节奏、游戏、儿童生活写真、单元教学等，不但提高了教学质量，也加强了教师钻研业务的积极性与能力。这些成果，都是由于陈先生关怀爱护青年和领导有方而获得的。

陈鹤琴先生十分重视幼儿园与家庭教育的一致性。他认为，只有幼儿园与家长共同合作来教育好孩子，才能使教育工作事半功倍。因此，他提出了一系列的联系家长的办法，尤其重要的是组织家长委员会，给幼儿园带来莫大的好处。家长们看到陈园长如此关心幼儿教育，也经常和他交换教育儿童的意见，并听取他的指示，这给教育幼儿带来很多益处。家长们对幼儿园的工作，也经常协助我们，如添置设备、扩建园舍、外出旅行，都能双方合作，甚至为幼儿园挑重担，或为幼儿园承担贵昂经费，设计工程，或为幼儿园荐举人员，给幼儿园解决了不少困难……看来，陈先生总结出来的一套联系家庭的方法，今天已被继承下来。

今天，我回忆当年在陈鹤琴先生领导下工作的情况，在五年多时间内与孩子们欢聚嬉笑的情形，都历历在目，殊不知时光已过去了半个世纪，当年的孩子们早已担当起建设祖国的工作，他们忘不了在鼓楼幼稚园所受的启蒙教育，到南京来一定要去看看他们曾经生活学习过的园地。

陈鹤琴先生当年在荒芜的园地上，播下了幼儿教育的种子，他为创立幼儿教育理论，一切经过实践。他既是科学实践者，也是创新者。他这种勇于实践、敢于创新的精神，是永远值得我们学习的，虽然他自己在解放后常说："我的教育思想是有时代与认识上的局限性的。"我们从陈鹤琴先生的理论和实践中吸取有益的东西，对于建立具有中国特色的社会主义的幼儿教育理论，是有积极意义的。

中国的福禄培尔[①]

中国最著名的幼稚园，不是南京鼓楼幼稚园吗？开辟中国幼稚教育的园地，不是南京鼓楼幼稚园吗？这个幼稚园究竟是谁创办的？怎样发展的？对于全国幼稚教育有什么贡献？让我来说个明白。

南京鼓楼幼稚园，是在南京鼓楼的西边。那里有精致的园舍、创制的教具、美丽的花园、宽大的游戏场、小小的动物园，凡是到过那里的人们，谁也忘不了那幽雅的环境和一群活泼的小天使。凡是进过那幼稚园的小朋友，谁也忘不了那幼儿时代的小天堂。

十几年前，全国教育人士并没有注意到幼稚教育。要唤醒一般人的注意，要推动学龄前的教育，非有专门研究的学者，热烈提倡不为功。鼓楼幼稚园，便是适应这个时代的需要而创办的。在幼教荒凉的园地中努力，在艰苦的环境中奋斗，不久，国内人士对于幼稚教育开始注意，而幼稚园逐渐增多了。饮水思源，我们不得不想到创办鼓楼幼稚园的儿童教育专家陈鹤琴先生。

民国八年(1919 年)，陈先生自美返国，担任国立南京高师(后改为国立东南大学，今改为国立中央大学)的心理学教授。十二年(1923 年)春，为了要研究儿童心理、实验幼稚教育，他就创办一个家庭幼稚园。什么叫做家庭幼稚园呢？说来很有趣，那时陈先生恰巧新建一所住宅，他就把客厅变成幼稚园，什么幼稚园的设备，什么幼稚园的教具，什么幼稚园的教材，什么幼稚园的教法，陈先生昼夜不息地创制，孜孜不倦地研究，往往为了一个问题，他会废寝忘食，他会用全副的精

① 钟昭华著，本文为陈鹤琴著《我的半生》序五。

神去探讨,去解答。那时候,那个家庭幼稚园,一共只有十二个小天使。一年以后,儿童渐渐增加了,社会人士也渐渐明了幼稚教育的重要了,陈先生得了这种鼓励,益加奋勉,就毅然决然,募捐兴工,建筑园舍,一所小巧玲珑的幼稚园,居然在鼓楼头条巷正式产生了。但经费筹措不易,除了募捐外,又向各教育机关请求补助。在不断的进展中,陈先生把鼓楼幼稚园建立了稳固的基础。

幼稚教育究竟怎样推广呢?单单创办一个幼稚园是不够的。陈先生深明这个道理,就邀集了研究幼稚教育的同志,成立了一个幼稚教育研究会,每月开会,讨论幼稚教育的问题;出版幼稚教育的刊物——《幼稚教育丛刊》(非定期的)和《幼稚教育》(定期的,每月一册),举凡材料的搜集、教学的方法、书报的介绍、教具玩具的创造,都尽量贡献给大家做实验和参考。这样一来,全国各地对于幼稚教育开始注意了。十七年(1928年),陈先生又联络了东大实小、南中实小、苏中实小、京女中实小、江苏三师附小等著名的几个小学,组织中华儿童教育社,并将《幼稚教育》月刊改为《儿童教育》月刊。从那时起,儿童教育渐受国人的重视,而中华儿童教育社不久就突飞猛进,全国分社达三十余处,社员达四千余人,在中国的儿童教育史上得以大放光明。这一切,都使我们不得不想到劳苦功高的陈先生。

十几年来,我深深地受了陈先生的指示和感化。曾记得民国二十一年(1932年)秋,他要我到鼓楼幼稚园去负完全的责任。那时我明知鼓楼需要一个精明强干的人去工作,像我这样既无能力又无经验的人,如何能担当得起这个重任呢?可是陈先生很能用人,他说:"鼓楼需要整顿,鼓楼需要专心负责的人,你是我认为最合适的人,一定可以做得好,一定可以做成功。"他的话虽不多,但是句句真实可贵。他信任一个人,就交给他全权去办理,给他机会去经营,去创造。那年我去主持以后,陈先生每月从上海来辅导一次,每次都有很宝贵的指示和鼓励,我有做得不对的地方,他总是用婉转的言辞指正我,而做得好的地方,他会逢人表扬。他教导我学习,勉励我前进,指示我创造。因此我在鼓楼六年之中,所得的进益,远胜于读十年书呢!后来鼓楼的儿童增加百数十名，鼓楼的园舍一再地扩充，鼓楼家长会的成立、家长会和幼稚园合作，一切都是受了陈先生的指导的。

“做人比做事难”，这是陈先生时常对我讲的警惕语，的确，我以前遇到做事困难，往往容易灰心、悲观、失望，其实事情之所以困难，完全是因为做人不易的缘故，假使我们天天学习做人，我们能应付得当，事情的困难也就迎刃而解了。我的个性，可以说陈先生知道得最清楚了，他能看出我的短处，加以指正，他也不遗漏我的长处，加以鼓励和安慰，尤其在做人一方面，他常常指示我，无形中我的心地宽大得多了，我的态度，也没有像从前那样严厉了。

爱护儿童，是陈先生的天性，研究儿童，陈先生认为是他的天职。他不但创立了中国的幼稚教育，更用他半生的精力改进儿童教育，他所赐予儿童的，实在太伟大了。现在适值他著的《我的半生》出版，我想到我们中国的福禄培尔给中国儿童的福利，谨将我个人的感想，写了几句，以资纪念。希望我们的长者——中国的福禄培尔，不断地为中国儿童谋幸福，为中国儿童创造新世界。

陈鹤琴的幼儿教育思想在南京鼓楼幼稚园实施的回顾①

我认识陈鹤琴先生是在1923年,那年,他创办了南京鼓楼幼稚园,由甘梦丹老师介绍我去该园工作而初次相识。虽时间只一年多,但给我留下难忘的印象。他那孜孜不倦地研究儿童心理和十分关心并重视幼儿教育的热情,影响我一生从事并热爱幼教工作。今天我回忆起来,虽已相隔60多年,但往事仍历历在目。1932至1937年期间,我重返鼓园任主任职务时,在陈园长领导下,我获得的亲切教导和点滴感受,坚定了我终身从事幼教工作的决心。

一、我怎样重返南京鼓楼幼稚园工作的

1932年当我在大夏大学任幼教科教师时,爆发"一·二八"事变,日军的炮火危及大夏校舍,幼教科学生毕业后该科就停办。正在此时,陈先生要我去南京担任鼓楼幼稚园主任。在我失业之际得此工作机会,理应接受,但我当时认为鼓楼幼稚园是闻名全国的实验幼稚园,是在陈先生领导下取得辉煌成果的幼稚园。我对比自己,深感各方面都不足以胜任此职,是畏难辞谢还是鼓起勇气去挑重担,心情忐忑不安,难以决定。当时陈先生在上海工作,但仍兼鼓楼幼稚园园长并定期去宁指导工作,但该园缺少一个全面负责的人主持日常工作。陈先生把当时鼓园的详情和我谈后,就直截了当地对我说:"这次我决定请你到鼓园去全面负责,担任园主任工作,是因为鼓楼幼稚园需要整顿。我认为你是最适当的人,而且我也相信你可以把工作做好,并且一定

① 原文见陈秀云编《我所知道的陈鹤琴》,金城出版社,2012年。

可以做成功的。”陈先生当时说的话虽不多，但使我感到这是他对事业负责，表现了他对幼教事业的一片丹心，其真诚使我十分敬佩。他的话表现了对我的信任与鼓励，增加了我的自信心与决心。陈先生虽在上海工作，但仍把南京鼓楼幼稚园时刻放在心上。为什么他有这样的感情？因为鼓楼幼稚园曾经是他精心耕耘过的基地。他之所以念念不忘，是他为实现中国化的幼儿教育撒下了种子，已初步结出成果。今天，陈先生要我去整顿，是要我去检验他的理论主张，我此去，既不是为他个人做事，也不是仅仅为了解决生活问题，而是为使鼓楼幼稚园兴旺发达起来，使陈先生所主张的实施中国化幼儿教育，能发挥更大的影响与作用，真正做到一切为幼儿造福。于是我满怀信心与决心，抱着满腔热情，愉快地走上鼓楼幼稚园园主任工作岗位。

二、我怎样开展鼓楼幼稚园工作的

（一）扩建园舍，扩充幼儿名额，增聘教师，充实设备，布置室内外教育环境，搞好基本建设。

当我重返鼓园时，我最深的印象是园舍如旧，大班幼儿已升入小学，只剩下小班幼儿。

过去，鼓园作为实验幼稚园，招收的幼儿数少，这是服从实验研究的需要。现决定扩招幼儿达 30 名，分大、小两班，原来只有 1 名教师，现增聘 1 名，一学期后要求入园者日众，增收到 50 名，这样逐年增加幼儿数，从 1933 年的 50 名到 1934 年增加到 80 名，1935 年增加到 120 名；教师也增加至 4 名。

由于幼儿数的增加，相应增加幼儿午睡的地方和两个班级活动室，从 1933 年起，先扩建假三楼以解决午睡的问题，1935 年扩建了大礼堂，平时用活动木板隔成两间活动室，开大会时，就拆去木板，作为集体开会的场所。陈先生为园舍扩建，几次来宁，并与家长们共同协商。鼓园有家长会，他们为鼓园扩建募集资金，承担建筑设计。扩建后能满足更多的幼儿进幼儿园，也使更多的家长关心我们的幼稚园。在我们缺少设备时，常有家长为我们送来。如幼稚园所需的唱机、收音机，以及摄影机、钢琴、海氏大积木等，全由在园幼儿的家长，或历届幼稚园毕业的幼儿家长赠送给我们的。

我们的教师虽仅 4 人,但都是受过幼教专业教育的。其中 2 人来自杭州弘道幼师,1 人来自南京女中幼师,还有 1 人来自晓庄师范,经过幼稚园教师艺友制培训的。园舍的容量并不大,但有能充分利用的户外活动场地。按照陈先生的主张,要让幼儿的大部分时间在户外活动,吸取新鲜的空气,在日光下游戏活动,以保证幼儿的健康。我们经常组织各班幼儿轮流在户外进行教学活动,并利用户外一切空隙,划分区域进行游戏活动。特别重视游戏场的设置,逐年增设了必要的设备。场上的游戏器具有六面平台、摇马、秋千椅等,均为陈先生多年研究的成果。又如各种供幼儿推、拉、跑的车辆,以及练习滑跑的滑冰车,都是他从创办鼓楼幼稚园起,陆续研究设计制作的。陈先生在设计了六面平台后,又在平台下面为幼儿设计了沙坑。幼儿在游戏场上,真是其乐无穷。

我们的游戏场,是一个大草坪,草坪四周种植了四季常青的花木。房屋周围种植了四季不同的花卉。另为幼儿辟了小花园,里面设置花坛、小亭。小花园里种植了樱桃、桃子、枣子等果树,为幼儿认识自然创造条件;另又辟有小菜园,供幼儿种植豆类、菜类、瓜类和各种蔬菜,并备有种植用的小工具;还设有小动物园,饲养鸡、鹅、兔、雉等,供幼儿观察、识别与饲养。在室内的设备中,如各班幼儿所用桌、椅、摇椅,都是陈先生亲自经过研究设计制成的。为使幼儿能在室内也可以自由游戏与活动,玩具、工具、材料、纸张、剪刀、画笔、乐器、图书画册及"娃娃家"用具都辟出一定的角落安放,使幼儿可以随意使用。陈先生曾为幼儿制作了大、小积木各数套,供幼儿在室内外使用。当时鼓楼幼稚园的设备,确实是十分完备的,为教育幼儿创造了良好的条件。

(二) 建立制度,加强学习,为提高教育质量自强不息,与家长打成一片,取得教育效果。

在我任职鼓园主任时,日常工作由我全面负责,遇有疑难问题商之于老师共同解决。陈先生十分关怀园务,并关心幼儿,经常与我们通信联系。要使园务顺利进展,有赖于建立一定的制度。对幼儿的教育要有记录，为提高教育质量要加强学习，这已成为我们的首要任务。我喜爱音乐，又喜爱幼儿，自告奋勇，担任了全园的音乐教学任务，对全园的教育与教学活动起到推动作用，这对办好幼儿园是有利因素。陈先生经常来宁，每次来总要带些新出版的书刊，或新生产的玩具、教具，扩大我们的眼界，让我们试用研究，并指导我们学习他的教育理论，他常强调“只有不断学习，并不断实践，才能知道我们学的与做的是否符合要求”。我们在陈先生来宁前，总是先把所遇的问题记录下来，等他来时向他请教。陈先生总是不厌其烦地为我们解答有关儿童心理与儿童教育的问题，老师们都感到我们要完成的任务是艰巨的，但得到陈园长亲自教诲，谁都感到是很幸运的。有时他还看老师上课，或亲自带幼儿活动，曾参加我们种花种菜的活动。事后他还为老师们指出什么做对了，什么做得不对。记得每次召开恳亲会，他来时对我们表演的节目，总是婉转地为我们提出应当如何改进，并肯定做得好，做得对的。例如过去表演时不太重视衣饰，化装只用头饰，他为我们指出，“用衣饰幼儿会更喜欢”，他是一切从儿童考虑的。后来我们在这方面大有改进，几乎每一个节目都有特定的饰物，我们曾积累了不少衣饰。他每次来检查老师们的记录，或要我汇报教育方面的得失。这促使我们加强责任感，老师们的教育记录，从不间断。大家感到陈先生来园，既紧张，又快乐；既可以提高教育质量，又必须付出艰巨的劳动。老师们的业务学习，每周一次，从不间断，不仅学习陈先生的教育思想，还互相交流实践中的得失，及对个别幼儿的问题、家庭教育的问题等，目的是为了使幼儿得到更好的发展。

任何单位总是少不了财务工作，但鼓园既无会计也无出纳，只能成立经济稽核小组，轮流负责，互相监督，最后由我过目，全园经费收入与支出，使大家全面了解。用钱能精打细算，每学年可结余数百元，作为幼稚园添玩具、教具，还用以油漆粉刷园舍。每当秋季开学时，使幼儿来园感到新鲜、美丽、振奋和愉快。陈先生是尊重与信任我们每一个人的，我们也能同心协力办好这个幼稚园。记得在经费预算上，他曾为我们指出，每月必须列出最重要的书报费。他认为：报章杂志决不可少，尤其不要忘了订阅国外的幼教刊物。对此当时也有不同意见，有的认为没有必要订外国杂志，主要怕经费支出太多。陈先生指出："订外国杂志，主要是为了开阔我们的眼界，学习外国的好的东西，把它吸取过来，为我们所用，使之成为我们自己的东西，并有所创新。"他这些话，起了一定作用，我们无论在选择教材、制作教具、编写故事等方面，都能把国外的东西，选择其适合我国国情的，把它运用起来。尤其在音乐、故事、游戏等方面都做出了成果，出版了这些方面的参考资料。陈先生还鼓励、要求我们发挥集体力量，把平时用的教学内容与选用过的教材整理出来，编成教材出版。这样既提高了教育的质量，又培养了教师研究和实践的精神，提高了业务水平。

当时，我们这个小小的教师队伍，在陈先生的亲自带领下，群策群力，有问题一起研究，有困难共同克服。同时，每一教师又全面负责抓好自己班每一个幼儿的教育工作。我选择了对全园各班的音乐教学工作作为我了解与熟悉全园每一幼儿的渠道，另一方面，也减轻了老师们负担。陈先生非常支持我这样做。他认为："作为一个园主任，也应当熟悉与了解每一幼儿，这样会给工作带来有利因素，对领导全园教育工作，可起到良好的作用的。"我体会这样做才可以摸到每一幼儿的脉搏，在处理教育儿童的问题上，确实更易解决。由于我分担了教师的工作，我们就团结得更加紧密了。

鼓楼幼稚园实施陈先生关于"幼稚园要与家庭共同负责教育儿童"的主张，很早就有家长会的组织及与家长联系的制度。为了使家长了解幼儿在园的生活与教育，每学期期中与期末向家长发报告单两次，使家长们了解幼儿在园的进步或存在的问题，由于老师们对每一幼儿都有记录，所以向家长反映的情况也就比较具体，使家长感到亲切与放心。我们还规定了开放日，请各班家长轮流参观幼儿在园的活动，每班都拟订家访计划，遇有问题随时与家长联系，使双方在教育上取得一致，收到良好的效果。

（三）编订课程，实施整个教育法，使幼儿在一天的生活、教学与教育活动中，精神充沛愉快地接受活的教育，获得身心健全的发展。

幼稚园必须编制课程，这是陈先生在1925年到1928年间，反复进行的实验研究之一。在他总结的《我们的主张》第四、五条指出："幼稚园的课程，可以用自然、社会为中心"，"幼稚园的课程须预先拟定，但临时得以变更的"，我们就是按照这两条主张并根据下列原则来选材编订的。一是凡在幼儿生活中所能接触到的和可以获取经验的；二是凡是幼儿能学的而且应当学的；三是以自然、社会为中心的课程计划，既体现课程的计划性，也要考虑偶然发生有兴趣的事而体现了灵活性，这就是说既要考虑教师所作的安排，也要顾及幼儿的兴趣及其自发的活动。教师选定自然或社会中心后，各学科教学围绕中心主题选取教材。以自然、社会为中心，实际上就成为各科教学的总的主题，取得横向联系，同时各科教学本身也还存在纵向联系，那就是选材还必须考虑各班年龄不同而选取不同程度的教材。有时，选材有困难，不一定选与中心主题相联系的内容，可由教师另选合适的教材。关于中心教材教学时间的长短，得视中心主题内容的多少而定。一般我们不主张拖得太长，基本上是三到五天的时间，偶尔也有一二天或一周的。我们对各科教材，决不硬凑中心主题，而以能否有合适的教材为前提。各班的教学活动时间、次数，按年龄不同有区别。上午各班至多两次集中教学。下午中、大班幼儿有读法，采用陈先生编的《幼稚园课本》。小班下午只有午睡与自由活动。各班教学时间从小班的10分钟至20分钟到中、大班的20分钟至30分钟。这样，幼儿有更多的时间参加自由活动、户外或室内游戏等。这是幼儿一天在园生活占用最多的时间。在此时间内，既可做与教学有关的事，也可以让幼儿做自己喜欢的事。例如：以"秋天的收割"为教学中心内容集中教学时，着重在教育幼儿了解秋收的意义、秋收什么、怎样秋收等，这很自然地会结合到幼稚园的秋收，因为这是幼儿亲身实践的，由他们自己种植的豆、菜、瓜等也要收割了。这样，既可在教学活动时组织幼儿收割，也可在自由活动时进行收割，参加秋收实践。在自由活动时间内，更多的是让幼儿按自己的兴趣与爱好，做他自己想做的事。例如：有的游戏，有的画画，有的在游戏场上唱歌、跳舞、讲故事、搭积木等；或阅读图书，或喂养动物，我们完全让幼儿自己去做、去玩，没有什么固定的形式，也不干涉幼儿的生活，但教师必须了解幼儿自己想做、想玩的动机，以便随时对幼儿进行引导教育，而决不是放任幼儿漫无边际地、自由散漫地活动，这需要老师对每一幼儿的活动爱好、进步快慢或习惯的形成程度、兴趣所在都要了如指掌，胸有成竹，才能对幼儿进行有意识的指导，使幼儿在活动中有所得。

鼓楼幼稚园所实施的中心制课程，不限于课堂上单方面的教学活动，而是课内与课外，各科教学与中心主题紧密联系起来，这就是陈先生当时试验成功的所采用的“整个教育法”。陈先生不赞成对幼儿进行教育只限制在几堂课内，他认为对幼儿的教学不能像对大学生那样一科一科地去教，并且各教各的，这是完全不符合幼儿年龄特点的需要的。幼儿本身知识很少，经验不足，使他学的东西各不相干，那也是不符合幼儿认识事物的规律的。我们根据他的课程编制原则将教材组成为一个整体来教育幼儿，各科围绕中心取材，体现了教材内在联系的整体性。由于幼儿年龄的不同，在选材上就要有难易、简繁之别，随着年龄的增长，教材也按由浅到深的顺序前进而体现了它的系统性。这充分说明我们当时所实施的课程编制，是遵照陈先生的主张，根据儿童年龄特点与教育原则安排的。所采用的以自然、社会为中心的课程编制，也是充分考虑到幼儿在生活中能接触到的、能看得到、能听得见的、能理解的，是幼儿自己可以实践的课程，是有科学依据的。

鼓楼幼稚园就是这样按所编制的课程，对幼儿实施教学与教育。在这过程中，传授知识、培养技能、促进智力发展，都在课内课外同时进行的。尤其是幼儿的行为、习惯、优良的品质的形成以及幼儿个性的充分发展，决不是在课内单方面去完成的。由于我们以整个教育的观点作为编订课程的指导思想，作为教师，必须对幼儿自由活动（不论在户外或在室内活动）做好计划全面负责，为幼儿提供一切条件与指导，使他们从活动中得到教育与发展。

我们为幼儿在室内或室外都创设了有利的条件供他们活动时充分利用。幼儿在自由活动时，可以得到许多机会满足他想做、想学、想玩的目的。如何使他们想得对、学得好、玩得有意义，就必须有教师的指导。为什么当时鼓园的幼儿对来园如此积极喜欢，连星期日也要来，主要是因为幼稚园里有许许多多的设备吸引着他。另外，也是因为我们不把幼儿当小大人，只灌输许多过难的死知识，而是培养幼儿积极的活动，使其具有愉快的情绪，使他发挥主动性，满足他好群的心理，无论是同伴之间、与成人之间，都能有礼貌、肯谦让、知友爱；还满足了他们可以自己做、自己玩、自己学的愿望。这些都是我们要注意教育幼儿的问题，使幼儿在自由自在的熏陶下，奠定基础的基础，这比专门集中起来上上课，得益不知要多多少倍。我们在课堂教学组织的形式上，也经常有变化，有时在室内，有时在户外，也可到较远的地方去参观。关于学习自然知识方面，我们尽量利用自己有的自然环境，还利用金大农科的种植园、饲养场、养蚕室，园外的池塘、附近的鼓楼公园，都是我们的课堂，连成贤街的自然科学馆的动物标本陈列室，也成了幼儿所熟悉与爱去的地方。从社会环境来说，每年有计划地要求中、大班的幼儿到较远的地方去获取知识：曾到下关看长江与轮船，到紫金山天文台，登上天文台的瞭望台，尝尝天文望远镜的“滋味”，还曾坐船到燕子矶。关于生活上的衣、食、住、行以及社会上人与人及人与事务的种种关系，成为社会方面应教育幼儿与可实践的内容。记得在讲到火车时，幼儿还登上货车司机台进行观察。至于了解与生活有关的知识，如附近的街道、商店、邮局、公园等也都作为学习内容。每年春秋季节组织幼儿去玄武湖、栖霞山、中山陵、植物园旅行。旅行或远足，争取家长同去，能为我们解决困难，幼儿不仅得到了丰富的见识，又有了实践的机会。我们不完全把教学活动局限在教室内，只凭教师讲讲、幼儿听听看看了事，我们这样做的结果是把幼稚园的教学活动搞活了。

我们遵照陈先生的教学原则：“凡儿童自己能做的，应当让他自己做”“凡儿童自己能够想的，应当让他自己想”“凡儿童自己能够学、可以学的，应当教他学”等原则，使幼儿在自由活动中也得到了锻炼，增长了知识。每当幼儿外出参观或旅行受了教育回来，他们往往通过游戏或图画反映他们的认识。例如:幼儿在长江坐过轮船后,就主动搭了“大船”,请小班幼儿做“乘客”,还交代他们“小心不要跌到江里去”;从植物园参观回来后,和老师一同种花,布置花坛,个个都积极参加,到了秋收时,幼儿自动收集花种,当你问他们这些花种有什么用,他们会告诉你:“明年可以种下去,又会开花结子的。”

幼儿在课内学会了音乐游戏、讲演故事、歌唱跳舞,他们都会自动集合起来,在游戏场上表演,外出旅行时会带了纸笔即景画画。教师为“娃娃家”编制毛衣、帽子,有几个女孩子,很想学会编制,跃跃欲试,教师就教她们学打毛线围巾、帽子。老师启发几个男孩为“娃娃家”做点事,他们就为“娃娃家”钉制床、桌、椅等。这些都是遵照陈先生提出的多让幼儿自己做、自己学而取得的成果,使幼儿在自由活动时间内,既愉快又忙碌。当他们看到游戏场上满地落叶,就主动用小推车把树叶捡起送到厨房当柴烧,他们对小动物很爱护,总是不忘按时去喂食。有的喜欢滑滑梯、爬直梯、荡秋千、摇木马、骑车、拉三轮车,推着各种车进行游戏活动。在室内活动的,有的画画、阅读图书,有的搭小积木、玩识字牌、得赏盘,也有的玩“娃娃家”。每人能做自己喜爱的工作,满足自己的爱好,各得其所。1934 年陈先生去欧洲考察了 11 个国家教育,回国后为我们讲欧洲各国新教育的形式,大家得到不少教益。他为幼稚园带来一个手套木偶,鼓励我们为孩子们多做些形象木偶,以丰富幼儿的生活内容,这为幼稚园增加了新的、形象生动的表演内容,幼儿也得到了快乐与锻炼。

进行上述活动,首先幼稚园必须要有充足的设备,才能为幼儿创造他自己想做、想玩、想学的条件。其次是作为一个教师,一定得掌握幼儿心理发展的基本特点,如幼儿好奇、好动、好稳、好群、好游戏、好成功等,这样教师才能正确地把幼儿引上轨道,既满足幼儿的求知欲,又能使幼儿得到全面的发展。如果教师只凭赤手空拳,只知对幼儿讲讲,让幼儿听听、看看,那幼儿得益是不大的。

鼓园在执行中心制课程时,以“整个教育法”为指导思想,制订计划前,深入细致地考虑全部教材内容,按不同的年龄订出纲要细则,规定要完成的教育目的与方式方法，在一天的“整个教育”过程中，使幼儿获得知识与技能，培养幼儿的行为品德，发展幼儿的智能，培养幼儿情感。我们每年将各班幼儿所掌握的知识、技能和已形成的良好行为习惯进行测定，积累三年之久，把它作为幼儿应达到的最低限度的标准，供给教育部制定课程最低限度标准的参考。我们每年的测定，对教育工作很有帮助，它使教师有了尺度来衡量教育效果，借以改进工作。在陈先生的领导下，我们整理并出版了以下的参考书：《一年中幼稚园教学单元》（商务出版社出版）、《儿童生活写真》（是一本摄影集，记录了幼儿在园的生活照片）、《儿童歌曲》（华华书店出版）、《世界儿童节奏集》（世界书局出版）上下册（这是收集园内外对幼儿适用的儿童节奏曲、音乐游戏乐曲、音乐故事表演乐曲等），这些书籍曾深受幼教界欢迎。

1937 年 12 月 13 日，日本侵略军占领南京，鼓楼幼稚园被洗劫一空，直到 1945 年日军投降后，陈先生于是年 10 月到南京，把鼓楼幼稚园重新恢复起来，并于当年 12 月开学，直到解放后该园由人民政府接收，成为示范幼稚园。陈先生直到晚年始终与鼓楼幼稚园保持联系，他始终热爱幼儿，热爱幼教事业，真正做到“一生尽瘁为中华儿童”。

通过几年来对陈鹤琴的幼教思想的研究，有两点深刻的体会，作为我对幼教的认识与自勉，作为对现代我国著名的教育家陈鹤琴先生的怀念。

第一，陈先生的幼儿教育思想的产生是与他所处的时代不可分割的，也是和他所受的西方教育有联系的。陈先生研究儿童心理，势必与幼儿教育有联系，他经过调查，发现我国当时幼教的种种弊病。他认定的方向是走中国自己的路，立志要为幼教闯出一条新路来。他反对抄袭西方，但他能吸收西方理论的有益的部分与科研方法，通过不断实践，不断改进，终于闯出了一条适应中国国情的中国化幼儿教育道路。这是他对中国幼教事业的最大贡献。他反对束缚、摧残幼儿身心发展的传统旧教育，最先在幼儿园里实行幼儿身心智能充分发展的“活教育”。早在 20 世纪 30 年代，他的“活教育”思想就在孕育之中，到了40年代，终于在江西幼师提出“活教育”的教育主张。这可以说是时代赋予他的历史使命，也是他一生为开拓祖国的幼儿教育事业奋斗不息的实践总结。

第二，陈先生主张的中国化幼儿教育思想，既不是抄袭别人得来的，也不是凭空设想出来的，而是建立在一定的科学理论基础上的。首先他对自己的儿子进行心理发展研究，找出幼儿成长发展的规律，以便深切地了解幼儿；其次他通过对幼稚园的课程、设备、故事、读法以及玩具、教具的实验研究，依据儿童心理、教育原理和社会实际的科学理论研究，从实践中不断总结提高，不断创新得出有科学理论依据的《我们的主张》15条，这些主张形成了他的中国化幼儿教育的理论与实践的体系。在他的15条主张中，已具有对幼儿体、德、智、美的全面教育内容。这是他为改革旧中国幼教的落后面貌而创建的富有朝气的、适应中国国情的、崭新的幼儿教育。解放后由于陈先生的教育思想在“左”的思想下受到错误的批判，竟致30多年来，使他的幼儿教育思想成为禁区，把他的具有科学理论依据的中国化幼儿教育理论束之高阁，使中青年的教育工作者不知道我国有一个终身献身于幼教事业的教育家陈鹤琴。在我国进入社会主义四化建设的时期，幼儿教育也势必进行改革，陈先生的幼儿教育思想虽然有其时代的局限性，但也未始不可从中找出我们今天可用的、有益的东西。他是本世纪我国幼儿教育的先驱者，他的实践经验和理论体系早为国际上所重视，有许多可供我们借鉴的地方。我们要建立具有中国特色的社会主义的幼儿教育，一定得像陈先生当年进行改革旧的幼教那样，要以很大的热情投入科学实验研究工作，才能建立适应当代的、具有中国特色的、社会主义的幼儿教育的理论，在党的正确领导下，在全国幼教工作者的共同努力下，我相信是可以成功的。

我们心中的钟老师

钟昭华教授，1901 年生于浙江省山明水秀的德清县，1919 年毕业于浙江弘道女中师范科，被留校任教。当时，正是中国“五四”新文化运动兴起之时，在“科学和民主”思想的影响下，她以一位科学、民主、爱国、睿智的新女性形象走上了幼儿教育的历史舞台。在漫长的幼教路上，她勤勤垦垦，默默奉献于中国化的幼教事业，服务于民众、服务于儿童整整七十多年。

她是我国现代儿童教育家、幼教之父陈鹤琴先生幼儿教育思想最忠实的执行者、实验者、研究者和创造性的发展者。是现代中国化幼儿教育的著名幼儿教育家之一，为中国化幼教的发展作出了不可磨灭的贡献。

由于解放后陈鹤琴先生的教育思想在极左路线影响下受到错误批判，他的具有科学理论依据的中国化幼儿教育理论也被束之高阁，钟老师也由此受到牵连，遭受错误批判，致使广大幼教工作者很少知道有一位为中国化的幼儿教育事业奉献终身的幼儿教育家——钟昭华教授。

今年适逢钟老师逝世 20 周年之际，作为她的后辈学生，追记敬爱的钟老师终身从事幼教的重大业绩：热爱祖国、忠诚幼教事业的崇高精神；崇尚理论联系实际科学实验研究，严谨治学、一丝不苟、厚爱学生、热爱儿童、培育后人的学术风范；勤劳朴实、慈祥和蔼、平易近人的为人作风。永远铭记心怀，敬爱的钟老师！

1932 年，钟老师受著名儿童教育家陈鹤琴的邀请，再次走进南京市鼓楼幼稚园，承担起园主任的重任。在陈先生的教育思想指导下，在实验研究基地——鼓楼幼稚园，她以一颗赤诚之心，创造性地工作，精心研究陈先生的中心制课程（单元教学），为中国化的幼儿教育无私地奉献了整整五年的青春年华，终于验证了理论，丰富、充实了幼稚园的“中心制课程和整个教学法”的内涵，并转化为具有可操作性的单元教学。在陈鹤琴先生的指导下，她与陈先生合作编写、出版了多本书稿，深受幼教界的欢迎。

抗日战争时期，1940 年，钟老师不怕艰苦，跟随儿童教育家陈鹤琴到江西省泰和县文江村。在陈先生创建的我国第一所公立实验幼稚师范学校和专修科——“活教育”实验研究基地，钟老师承担了“幼稚教育学”和“教材教法”的教学和附设的幼稚园的主任等重任。根据陈校长提倡的“活教育”思想——“教师把书教活，儿童把书学活”“做人、做中国人、做现代中国人”“做中教、做中学、做中求进步”的指示，陈校长和张文郁、雷震清、钟昭华等教师，展开了“活教育”的教育、教学的实验研究。终于，教师把课教活了，学生也学活了。抗战胜利后，陈校长和师生们在上海女子幼稚师范专科学校继续实验研究“活教育”。1947 年，陈校长、钟昭华老师和老师们在共同实践研究的基础上，形成了“活教育”的理论体系——“活教育”的三大纲领：目的论：“做人、做中国人、做现代中国人”；方法论：“做中教、做中学、做中求进步”；课程论：“大自然大社会都是活教材”。

钟老师为探索、实验研究、实践陈鹤琴校长提倡的“活教育”思想，为中国化的幼儿教育，又尽心尽责，整整奉献了六七年的宝贵年华。在此期间撰写了《怎样做一个幼稚园“活教师”》等文章，为年轻的幼儿教师提供了“活教师”的生动形象。

1946 年 11 月，钟昭华老师与陈鹤琴先生的长子陈一鸣、长女陈秀霞做伴，赴美国密歇根大学、哥伦比亚大学师范学院进修，参观访问。即使她身在他国异乡，仍缮写稿件，向国内幼教界及时传递幼教信息。1949 年，在归国热潮中，钟昭华老师毅然回国，为新中国的幼教事业服务。20 世纪 50 年代初，她在南京大学师范学院任副教授，兼任双井巷幼稚园主任，提出了“幼稚园应注重爱的师生关系”，并以身作则，热爱儿童。

1952年，钟老师任南京师范学院幼教系副教授，承担基本理论“学前教育学”的教学重任，还指导本院青年教师和其他院校幼教进修生，编写教材等等工作。她认真教学，严谨治学，厚爱学生，真诚培养幼教事业接班人。

党的十一届三中全会后，年过古稀的钟昭华教授承担了学前教育研究室主任的重任。凭借她的渊博的幼儿教育理论和长期积累的幼儿教育实验研究和教学的丰富经历和经验，她果断地提出了学前教育研究室的发展规划：1. 探索幼教史发展规律，成立中外幼教史专题研究组；2. 探索幼儿园教育、教学规律，深入第一线为广大幼儿和教师服务；3. 探索高师学前教育专业教育规律，努力开展科学研究，使教学和研究密切结合，互相促进。

她所主持的研究室把握的方向，为学前教育专业在新时期的快速发展奠定了基础。

钟老师于上世纪七十年代末，开始研究学前教育史，亲自执笔撰写多篇研究论文，研究陈鹤琴的教育思想。

同时钟老师还承担了由原教育部下达的建设“中国学前教育史”学科的重担。她与青年教师唐淑、吴家苓等人，共同调查研究，收集资料，经过10多年的努力，出版了《中国学前教育史》和《学前教育史资料》，填补了教育史学科及幼儿教育学科的空白。

钟老师在改革开放的思想指导下，重视对外交流。她与日本教育界多次深入研讨陈鹤琴先生的教育思想，以英语与墨西哥等西方国家介绍我国的幼教情况，更受香港学者邀请赴香港讲学，她简明扼要地阐述了著名儿童教育家陈鹤琴先生的教育思想，受到听众高度赞赏。

敬爱的钟老师，以她的赤诚之心、真挚之爱，为我国的幼教事业的发展，站完最后一班岗，奉献终身！她热爱幼教、热爱儿童、热爱学生之情，永存人间。

原江西国立幼师的学生楼鸣燕激情地回忆：“我今年已94岁了，记忆力差了，视力也坏了，但影响我在教育领域上工作的，是陈鹤琴校长和钟昭华老师，我忘不了他们的教导和培养。她的'活教育'的教导，后来对学生工作起很大作用。我还记得有个小朋友叫小熊，没有母亲，有一天别的小朋友都有人接回家了，只有小熊和钟老师两人在阳台上，钟老师在逗他高兴。我觉得做个幼儿园老师很不简单，要懂得儿童心理，要有慈母的心肠去爱儿童。”

原上海女师的学生张爱丽高兴地回忆：“钟昭华教授，我喜欢她，她也喜欢我，因为她教了我一年的钢琴，非常耐心，握着我的手，纠正我的手势，使我弹钢琴有优美的姿势，弹得好。她教学认真，对学生要求严格，但很诚恳，亲切，慈爱，平易近人，没有架子。”

原南京师范学院59届学生徐欣深情地回忆：“钟老师是我的学前教育学的任课老师，她那和蔼可亲、耐心细致、循循善诱的教风，常浮现在我的眼前……尤其是有一次面试，听我答题后，她眯缝着双眼，满意的笑容，深深烙在我的脑海里。老师的笑容包含着对事业、对学生的爱心，包含着对我的肯定，增添了我从事幼教的信心。老师的言行是我行动的典范。如今，一辈子走在幼教路上的我，可以说声：您的学生没有让您失望。”

南师大教科院年过80的李久林老师缓缓地回忆：“我和钟老师在教育系同事几十年，她关爱同事、乐于助人……某年，她在百忙中，以她灵巧的双手，帮我翻制了一件合身的丝绵棉袄（这是我缝了多次，她帮我修改了几次，我没做成的），我穿在身上，暖在心中，永不能忘！”

南师大教科院幼教系赵寄石老师深情地回忆：“40年里，钟老师和我朝夕相处，十分亲近。记得我刚从美国留学归来，对新中国的一切都非常陌生。钟老师经常到我寝室来找我谈心，帮助我了解新中国的幼教事业，适应师范院校的教育教学工作。随着岁月的流逝，共同经历逐渐增多，我们之间产生了一种具有独特内涵的宝贵友情。”

儿童教育家陈鹤琴先生的孙女陈虹、陈庆，当她们得悉我要写钟昭华老师的业绩这个信息后，给予了热情支持，寄来她父亲陈一鸣先生写的有关文章和钟老师学生的信件，等等。最后她们亲切地写道：“钟老师既有理论，又有实践，很有建树，在中国的幼教路上，当然应有她的身影。”

钟昭华教授，更是我崇敬的恩师，我跟随她30多年，她对我的谆谆教导、深情的关爱、亲切的期望，使我终身难忘！

记得上世纪60年代初，我在南师教育系毕业后留校工作。某日，我陪她去下关火车站，当我送她进入去丹阳的火车时，她轻声地对我说：“回去路上要小心！”多么亲切，这是我第一次近距离接触钟老师，给我的直觉是她温文儒雅，朴实大方。我很幸运，自此我有了一位和蔼可亲的导师。

不久，系里要求我在1962年秋天开课讲授《学前教育学》中的一章《幼儿共产主义道德品质教育》，但课时较多。我既高兴，又感到有压力。

钟老师见状，语调平缓地对我说：“不要紧张，好好备课。”接着她又说：“你要先写好讲义，发给学生，才能上课。”于是，她为我开了许多参考书目录，有克鲁普斯卡娅、乌申斯基、马卡连柯等苏联教育家的书籍。于是，我就边阅读参考书边写讲义。由于我没有抓紧时间，迟迟才把讲义初稿交给钟老师审阅。没过几天，钟老师竟然看完了几万字的文稿，并且留下了她的各种批语和密密的字迹，要我再修改。我在她的耐心细致的指导下，及时印了讲义，发给了学生。钟老师终于把我扶上了高等学府的讲台。课后，她委婉地对我说：“你是第一次上讲台，能这样就算不差了。只是枯燥乏味。以后，除了看书、学理论，还要多去幼儿园，看看孩子的行为和教师怎样教育，怎样处理孩子的问题，还可以搞点研究。我过去很长时间，都是边研究、边教学生的。”钟老师以她丰富的教学和研究的经验，把我引上了理论联系实际、科研与教学相结合的正确道路，使我在大学的讲台上站稳了脚跟。

记得1963年，我回上海家里结婚，钟老师亲自把珍贵的结婚礼物送到我家。当我拆开包装纸，看到的是一本精致的笔记本，在扉页上，她以毛笔写下了强劲的八个大字：“忠诚党的教育事业”，与一般贺词不同，这使我强烈地感受到导师对我的期盼，希望我为党的幼教事业服务终身。

任何时候，我去她家探望，她总是坐在书桌旁，有时手拿放大镜一丝不苟地查阅资料，有时执笔赶写一篇文章。见到我，她高兴地拿出爱吃的小甜饼或蛋糕给我品尝，柔声细语地对我说："王志明啊，年龄不饶人，我眼睛看书很费力，脑子也不灵了。你啊！要趁现在多看些，多学些，到我这年龄，要看也看不了多少，要干就更难了。"她以亲身的感受、朴实的语言，对我动之以情，晓之以理，希望我多学些、多做些，她对我的深情厚爱，我怎能忘记！

她还常对我说："这篇文章你拿去看看，会有用的；这本杂志你看看，会有启发的……"她无时无刻不在引导我，她要我博览群书，积累广博的知识，盼我成才。

1992年，她离南京去上海的前几天，我去她家，她对我说："过几天，我去上海了，这里是我已经选过的书，你再选一下。"她弯腰打开橱门的最后一格，我一看，全是她在美国留学时的原版书，我选了几本。她边签名，边对我说："这些书是我学习过的，现在已不能看了，你拿去学习学习。"简短的几句话，寄托了钟老师的无限期望，她以传书的方式，把终身奉献幼教事业的忠诚传给了学生，希望我不断学习，不断进取，成为中国幼教事业的有用之才、合格的接班人。

敬爱的钟老师，愿您在天之灵，能听到学生的心声，我已遵照您的遗愿，终身服务于中国的幼教事业！

南京师范大学教科院幼教系　王志明

2014年5月

附录：

哺育新生命的摇篮

——“活教育”实验基地的回忆

漆竞余

40年代初，我因参加进步学生运动，被学校当局开除，1943年9月，我踏进这所群山环抱、掩映在江西泰和文江村大岭山松林深处的学校。这里参天的松林遇刮大风，则澎湃犹如万马奔腾，花草清香阵阵扑鼻，校门口立着两块大牌，上面写着“做人，做中国人，做现代中国人”和“大自然、大社会都是活教材”。整个校园错落有致，独具风格。教学楼均以中外学前教育名家命名，如孟母院、欧母院、福禄培尔院、裴斯泰洛齐院、杜威院等；宿舍楼有松涛斋、龙泉斋等；还有鸣琴馆、钟鼓楼；休闲处有放鹤亭、桃花坞……真乃“天赐我修身养性之地也”。这里的一切都那么新鲜，那么朴实。每日饭前都唱歌：“一粥一饭来之不易，盘中粒粒皆辛苦……”饭桌上从不见掉饭粒；校长像和蔼慈祥的母亲，总是微笑着面对师生员工：先后任课的教师多是学问渊博的教育家、文学家、生物学家、艺术家、海洋学家、经济学家和中正大学、医学院的兼职教授、专家、讲师，还有学前教育的实践家等。高水平的师资来自于泰和——抗战时期的临时省会，多所大学迁落此地，学校有机会聘请到诸多名家。

开学典礼上，陈鹤琴校长在致辞中说：“欢迎你们来到我们这个大家庭。这里是培养中国新一代幼稚教育中、高级教师的学校。当今中国幼稚教育很不发达，我国更没有培养幼稚教育的高等专业学校。为了中国的儿童幸福，为了中华民族将来的强盛，必须培养自己的师资，你们就是中国第一批高等幼稚教育师资和研究人才。”他还说：“我希望新的幼稚园教师要富有劳动生产技能，富有建设组织能力，不但人格、行为可做人们的楷模，而且在服务和为人方面能做人们的榜样；不但要做一个有学问的好老师，而且能做一个好的社会领导者。”校长还说：“你们要知道，也要记住，我们的学校是诞生在抗日战争前方士兵缺医少药、流血奋战的艰难困苦时期，只能用最少的钱办一所好学校”；“所以我们只有自己规划设计，选购材料，组织员工和幼师创造级、光明级、服务级的同学，向工人农民学习开山筑路、砍树割草、打桩垒墙、搭屋盖房、开沟引水、养猪种菜……个个动手，保障生活之需。师生在这里边学习、边劳动，齐心协力、艰苦奋战两年多，才有今天的礼堂、教学、宿舍、办公室和其他教学、生活设施……我们要向幼师的同学、老师和工友们学习、致谢。”

入学时校长的谆谆教诲，入学后的所见所闻：朗朗的读书声、抗日救亡的激昂歌声、路歇伤员的呻吟声、夜间传来悠扬的钢琴声、双龙泉的潺潺流水声和山间松涛的怒吼声，声声入耳，激起我的深思。我深切体会到：困境中的学子们，边学习、边创业，创建自己的学习生活环境，从实实在在的磨炼中，学到了生存和发展的本领，培养了与国家、民族同呼吸、共命运的情感，增强了征服困难和奋发上进的信念与勇气。幼师、幼专的同学们成长的事例，成功地实践了校长的“手脑并用”、“文武合一”、“团结合作”、在“做中学、做中教、做中求进步”和“做人、做中国人、做现代中国人”的“活教育”的理念与方法。

在这座“活教育”的实验基地里，已建成一所把教学与学习、实验与研究融合为一体的大课堂。各具独特风格的竹木结构建筑群分布在山林的南坡，这里有先后于 1942、1943、1944 年招收的被命名为格致级、大公级、至诚级的幼专学生的学习场所；有幼师的光明级、创造级、服务级、真理级、建设级、互助级、劳动级、力行级、清廉级等学生的学习场所；有实验小学、幼稚园、婴儿园；有大礼堂、办公楼、图书馆、练琴室；有附设的国民教育实验区。另有实习农场、工厂和运动场。校舍占地总面积 340 亩。幼专的教学设施与传统班级不同，除采光符合科学要求和设有讲台黑板外，四壁空白一片，教室里不准悬挂任何东西，课桌更是与众不同，桌子为长方形，三面分坐 5 名学生，人人都可面向讲台和黑板，我所在的大公级教室放置 5 张课桌。课椅的设计既精巧又席坐方便，既可听讲学和自学，又利于学友之间的交流、研讨，增进情谊，靠背的椅子有助于胸腰挺直，利于健康。这样的校园就提供了一个能使教学与研究、教学与实习有机结合地进行“做中学，做中教，做中求进步”、配套培育中国学前教育中、高级师资和研究人才的优良教学环境。

在课程设置方面，根据中国国情和中国儿童身心发展的急需而开设合适课程。如两三年中先后开设了普通教育学、心理学、儿童心理学、幼稚教育学（含中外幼稚教育发展比较等）、儿童心理研究、儿童卫生学、儿童文学、幼稚园教材教法研究、教育实习等专业课程。此外还开设了英语、生物学、海洋学、社会学以及体育、音乐、钢琴、美术、园艺、家政和劳作等课程。课程是开了不少，但在抗战时期，教材十分困难，除某些课程有课本外，多是授课先生印发的讲学提纲或讲义。先生们的教学模式与方法是各具特色的：在理论联系实际方面，钟昭华先生的教学是独具魅力的。她早在20年代，即担任陈鹤琴先生探索中国化、科学化的幼稚教育的实验点——鼓楼幼稚园的主任，1940年后又任“活教育”实验基地附设幼稚园主任并兼任幼师、幼专的幼稚教育学和教材教法课程的教学工作。她根据教学的需要分别组织幼专的同学到幼师班听教材教法课，并组织到附幼学习，观看幼稚园的教学资料、“五指”活动和幼儿日常活动。她的教学真正做到理论联系实际，并具画龙点睛之术。雷震清先生在教学中善于古为今用，洋为中用，取其精华，弃其糟粕。他曾赴美学习、考察，任过实验学校校长后又任国立中央大学教授。他讲授普通教育学时，从中国古代教育家孔子讲到西方近代教育家杜威，以一分为二的辩证观点分析他们的教育思想，肯定孔子“学”与“思”结合的主张，即“学而不思则罔，思而不学则殆”、“温故而知新”、“因材施教”的科学观点和“学而不厌，诲人不倦”的精神；肯定杜威强调的教育就是经验的改造或改组等。同时也反对和批判孔子鄙视“学稼”、“学圃”的封建统治阶级的意识及杜威全盘否定传统教育的论点。雷先生每次授课之后，都让同学们各抒己见，切磋研究，做到教学民主，教学相长，使学生受益匪浅。

陈鹤琴先生经常开办讲座来开拓学生思路，使学生增长见识，提高分析问题和解决问题的能力。陈先生在讲座中说："我在美国留学五年确实扩大眼界、增长了知识，但世界上可学和要学的知识太多了，时间总有限的……但若学会了科学方法，就可以在回国之后，独立去探求真理了。我认为科学方法是秘诀，是钥匙，得到了钥匙、得到了秘诀，你就可以任意去挖掘知识的宝藏。"他还说："我在霍普金斯大学本科毕业后，又进入了教育研究最著名的学府——哥伦比亚大学师范学院，从事教育与心理学的研究。哥大师院的教授学问渊博，其中最令我钦佩的是克尔帕屈克（W. H. Kilpatrick）教授，他的教学思想、教学方法很有魅力。他主张言论自由、思想自由，但他不抹煞别人的思想，也不肯放弃自己的思想。他要集中各种见解、各种思想来解答疑问，剖析难题。所以他的教法别出心裁，能启发学生去思维，激发学生的探索欲望，突出了学生的主体地位。学生在阅读参考资料之后，在小组中进行切磋探讨的基础上，即能在课堂上针对问题研究、辩论。最后总结时，老师才指出真理和谬误之所在，学生则有顿开茅塞之感。"陈鹤琴先生从美国回来即受聘于南京高等师范学校教育科任心理学教授，1920 年起即借鉴外国的实验研究理论与方法进行 0—6 岁的婴儿身心发展的实验研究，他把 1920 年 12 月 26 日出生的长子陈一鸣作为个案研究的对象，进行了 808 天身心发展的实验研究。1923 年担任南京鼓楼幼稚园园长，继续进行儿童心理实验研究，力图探索出一套适合中国国情的中国化、科学化的幼稚教育新模式。这一研究成果后被商务印书馆出版，书名为《儿童心理之研究》。

为了使教师的各种教学风格充分展现，陈校长千方百计寻觅学者名士，诚邀名家为我们讲学。如 1944 年开学初，邀请厦门大学海洋研究所所长唐世风为我们以讲故事的形式讲授海洋学。9 月复课，校长即邀请英籍的格林先生任英语口语训练课教授，请著名新闻学专家曹聚仁先生讲授《社会学》和抗日救亡形势分析。1945 年初，日军进犯赣州，幼专又迁校于广昌甘竹乡饶家堡，三月开学，格致级同学到甘竹乡小学实习；大公级的同学则继续进行自学为主的课程学习，同时进行教育技能、社会实践的训练，如与群众一道办民校，进行抗日宣传，排练歌舞、活报剧，自己制作纸板钢琴练指法，等等。8月抗战胜利消息传来，师生、村民一片欢腾。大公级同学率先奔赴上海，进驻上海愚园路404号的上海幼师，9月大公级在上海复课，雷震清教授任我级的导师，校长又为我们请来名师讲学。印象最深的是陶行知先生，他戴着黑框眼镜，身着布长衫，脚穿布鞋。陶先生为我们讲了许多专题，如五四运动与我国青年奋起救国的精神，“民主”、“科学”的要领与内涵，“乡村教育”与“生活教育”，中国第一所乡村幼稚园（即1927年陶先生与陈鹤琴先生共同创办的燕子矶幼稚园）等。陈鹤琴校长举办专题学术讲座，深入介绍和剖析欧美幼稚教育的现状，同时，极力主张和倡导根据中国国情建立中国化幼稚教育的重要性。他说：福禄培尔（1782—1852，德国学前教育专家）是世界上第一所幼稚园的创办者，当时只是1间茅屋和5名儿童，这样的开拓精神，令人景仰。福氏主张幼稚园应游戏化，放儿童到自然界去，是给儿童的幸福。我在鼓楼幼稚园中所推行的游戏化教学法以及立足于自然与社会的课程结构和教材的选择，是从福氏教育思想中得到启发的。但是福氏的教育观是在德国古典唯心主义哲学思想的影响下建立的，他认为“宇宙”是一个统一体，其中心是在“神”的影响下形成的，所以他在幼稚园课程设置、教材、教法上皆提出一切均为“神”的“恩物”。这是不科学的。继福氏之后又一位意大利学前教育家蒙台梭利（1870—1952），她进一步推进了世界幼稚教育的发展。她能熔卢梭、裴斯泰洛齐、福禄培尔教育思想于一炉，但又不满足于前人的教育思想，主张根据自己的实验进行不断探索和改进，以达到创新的目的。如福禄培尔主张的以教师为中心，她认为不妥，她主张儿童自主自动，教师站在学生旁边。陈鹤琴认为这种尊重学生个性发展的观点和做法是正确的，但这样做往往又会流于放任，让幼儿自由乱动，非但教学上无效果，而且会让幼儿养成不良习惯。幼稚生因年龄关系，能力太差，需要指导，特别是个别指导。陈鹤琴先生对蒙氏幼稚教育思想的观点受石庚（1812—1880，法国医生、心理学家，研究低能人教育的先驱者）的低能儿童教育学的影响，将石氏用生理学教育原则对低能儿进行各种感官训练的教具移植到幼稚园来训练正常儿童的方法是有疑虑的，因为他认为这种固定的、有限的、机械式的训练对儿童身心发展是不利的。1934 年夏天至 1935 年春，陈鹤琴赴欧洲 11 国进行教育考察，在意大利的蒙特逊幼稚园参观考察时，蒙特逊夫人主张安静对消除儿童的紧张状态是十分必要的，因此在打过铃后，全园就显得非常安定。他对这种做法也是怀疑的，肯定是不符合儿童心理的，是会造成精神压抑的。

我们中国的幼稚教育是怎样的呢？陈鹤琴先生说："我们中国早期幼稚教育先是抄袭日本的，后又抄袭欧美，东抄西抄，把中国幼稚教育弄到陈旧不堪的境地。到现在，中国的幼稚园，差不多都是美国式的。我们的小孩子不是美国的孩子，我们的历史、我们的环境与美国不同，我们的国情与美国不同，所以他们视为好的东西，在我们用起来未必都是好的……总之，我国幼稚园的设施，应当处处以适应本国国情为主体，那些具世界性的教材与教法，也可以采用，但应以不违背国情为唯一条件。基于以上思考，并根据 1920 年 12 月 26 日起进行的个案研究和鼓幼的经验，再根据儿童心理发展特点、儿童教育原理以及社会状况，我于 1927 年提出了适合我国国情的办幼稚园的 15 条主张：1. 幼稚园是要适应国情的；2. 儿童教育是幼稚园与家庭共同的责任……3. 凡儿童能够学的而又应当学的，我们都应当教他；4. 幼稚园的课程可以用自然、社会为中心；5. 幼稚园的课程必须预先拟定，但临时得以变更；6. 我们主张幼稚园第一要注意的是儿童的健康；7. 我们主张幼稚园要使儿童养成良好的习惯；8. 我们主张幼稚园应当特别注重音乐；9. 我们主张幼稚园应当有充分而适当的设备；10. 我们主张幼稚园应当采用游戏式的教学法去教导儿童；11. 我们主张幼稚生的户外生活要多；12. 我们主张幼稚园多采用小团体的教学法；13. 我们主张幼稚园的教师应当是儿童的朋友；14. 我们主张幼稚园的教师应当有充分的训练；15. 我们主张幼稚园应当有种种标准可以随时考查儿童的成绩。要求制订幼稚生的德行、习惯、技能、知识等标准，因为标准是实行优良教育的根据。我们体会到这 15 条主张的提出，标志着历经 20 多年的外国化幼稚园的终结和中国化、科学化幼稚园的崛起。”

国立幼专大公级在上海边完成各门课程的学习与研讨，边进行教育实习。我在雷震清教授的指导下和幼师班主任蔡怡曾老师的支持下，完成儿童心理学的实习任务后，再到附属幼儿园和甘梦丹老师为园长的市西幼稚园继续实习，并研究中外幼稚生的活动特点，最后还在儿童画家陈淑珍老师的指导下进行幼稚生图画教学法的探讨……完满完成全部学习任务后毕业。1946 年 6 月 25 日，大公级全体毕业同学在上海女师礼堂举行国立幼专首届毕业生毕业典礼。陈鹤琴校长请来了陶行知先生授毕业证书并讲话。我代表同学满怀激情地向母校的校长、教师和员工表示感谢，在全体同学“同学们，大家起来，担负起天下的兴亡……”的高昂歌声中走下讲台，陶先生和我握手说：“希望你是未来的教育家。”并在我的纪念册上题词：“为大众服务”。

时间刚过一个月，7 月 25 日，突然传来陶行知先生逝世的噩耗，我深为悲痛。28 日，我们在校长带领下奔赴殡仪馆向陶先生遗体告别。当我踏进馆门抬头一望，四周墙上满挂挽联，陶师母在一旁哭泣，晓庄师生抚棺告别恩师：“恩师，您是为我们累死的呀！”“你是被害死的呀！”……在一片悲愤哭泣声中，陈鹤琴校长说：“伟大的人民教育家走了，勇敢的民主战士才 55 岁就与世永别了……”满堂的哭泣声、口号声，夹杂着门外传来的警察的恐吓声。郭沫若先生戴上帽子穿出人群离去。校长转头通知我们：“结伴快回校！”

我吮吸“活教育”的鲜美乳汁，成为祖国培养出的第一代高层次学前教育的师资。我带着母校师长的谆谆教诲和声声叮嘱，怀着满腔豪情踏上了人生征途。

后　记

著名现代幼儿教育家钟昭华教授逝世20周年了。她是陈鹤琴先生的学生和助手，也是我们南师幼教人崇敬的先辈。

为了颂扬和学习她热爱党、热爱祖国、热爱儿童、热爱幼儿教育事业，把毕生精力奉献于中国现代化的幼儿教育的崇高精神，崇尚理论联系实际、坚守寂寞、辛勤耕耘、真诚实验研究陈鹤琴先生的“中心制课程”（单元教学）和“活教育”、严谨治学、厚爱学生的学术风范，我们——钟老师的学生们：

终身从事幼教事业的退休教师——王志明教授，

正以饱满的热情投身于幼教事业的中坚力量，南京师范大学幼教系副主任——张俊博士、副教授，

将为幼教事业服务的接班人——王晶、马玥、于艳艳、程程、臧蓓蕾等研究生，

在南京师范大学教育科学学院党政领导热情的支持下，在赵寄石教授的积极提议下，我们愉快合作，共同努力，汇编了《钟昭华文集》，供广大幼教工作者阅读、学习。

最后，衷心感谢热情帮助和支持本书汇编工作的南京师范大学图书馆的丁锦老师，以及许萍华老师、陈一鸣先生、刁培萼教授、姚稷姗、陈虹、陈庆、楼鸣燕老师等。

编　者

2014年5月21日

图书在版编目(CIP)数据

钟昭华文集 / 王志明编. — 南京 ：江苏凤凰教育出版社，2014.8
（学前教育家文库）
ISBN 978－7－5499－4337-1

Ⅰ.①钟… Ⅱ.①王… Ⅲ.①学前教育-文集 Ⅳ.①G61-53

中国版本图书馆 CIP 数据核字(2014)第 183825 号

书　　名　钟昭华文集
作　　者　钟昭华
汇　　编　王志明　张　俊
责任编辑　严小英
出版发行　凤凰出版传媒股份有限公司
　　　　　江苏凤凰教育出版社（南京市湖南路 1 号 A 楼　邮编 210009）
苏教网址　http://www.1088.com.cn
照　　排　南京前锦排版服务有限公司
印　　刷　常熟市新骅印刷有限公司（电话：0512-52208129）
厂　　址　常熟市海虞镇塘娄村（邮编 215517）
开　　本　890 毫米×1240 毫米　1/32
印　　张　11.5
版　　次　2014 年 8 月第 1 版　2014 年 8 月第 1 次印刷
书　　号　ISBN 978-7-5499-4337-1
定　　价　25.00 元
网店地址　http://jsfhjycbs.tmall.com
新浪微博　http://e.weibo.com/jsfhjy
邮购电话　025-85406265,85400774 短信 02585420909
盗版举报　025-83658579